四庫全書總目彙訂

修訂本

11

索引

魏小虎 編撰

上海古籍出版社

《四庫全書總目》
書名及著者姓名索引

目　　次

書名索引 ……………………………………………………………… 1

著者姓名索引 ………………………………………………………… 218

書 名 索 引

1. 書名次序，按書名第一字的漢語拼音次序先後排列；第一字相同者，以第二字的拼音順序排列。以此類推。

2. 書名相同者按頁碼順序排列。

3. 各書續集、後集、外集、別集或續、廣、增補等，一般附於正集之後，不另列條目。

4. 凡各書所冠"御製"、"御定"、"御纂"、"欽定"等字樣，一般概行删除。

5. 附錄的書有獨立名稱的，單列條目。

6. 書名避諱改字不回改，而以正字加六角號附列於後。

7. 書名誤字已經校改者，以校改為準。

阿

阿育王山志	2428

哀

哀榮錄	6042

艾

艾納山房集	6200
艾軒集	5108

愛

愛禮集	5786
愛日堂詩	6202
愛日齋叢鈔	3768
愛吾廬集	5937

安

安楚錄	1744
安得長者言	3978
安分齋集	5789
安驥集	3274
安靜子集	6116
安瀾文獻	2412
安老懷幼書	3248
安陸集	6757
安祿山事蹟	2098
安南即事詩	5768
安南紀遊	2510
安南使事記	1786
安南圖説	2504
安南志略	2141
安南奏議	1758

安邱縣志　　　　　　　2371
安晚堂詩集　　　　　　5213
安危注　　　　　　　　2042
安序堂文鈔　　　　　　6148
安雅堂集　　　　　　　5405
安雅堂詩　　　　　　　6123
安雅堂拾遺詩　　　　　6123
安雅堂拾遺文　　　　　6123
安陽集　　　　　　　　4886

闇

闇然堂類纂　　　　　　4533
闇修齋稾　　　　　　　6105

啽

啽囈集　　　　　　　　5774

按

按晉疏草　　　　　　　1853

案

案節坐功法　　　　　　4681

熬

熬波圖　　　　　　　　2603

鼇

鼇峯類稾　　　　　　　5838
鼇峯講義　　　　　　　1164
鼇溪文集　　　　　　　5773

傲

傲軒吟稾　　　　　　　5435

澳

澳門記略　　　　　　　2389

八

八白易傳　　　　　　　122
八代文鈔　　　　　　　6566
八分書辨　　　　　　　1390
八卦餘生　　　　　　　194
八紘荒史　　　　　　　2510
八紘譯史　　紀餘　　　2509
八經類集　　　　　　　4325
八劉唐人詩集　　　　　6624
八閩政議　　　　　　　2651
八旗滿洲氏族通譜　　　1909
八旗通志初集　　　　　2609
八詩六帖　　　　　　　4288
八矢註字圖説　　　　　1429
八線測表圖説　　　　　3352
八旬萬壽盛典　　　　　2598
八厓集　　　　　　　　5877
八音考略　　　　　　　1225
八音摘要　　　　　　　1209
八陣合變圖説　　　　　3094

巴

巴西文集　　　　　　　5329

白

白虎通義　　　　　　　3729
白華樓藏稾　　續稾　　5940
白孔六帖　　　　　　　4214
白蓮集　　　　　　　　4858

白漊文集　　　　　　　6171
白露山人遺橐　　　　　5842
白鹿洞規條目　　　　　3048
白鹿書院志　　　　　　2467
白鹿書院志　　　　　　2468
白鷺洲書院志　　　　　2460
白鷺洲主客説詩　　　　 544
白茅堂集　　　　　　　6100
白沙集　　　　　　　　5562
白沙詩教解　　　　　　5815
白沙遺言纂要　　　　　2961
白石詞集　　　　　　　6842
白石道人歌曲　別集　　6798
白石山房橐　　　　　　6179
白石山房逸橐　　　　　5493
白石詩集　詩説　　　　5201
白石野橐　　　　　　　5853
白氏長慶集　　　　　　4821
白田草堂存橐　　　　　6238
白田雜著　　　　　　　3788
白下集　　　　　　　　6056
白香山詩集附年譜　　　4823
白雪樓詩集　　　　　　5946
白雪堂詩　　　　　　　6066
白陽集　　　　　　　　5994
白榆集　　　　　　　　6046
白猿經風雨占候説　　　3439
白雲別集　　　　　　　6269
白雲邨集　　　　　　　6191
白雲橐　　　　　　　　5486
白雲集　　　　　　　　5316
白雲集　　　　　　　　5350
白雲集　　　　　　　　5482
白雲集　　　　　　　　6062

白雲樵唱集　　　　　　5506
白雲山房集　　　　　　5929
白雲詩集　　　　　　　6269
白齋竹里集　　　　　　5851

百

百寶總珍集　　　　　　3669
百城煙水　　　　　　　2448
百尺梧桐閣集　　　　　6176
百川集　　　　　　　　5950
百感錄　　　　　　　　3933
百官箴　　　　　　　　2530
百花鼓吹　　　　　　　6538
百花洲集　　　　　　　6043
百家類纂　　　　　　　4131
百家論鈔　　　　　　　6555
百將傳　　　　　　　　3094
百菊集譜　　　　　　　3645
百可亭摘橐　　　　　　5970
百僚金鑑　　　　　　　2551
百名家詩選　　　　　　6611
百泉子緒論　　　　　　3937
百夷傳　　　　　　　　2499
百越先賢志　　　　　　1906
百正集　　　　　　　　5293
百中經　　　　　　　　3471
百子金丹　　　　　　　4162
百子咀華　　　　　　　4135

柏

柏鄉魏氏傳家錄　家約　3986
柏齋集　　　　　　　　5605
柏齋三書　　　　　　　4181

稗

稗乘	4003
稗傳	1991
稗史彙編	4144

班

班范肪截	2810
班馬異同	1458
班馬異同評	1515
班馬字類	1278

板

板橋雜記	4588

半

半菴詩槀	6205
半窗史略	1673
半江集	5832
半農春秋説	883
半農齋集	6138
半軒集	5508
半隱集	5803
半洲槀	5888

辦

辦苗紀略	1789

邦

邦計彙編	2643

包

包參軍集	5996
包侍御集	5924
包孝肅奏議	1802

褒

褒賢集	1957

保

保和冠服圖	2624
保生碎事	3268
保台實績錄	1980
保嬰撮要	3249
保越錄	1927

寶

寶菴集	6025
寶鈔通考	2644
寶宸堂集	6202
寶峯集	5762
寶華山志	2445
寶繪錄	3586
寶晉英光集	4966
寶菌堂遺詩	6196
寶刻叢編	2703
寶刻類編	2706
寶綸堂集	6128
寶慶四明志　開慶續志	2191
寶嗇堂詩槀	6184
寶善堂槀	5985
寶文堂分類書目	2727
寶祐四年登科錄	1895
寶章待訪錄	3515
寶真齋法書贊	3525
寶制堂錄	5857

抱

抱犢山房集　　　5692

抱經齋集　　　6189

抱朴子内外篇　　　4644

鮑

鮑參軍集　　　4733

鮑溶詩集外集　　　4824

鮑氏戰國策注　　　1682

碑

碑目　　　2738

北

北邊備對　　　2413

北虜事蹟　　　3094

北窗瑣語　　　4527

北窗炙輠錄　　　4436

北地紀　　　2367

北觀集　　　5631

北歸志　　　2093

北郭集　　　5504

北郭集　補遺　　　5439

北海集　　　5056

北海野人槀　　　5906

北河紀　紀餘　　　2247

北河續記　　　2406

北湖集　　　4990

北户錄　　　2290

北還錄　　　1747

北碉集　　　5249

北郊配位議　　　2599

北樓日記　　　1772

北夢瑣言　　　4389

北平錄　　　1729

北齊書　　　1481

北齊文紀　　　6421

北泉集　　　5903

北山集　　　5082

北山酒經　　　3638

北山律式　　　5745

北山小集　　　5035

北史　　　1489

北史識小錄　　　2102

北狩見聞錄　　　1691

北狩行錄　　　1710

北墅抱甕錄　　　3697

北墅緒言　　　6168

北堂書鈔　　　4208

北溪字義　　　2881

北谿大全集　外集　　　5179

北新鈔關志　　　2654

北行日譜　　　2090

北軒筆記　　　3868

北遊集　　　5275

北遊漫槀　　　5991

北虞先生遺文　　　5958

北苑別錄　　　3635

北征錄　　　1733

北征事蹟　　　1740

北莊遺槀　　　5443

被

被褐先生槀　　　5988

備

備忘集　　　5642

備倭記	3096
備遺錄	2003

本

本兵疏議	1840
本草鈔	3218
本草乘雅半偈	3224
本草綱目	3216
本經逢原	3265
本事詩	6650
本堂集	5261
本語	3727
本韻一得	1433

秕

秕言	4005

筆

筆疇	3925
筆道通會	3586
筆法記	3502
筆峯存稾	5887
筆記	3050
筆記	3805
筆記	4153
筆記	4530
筆精	3777
筆墨紙硯譜	3593
筆史	4587
筆元〔玄〕要旨	3582
筆塵	3956

敝

敝帚稾略	5226

敝

敝帚集	5806
敝帚集	6274
敝帚軒剩語　補遺	4569

辟

辟寒	4155
辟寒補	4155
辟寒再	4155
辟雍紀事	2634
辟雍講義	1157

碧

碧川文選	5831
碧湖雜記	4029
碧雞漫志	6827
碧里雜存	4525
碧山樂府	6863
碧梧玩芳集	5271
碧溪叢書	1722

薜

薜荔園集	5646

避

避戎夜話	1707
避暑錄話	3827
避暑漫筆	4537
避水集驗要方	3255

璧

璧水羣英待問會元選要	4283

砭

砭身集	3059

編

編蓬集　後集　　　　6069
編珠　補遺　續編珠　　4204

邊

邊防控扼形勢圖論　　2414
邊仲子詩　　　　　　5899

扁

扁鵲神應鍼灸玉龍經　3205
扁鵲指歸圖　　　　　3262

卞

卞郎中詩集　　　　　5814

弁

弁山小隱吟錄　　　　5368

汴

汴京遺蹟志　　　　　2282

便

便民圖纂　　　　　　4102

辨

辨定祭禮通俗譜　　　673
辨定嘉靖大禮議　　　2636
辨惑編　　　　　　　2890
辨惑續編　　　　　　2973
辨歊石説　　　　　　3620
辨學遺牘　　　　　　3970

辨言　　　　　　　　3831
辨隱錄　　　　　　　2052

標

標題補註蒙求　　　　4278

表

表度説　　　　　　　3290
表記集傳　　　　　　636

別

別本白石詞　　　　　6843
別本白石山房槀　　　6179
別本北平錄　　　　　1729
別本茶經　　　　　　3678
別本春秋大全　　　　914
別本澹軒集　　　　　5808
別本東里文集　　　　5796
別本東田集　　　　　5830
別本讀書蕞殘　　　　2733
別本干祿字書　　　　1353
別本革朝遺忠錄　　　2006
別本公是集　　　　　5734
別本攻媿文集　詩集　5750
別本海陵集　　　　　5745
別本韓文考異　外集　遺文　4792
別本漢舊儀　　　　　2620
別本洪武聖政記　　　1732
別本後樂集　　　　　5754
別本胡莊肅集　　　　5916
別本家禮儀節　　　　763
別本浚谷集　　　　　5909
別本考古圖　　　　　3661

別本坤輿外紀　　　　　2508

別本蓮洋集　　　　　　6192

別本蘆川歸來集　　　　5746

別本羅念菴集　　　　　5913

別本農政全書　　　　　3138

別本彭惠安公文集　　　5820

別本潛邱〔丘〕劄記　　4012

別本尚書大傳　補遺　　446

別本聲律發蒙　　　　　4294

別本十六國春秋　　　　2126

別本實賓錄　　　　　　4281

別本四書名物考　　　　1137

別本松雪齋集　　　　　5768

別本汪文定集　　　　　5746

別本象山文集　　　　　5751

別本熊峯集　　　　　　5837

別本學文堂集　　　　　6177

別本晏子春秋　　　　　1945

別本袁海叟詩集　　　　5788

別本緣督集　　　　　　5752

別本朱子年譜　　　　　1982

別號錄　　　　　　　　4273

別釋常談　　　　　　　3995

別雅　　　　　　　　　1249

賓

賓退錄　　　　　　　　3761

豳

豳風概　　　　　　　　6561

豳風廣義　　　　　　　3140

瀕

瀕湖脈學　　　　　　　3218

蠙

蠙衣生劍記　　　　　　3660

蠙衣生馬記　　　　　　3697

蠙衣生易解　　　　　　221

冰

冰川詩式　　　　　　　6736

冰壑詩鈔　　　　　　　6268

冰玉堂綴逸槀　　　　　5924

冰齋文集　　　　　　　6220

兵

兵機類纂　　　　　　　3103

兵鏡　　　　　　　　　3105

兵要望江南歌　　　　　3089

兵垣奏疏　　　　　　　1852

枅

枅櫚集　　　　　　　　5047

丙

丙丁龜鑑　續錄　　　　3475

丙子學易編　　　　　　65

秉

秉忠定議集　　　　　　6520

併

併音連聲字學集要　　　1403

病

病機氣宜保命集　　　　3194

病榻寱言 3940

病榻遺言 4528

病逸漫記 4526

鉢

鉢山堂詩集 6206

伯

伯牙琴 5295

伯牙心法 3595

泊

泊菴集 5546

泊水齋文鈔 6051

泊宅編 4414

泊宅編 4414

亳

亳州牡丹志 3688

博

博濟方 3164

博望山人槀 6055

博物要覽 4106

博物志 4494

博物志補 4582

博學彙書 4153

博異記 4475

駁

駁五經異義　補遺 983

薄

薄遊草 6040

檗

檗菴集 5997

卜

卜法詳考 3393

捕

捕蝗考 2605

補

補妒記 4112

補漢兵志 2607

補後漢書年表 1461

補繪離騷全圖 4710

補計然子 3979

補歷代史表 1645

補侍兒小名錄 4282

補饗禮 613

補疑獄集 3115

補齋口授易說 206

補註東坡編年詩 4948

不

不礙雲山樓槀 6172

不二齋文選 6010

不繫舟漁集 5429

布

布粟集 4160

步

步里客談 4436
步天歌 3342

才

才調集 6308
才鬼記 4570

裁

裁纂類函 4289

采

采菊雜詠 6079
采石戰勝錄 1714
采薇集 5962
采芝堂集 6084

採

採芹錄 3877

綵

綵線貫明珠秋檠錄 1659

菜

菜根堂劄記 1162

蔡

蔡可泉集 5918
蔡氏九賢全書 6569
蔡氏律同 1207
蔡文莊集 5833

蔡中郎集 4723
蔡忠惠集 4891

參

參籌祕書 3440
參讀禮志疑 660
參兩 3428
參寥子集 4965
參同契章句 4670
參同契註 4671

餐

餐秀集 6265

驂

驂鸞錄 1922

殘

殘本成仁遺槀 6505
殘本賦清草堂詩鈔 6222
殘本光嶽英華 6481
殘本湖陵江氏集 6640
殘本金湯十二籌 3105
殘本經史緒言 6183
殘本唐語林 4510
殘本文華大訓箴解 2995
殘本雲川閣詩集 6233
殘本諸儒奧論策學統宗 6476

蠶

蠶桑樂府 6258
蠶尾集　續集　後集 6143

滄

滄海披沙集	6003
滄海遺珠	6396
滄浪集	5229
滄浪詩話	6679
滄浪小志	2465
滄浪櫂歌	5785
滄螺集	5494
滄溟集	5635
滄漚集	5997
滄洲塵缶編	5212
滄洲集　續集	5823

蒼

蒼耳齋詩集	6014
蒼洱小記	2496
蒼潤軒碑跋紀　續紀	2737
蒼雪山房橐	6247
蒼崖子	3977

藏

藏春集	5312
藏海居士集	5061
藏海詩話	6664
藏書	1655
藏一話腴	3852

操

操縵錄	3596

曹

曹祠部集	4839

曹

曹江孝女廟志	1986
曹氏墨林	3674
曹太史含齋集	5968
曹唐詩	4839
曹文貞詩集　後錄	5357
曹月川集	5555
曹子建集	4726

漕

漕河圖志	2393
漕河奏議	1837
漕書	2649
漕運通志	2653
漕政舉要錄	2645

草

草窗集	5807
草閣集　拾遺　文集	5512
草廬年譜	1957
草廬吳先生輯粹	5769
草莽私乘	1992
草木子	3871
草書集韻	3588
草堂詩話	6684
草堂雅集	6383
草亭文集	6164
草韻彙編	3591
草澤狂歌	5507

册

册府元龜	4222

測

測量法義	3294

測量異同　3294

測史剩語　2798

測圓海鏡　3327

測圓海鏡分類釋術　3328

策

策府羣玉　4299

策統綱目　4341

查

查浦輯聞　4173

茶

茶董　3678

茶花譜　3691

茶經　3631

茶寮記　3677

茶錄　3633

茶馬類考　2648

茶山集　5072

茶山老人遺集　5779

茶史　3680

茶疏　3679

茶約　3678

槎

槎居譜　3670

槎翁集　5784

槎翁詩集　5484

柴

柴村集　6155

柴氏四隱集　6365

柴墟齋集　5832

孱

孱守齋遺槀　6260

禪

禪寄筆談　續談　4049

禪月集　補遺　4859

產

產寶諸方　3189

產鶴亭詩集　6276

產育寶慶方　3185

昌

昌谷集　5174

昌谷集　外集　4811

昌平山水記　2441

長

長安志　2274

長安志圖　2280

長白山錄　補遺　2443

長短經　3721

長谷集　5907

長河志籍考　5702

長江集　4809

長林四世弖冶集　6635

長蘆鹽法志　2653

長沙藥解　3240

長水日鈔　4044

長松茹退　4608

長物志　3892

長溪瑣語　　　　2474
長嘯軒詩集　　　6245
長興集　　　　　4974
長子心鈴　　　　3099

常

常建詩　　　　　4770
常評事集　　　　5877
常熟水論　　　　2405
常熟縣志　　　　2355
常談　　　　　　3837
常談考誤　　　　4003
常語筆存　　　　3024
常州府志續集　　2351

場

場居集　　　　　6022

超

超然詩集　　　　6195

晁

晁沖之詩　　　　5745
晁氏客語　　　　3815
晁无咎詞　　　　6765

巢

巢氏諸病源候論　3153
巢雲軒詩集　續集　詩餘　6015

朝

朝鮮賦　　　　　2326

朝鮮國紀　　　　2151
朝鮮國志　　　　2505
朝鮮紀事　　　　1736
朝鮮史略　　　　2145
朝鮮圖説　　　　2504
朝鮮雜志　　　　2502
朝鮮志　　　　　2331
朝野類要　　　　3764
朝野僉載　　　　4366
朝野新聲太平樂府　6864
朝野遺記　　　　4513
朝邑縣志　　　　2209

壘

壘采館清課　　　4103

郴

郴江百詠　　　　5065
郴州文志　　　　6521

臣

臣鑒　　　　　　4117
臣事鈔　　　　　1775

宸

宸章集錄　　　　6497

陳

陳副使詩　　　　5734
陳后岡詩集　　　5915
陳后岡文集　　　5915
陳檢討四六　　　5695
陳恪勤集　　　　6218

陳兩湖集	5938
陳秋巖詩集	5360
陳如岡文集	6013
陳剩夫集	5823
陳拾遺集	4751
陳士業全集	6098
陳氏禮記集說補正	642
陳書	1476
陳文岡集	5936
陳文恭公集	5747
陳文紀	6420
陳梧岡集	5932
陳玉几詩集	6237
陳張本末略	2150
陳竹山文集	5790
陳子性藏書	3485

成

成都文類	6341
成方切用	3270
成化杭州府志	2347
成化山西志	2346
成均講義	1159
成均課講學庸	1161
成均課講周易	299
成氏詩集	6586
成數大定	3469
成憲錄	1584

承

承華事略	2778
承啟堂槀	5925

程

程功錄	3042

程梅軒集	5779
程念齋集	5840
程氏經說	989
程氏墨苑	3671
程氏易通	303
程書	2940
程文恭遺槀	5914
程幼博集	6005
程仲權詩集	6063
程仲權文集	6063
程朱闕里志	1972
程子詳本	2939

誠

誠求堂彙編	6627
誠意伯文集	5475
誠齋揮麈錄	4027
誠齋集	5154
誠齋詩話	6678
誠齋文集	6080
誠齋易傳	54
誠齋雜記	4116
誠正齋集	6095

澄

澄懷錄	4114
澄懷園全集	6224
澄江集	6167
澄景堂史測	2807
澄遠堂三世詩存	6603

摘

摘文堂集	4997

螭

螭頭密語 4528

池

池北偶談 3882

尺

尺牘雋言 6559
尺牘清裁　補遺 6525
尺牘筌蹄 6479
尺牘新語 6610
尺牘嚶鳴集 6625
尺木堂學易志 254
尺五堂詩删 6174

恥

恥菴集 5819
恥躬堂文集 6139
恥堂存藁 5245
恥亭遺書 3052

赤

赤城會通記 2352
赤城集 5838
赤城集 5996
赤城集 6344
赤城論諫錄 1859
赤城新志 2348
赤嵌集 6213
赤水元〔玄〕珠 3215
赤松山志 2264
赤雅 2330

沖

沖菴撫遼奏議　督撫奏議 1845
沖虛至德真經解 4627

崇

崇安縣志 2354
崇川詩集 6637
崇德堂集 6242
崇恩志略 2466
崇古文訣 6340
崇蘭館集 5937
崇禮堂詩 5999
崇文總目 2670
崇雅堂集 6027
崇禎碭山縣志 2383
崇禎閣臣行略 2047
崇禎五十宰相傳 2055
崇正辨 2943
崇質堂集 5948

重

重編瓊臺會稾 5567
重編五經圖 1045
重訂馬氏等音外集　內集 1414
重訂四書輯釋 1127
重訂易學説海 241
重輯祖陵紀略 2626
重校古周禮 683
重刊朱子儀禮經傳通解 760
重刻周易本義 45
重明節館伴語錄 1716
重修革象新書 3285

重修廣韻	1307
重修兩浙鹺志	2652
重修毘陵志	2350
重修玉篇	1261
重知堂詩	6172

种

种太尉傳	1947

蟲

蟲天志	3699

寵

寵壽堂詩集	6172

仇

仇池筆記	3812

酬

酬物難	3935

籌

籌海圖編	2259
籌海重編	2418

出

出使錄	1737

初

初寮詞	6770
初寮集	5018
初潭集	4127
初學記	4211
初學藝引	4107

樗

樗菴類棄	5513
樗林三筆	4079
樗林摘棄	5854
樗全集	6042
樗亭集	5845
樗隱集	5462

芻

芻蕘集	5538
芻蕘錄	5911
芻言	3725

滁

滁陽王廟歲祀冊	1957
滁州志	2364

鋤

鋤經餘草	6252

楮

楮記室	4315

楚

楚寶	2053
楚草	6011
楚辭補註	4707
楚辭燈	4715
楚辭集解　蒙引　考異	4713

楚辭集註　辨證　後語	4708	傳神祕要	3560
楚辭九歌解	4717	傳是樓宋人小集	6613
楚辭評林	4715	傳習錄	5849
楚辭説韻	4711	傳習錄略	2962
楚辭聽直	4714	傳習錄論述參	3003
楚辭新註	4719	傳信辨誤錄	1963
楚辭餘論	4711	傳信適用方	3180
楚辭章句	4704	傳疑錄	4038
楚辭章句	4719		

瘡

楚範	6738		
楚風補	6619	瘡瘍經驗全書	3242
楚紀	1752		

吹

楚蒙山房易經解	162		
楚南苗志	2511	吹劍錄	4029
楚騷綺語	4315	吹劍錄外集	3850
楚騷協韻	4714		

炊

楚史檮杌	2146		
楚書	2478	炊聞詞	6849
楚臺記事	2543		

褚　　　　　**垂**

褚氏遺書	3152	垂光集	1813
		垂世芳型	2808

儲

		垂訓樸語	3977
儲光羲詩	4771		

處　　　　　**春**

		春草齋集	5514
處苗近事	1757	春風堂隨筆	4524
處實堂集	5980	春寒閒記	4077
		春及堂詩集	6254

傳

		春駒小譜	3699
		春明槀	5964
傳家集	4902	春明夢餘錄	3879
傳家迁言	3963	春明退朝錄	3804

春卿遺槀	4879	春秋讀意	907
春秋稗疏	866	春秋凡例	853
春秋備要	932	春秋繁露	895
春秋本例	801	春秋分紀	818
春秋本義	833	春秋公羊傳注疏	777
春秋比事	816	春秋鈞元〔玄〕	845
春秋比事目錄	943	春秋穀梁傳注疏	779
春秋筆削微旨	949	春秋管見	950
春秋編年舉要	1588	春秋管窺	876
春秋辨疑	799	春秋國華	907
春秋辨義	858	春秋合題著説	902
春秋別典	1642	春秋衡庫	914
春秋不傳	960	春秋後傳	812
春秋參義	938	春秋胡傳附錄纂疏	843
春秋測微	946	春秋胡傳考誤	854
春秋闡義	912	春秋胡氏傳辨疑	850
春秋長曆	881	春秋皇綱論	791
春秋鈔	941	春秋或問	827
春秋程傳補	924	春秋或問	835
春秋傳	793	春秋集傳	839
春秋傳	805	春秋集傳	944
春秋傳	809	春秋集傳辨疑	786
春秋傳説彙纂	863	春秋集傳釋義大成	831
春秋傳説例	795	春秋集傳纂例	784
春秋傳議	927	春秋集古傳註　或問	954
春秋傳註	926	春秋集解	797
春秋詞命	6495	春秋集解	808
春秋大全	846	春秋集解	935
春秋大全字疑	1046	春秋集解讀本	960
春秋大事表　輿圖	884	春秋集要	905
春秋大義	937	春秋集義　綱領	820
春秋道統	898	春秋集注	811
春秋地理考實	891	春秋集注　綱領	821
春秋地名考略	875	春秋輯傳	853

春秋輯傳辨疑	933	春秋年表	789
春秋紀傳	1672	春秋年考	922
春秋家説	925	春秋平義	867
春秋簡書刊誤	873	春秋權衡	793
春秋講義	819	春秋闕如編	878
春秋金鎖匙	843	春秋日食質疑	959
春秋經傳辨疑	847	春秋三傳辨疑	835
春秋經傳類對賦	4280	春秋三傳事實廣證	960
春秋經傳類聯	4359	春秋三傳同異考	947
春秋經傳類求	958	春秋三傳衷考	921
春秋經傳闕疑	838	春秋三傳纂凡表	943
春秋經解	796	春秋三書	917
春秋經解	800	春秋深	953
春秋經筌	826	春秋剩義	948
春秋經世	904	春秋師説	840
春秋經疑問對	901	春秋詩話	6752
春秋究遺	892	春秋實錄	916
春秋考	807	春秋識小錄	885
春秋孔義	857	春秋世學	906
春秋匡解	911	春秋世族譜	882
春秋揆	915	春秋事義全考	854
春秋類考	933	春秋事義慎考	938
春秋類義折衷	932	春秋釋例	782
春秋例要	803	春秋疏略	932
春秋列傳	2003	春秋説	824
春秋列國諸臣傳	1884	春秋説	917
春秋麟寶	912	春秋説	944
春秋錄疑	907	春秋説志	905
春秋論	926	春秋私考	906
春秋毛氏傳	871	春秋四傳	903
春秋名臣傳	2029	春秋四傳糾正	868
春秋名號歸一圖	788	春秋四傳私考	908
春秋明志錄	851	春秋四傳通辭	915
春秋内外傳類選	4320	春秋四傳質	859

春秋隨筆	894	春秋義	944
春秋提綱	830	春秋義補注	951
春秋提要	904	春秋義存錄	948
春秋提要補遺	935	春秋義解	956
春秋條貫篇	936	春秋義疏	939
春秋通論	880	春秋億	853
春秋通論	900	春秋翼附	909
春秋通論	949	春秋因是	920
春秋通説	823	春秋原經	952
春秋通訓	805	春秋占筮書	145
春秋通義	792	春秋戰國異辭　通表　摭遺	1647
春秋透天關	902	春秋正傳	848
春秋圖説	903	春秋正業經傳删本	927
春秋王霸列國世紀編	823	春秋正旨	852
春秋微旨	786	春秋直解	864
春秋問業	637	春秋直解	911
春秋握奇圖	900	春秋指掌　前事　後事	939
春秋五傳平文	921	春秋志	931
春秋五禮例宗	804	春秋質疑	856
春秋五論	827	春秋諸傳辨疑	909
春秋惜陰錄	934	春秋諸傳會通	837
春秋詳説	827	春秋諸國統紀	832
春秋詳説	940	春秋屬辭	841
春秋心印	913	春秋屬辭比事記	874
春秋蓄疑	935	春秋宗旨	853
春秋續義發微	912	春秋宗朱辨義	879
春秋讞	807	春秋纂	916
春秋讞義	836	春秋纂言　總例	831
春秋一得	958	春秋尊王發微	790
春秋疑問	910	春秋遵經集説	935
春秋疑義	933	春秋左傳地名錄	921
春秋以俟錄	909	春秋左傳典略	915
春秋意林	794	春秋左傳句解	901
春秋義	919	春秋左傳評注測義	919

春秋左傳事類年表	947	詞話	6830
春秋左傳要義	817	詞卷續集	6207
春秋左傳正義	775	詞林典故	2525
春秋左氏傳補注	842	詞林典故	2541
春秋左氏傳事類始末	1592	詞林萬選	6852
春秋左氏傳説	813	詞律	6833
春秋左氏傳小疏	889	詞品	6864
春秋左氏傳續説	814	詞譜	6831
春秋左翼	914	詞學全書	6862
春樹草堂集	6126	詞苑叢談	6831
春王正月考	844	詞韻	6861
春谿詩集	5904	詞韻簡	6855
春雨堂雜鈔	4038	詞旨	6858
春雨雜述	4032	詞致錄	6548
春渚紀聞	3825	詞綜	6825

純

純白齋類稿	5414
純正蒙求	4253

淳

淳化祕閣法帖考正	2721
淳熙稾	5135
淳熙三山志	2180

輟

輟耕錄	4451

祠

祠部集	4893

詞

詞海遺珠	6529

慈

慈湖詩傳	467
慈湖遺書　續集	5141

磁

磁人詩	6639

辭

辭榮錄	1835
辭學指南	4245

此

此菴語錄	3014
此觀堂集	6068
此木軒紀年略	1589
此木軒經説彙編	1043
此木軒四書説	1118

此山集	5364
此事難知	3199

次

次柳氏舊聞	4369
次麓子集	4045
次山集	4772

賜

賜閒堂集	5977
賜書堂詩選	6253
賜餘堂集	6013

從

從古正文	1359
從龍譜	1668
從先維俗議	3957
從政名言	2957

聰

聰山集	6103

淙

淙山讀周易記	75

叢

叢碧山房集	6190
叢桂堂全集	6072
叢桂堂詩集	6072
叢桂軒集	6047
叢説	35
叢語	3961

徂

徂徠集	4889

爨

爨下語	3977

崔

崔筆山文集	5919
崔清獻全錄	1959
崔氏小爾雅	1350
崔真人脈訣	3243

催

催官篇	3385

萃

萃古名言	4156

翠

翠滴樓詩集	6186
翠寒集	5387
翠樓集	6608
翠屏筆談	4513
翠屏集	5480
翠渠摘稾　補遺	5581
翠微南征錄	5209

存

存菴奏疏	1856
存存稾　續稾	6487
存復齋集	5774

存古約言	2999	大臣譜	2040
存悔齋稾　補遺	5348	大成樂律	1220
存家詩稾	5641	大成通志	2062
存人編	3019	大傳章旨	335
存笥錄	1844	大戴禮記	649
存心錄	2622	大戴禮删翼	738
存性編	3017	大德昌國州圖志	2201
存軒集	5798	大滌洞天記	2458
存學編	3018	大復集	5607
存雅堂遺稾	5296	大復論	3931
存硯樓文集	5709	大觀堂文集	1855
存愚錄	3937	大金德運圖説	2585
存餘堂詩話	6733	大金吊伐錄	1696
存治編	3019	大金國志	1637

寸

		大金集禮	2584
寸碧堂稾	6068	大樂嘉成	1219
寸金穴法	3453	大樂律吕元聲	1204
寸金易鑑	3469	大樂元音	1224
		大禮集議	2623

鹺

		大六壬無惑鈐	3460
鹺略補	2656	大泌山房集	6009
		大明同文集	1369

莝

		大清會典	2569
莝錄	4107	大清會典則例	2571
		大清律例	2612

答

		大清通禮	2594
答策祕訣	6723	大清一統志	2176
		大全賦會	6470

達

		大全集	5501
達觀樓集	6049	大儒粹語	3028

大

		大儒心學語錄	2970
		大儒學粹	2984
		大儒大奏議	1860
大本瓊瑤發明神書	3243	大事紀　通釋　解題	1547

大事記講義	2759	大學衍義補輯要	2951
大事記續編	1564	大學衍義輯要	2951
大狩龍飛錄	1726	大學衍義通略	2950
大司空遺槀	5940	大學翼真	1110
大唐傳載	4374	大學章句	1074
大唐創業起居注	1527	大學證文	1115
大唐開元禮	2581	大學知本圖說	1152
大唐西域記	2320	大學指歸附考異	1130
大唐新語	4368	大學中庸讀	1139
大統皇曆經世	3484	大學中庸集說啟蒙	1101
大統曆志	3308	大學註	1133
大象觀	219	大雅集	6384
大小宗通繹	754	大雅堂摘槀	5960
大旭山房集	6043	大衍索隱	3372
大學本文	1158	大業拾遺記	4507
大學本旨	1088	大易闡微錄	305
大學辨業	3040	大易粹言	55
大學傳註	1155	大易法象通贊	190
大學發微	1088	大易合參講義	314
大學黼藻文章百段錦	6723	大易緝說	92
大學古本	1158	大易近取錄	325
大學古本說	1113	大易理數觀察	319
大學古今本通考	1140	大易疏義	274
大學管窺	1131	大易通變	3465
大學稽中傳	1132	大易通解	151
大學講義	1157	大易象數鉤深圖	96
大學困學錄	1159	大易蓄疑	281
大學偶言	1160	大易衍說	190
大學千慮	1132	大易衍說	266
大學疏義	1090	大易則通　　閏	268
大學問	1153	大易擇言	171
大學新編	1134	大隱集	5045
大學衍義	2875	大雲集	6031
大學衍義補	2896	大藏一覽	4607

大鄣山人集　　　　5987
大政管窺　　　　　4343
大政記　　　　　　1586
大拙堂集　　　　　5940

呆

呆齋集　　　　　　5812

代

代言錄　　　　　　1828

待

待清遺橐　　　　　5763
待軒詩記　　　　　490
待制集　　　　　　5393

帶

帶月草堂詩集　　　6246

戴

戴禮緒言　　　　　734
戴中丞遺集　　　　5886

丹

丹麓雜著十種　　　4199
丹鉛餘錄　續錄　摘錄　總錄　3771
丹溪心法附餘　　　3255
丹霞洞天志　　　　2469
丹巖集　　　　　　5862
丹陽詞　　　　　　6775
丹陽集　　　　　　5023
丹淵集　拾遺　年譜　4911

淡

淡然軒集　　　　　5654

彈

彈劍草　　　　　　6081

憺

憺園集　　　　　　6179

澹

澹菴文集　　　　　5077
澹初詩橐　　　　　6227
澹圃芋紀　　　　　3692
澹秋容軒詞　　　　6850
澹然集　　　　　　5798
澹思子　　　　　　3949
澹軒橐　補遺　　　5809
澹軒集　　　　　　5126
澹軒集　　　　　　5808
澹友軒集　　　　　6089
澹餘軒集　　　　　6140
澹齋集　　　　　　5050
澹齋内言　外言　　4074

甌

甌甄洞橐　續橐　　5962

讜

讜論集　　　　　　1805

倒

倒戈集　　　　　　1776

島

島夷志略　2325

擣

擣堅錄　4156

禱

禱雨錄　4124

盜

盜柄東林夥　2038

道

道藏目錄詳註　4657
道德寶章　4620
道德經編註　4663
道德經解　4620
道德經說奧　4663
道德經懸解　4664
道德經註　4623
道德真經註　4621
道德指歸論　4617
道峯集　5953
道教靈驗記　4677
道林諸集　2978
道門定制　4681
道命錄　1953
道南錄　2053
道南三先生遺書　2943
道南源委　2069
道南源委錄　2014
道南正學編　2066

道榮堂文集　6218
道山集　5805
道山清話　4418
道山堂前集　後集　6094
道書類鈔　4697
道統錄　2068
道統圖贊　1936
道鄉集　4986
道學迴瀾　3008
道學淵源錄　2071
道學正宗　2991
道一編　2960
道驛集　4090
道腴堂詩集　6244
道園集　5771
道園學古錄　5381
道園遺稿　5382
道院集要　4597

得

得心錄　3272
得一參五　4699
得宜本草　3230
得月稿　5780

德

德星堂詩集　6200
德星堂文集　續集　6200
德隅齋畫品　3512

登

登封縣志　2387
登州集　5483

燈

燈窻末藝　　　5835

等

等切元聲　　　1427

鄧

鄧紳伯集　　　5081
鄧尉山志　　　2425
鄧尉聖恩寺志　　2463
鄧析子　　　3110

迪

迪功集　　　5610
迪吉錄　　　4157

荻

荻谿集　　　5781

地

地理大全一集　二集　3450
地理玉函纂要　　3447
地理總括　　　3451

弟

弟經　　　3005

杕

杕左堂詩集　　6207

帝

帝範　　　2837

帝

帝皇龜鑑　　　4109
帝鑑圖說　　　2788
帝京景物略　　　2477
帝王寶範　　　4119
帝王紀年纂要　　1577
帝王經世圖譜　　4229
帝學　　　2840

棣

棣華書屋近刻　　6627
棣華雜著　　　5106

滇

滇程記　　　2084
滇考　　　1611
滇略　　　2210
滇南行槖　　　5830
滇南雜記　　　2474
滇黔紀游　　　2495
滇行紀程　續鈔　　2096
滇行日記　　　2095
滇遊記　附記　　2096
滇載記　　　2150

典

典故紀聞　　　1769
典籍便覽　　　4300
典引輯要　　　4356
典制紀略　　　4346

殿

殿閣詞林記　　1903

貂

貂璫史鑑　　　　　　　2031

雕

雕邱雜錄　　　　　　　4080

釣

釣磯立談　　　　　　　2128
釣臺集二卷　　　　　　6546
釣臺集二卷　　　　　　6552

調

調象菴槀　　　　　　　6017

牒

牒草　　　　　　　　　6064

蝶

蝶几譜　　　　　　　　3670

疊

疊山集　　　　　　　　5260

丁

丁鶴年集　　　　　　　5442
丁晉公談錄　　　　　　4510
丁吏部文選　　　　　　5870
丁卯集　續集　續補　集外遺詩 4833
丁卯實編　　　　　　　1719
丁野鶴詩鈔　　　　　　6162

鼎

鼎錄　　　　　　　　　3609

定

定菴集　　　　　　　　5821
定菴類槀　　　　　　　5125
定保錄　　　　　　　　1781
定變錄　　　　　　　　2092
定峰樂府　　　　　　　6158
定穴立向開門放水墳宅便覽要訣 3453
定宇集　別集　　　　　5370
定遠縣志　　　　　　　2369
定齋集　　　　　　　　5145
定正洪範　　　　　　　405

訂

訂補涪溪集　　　　　　6519
訂譌雜錄　　　　　　　3791
訂正史記真本凡例　　　1514

冬

冬關詩鈔　　　　　　　6117
冬青引註　　　　　　　5281
冬谿集　　　　　　　　6001
冬心集　　　　　　　　6275
冬夜箋記　　　　　　　4079
冬遊記　　　　　　　　3938
冬餘經說　　　　　　　1045

東

東菴集　　　　　　　　5350
東白草堂集　　　　　　5927

東白集	5821	東極篇	6052
東白堂詞選初集	6856	東家雜記	1867
東壁遺橐	5862	東嘉先哲錄	2002
東巢雜著	4041	東澗集	5208
東城雜記	2314	東澗集	5759
東窻集	5030	東江集鈔　別集	6081
東村集	6096	東江家藏集	5596
東都事略	1632	東嶠集	5841
東方類語	1968	東京夢華錄	2295
東方朔占書	3432	東廓集	5871
東岡集	5801	東萊集	5117
東皋雜記	4076	東萊詩集	5076
東皋錄	5484	東萊易説	187
東皋詩存	6637	東里全集　別集	5548
東皋文集	5826	東林點將錄	2036
東皋子集	4743	東林籍貫	2037
東宮備覽	2885	東林列傳	1917
東谷集	6097	東林朋黨錄	2038
東谷所見	3920	東林始末	1783
東谷易翼傳	70	東林書院志	2469
東谷贅言	4040	東林同志錄	2038
東關圖	2414	東瀧遺橐	5822
東觀漢記	1621	東麓橐	5885
東觀集	4879	東牟集	5041
東觀錄	2084	東南防守利便	2414
東觀餘論	3739	東南紀聞	4444
東觀奏記	1687	東南水利	2410
東海文集	5826	東甌詩集　補遺　續集	6501
東漢會要	2561	東坪集	6279
東漢精華	2105	東坡禪喜集	5738
東漢文紀	6417	東坡詞	6759
東湖文集	6206	東坡年譜	1948
東還紀程　續鈔	2096	東坡年譜	4946
東匯詩集	5909	東坡全集	4942

東坡詩話	6727	東西洋考	2327
東坡詩集註	4945	東溪槀	5829
東坡守膠西集	5738	東溪蔓語	2976
東坡書傳	340	東溪日談錄	2899
東坡外集	5736	東溪試茶錄	3636
東坡文談錄	6727	東谿集	5069
東坡問答錄	4577	東行百詠集句	5802
東坡養生集	5739	東軒筆錄	4410
東坡易傳	26	東厓遺集	6000
東坡志林	3813	東雅堂韓昌黎集註　外集	4794
東浦詞	6781	東巖集	5616
東山草堂邇言	4089	東巖詩集	5874
東山草堂集	6270	東野農歌集	5224
東山草堂詩集	6217	東野志	1940
東山草堂文集	6217	東夷圖説	2506
東山草堂續集	6217	東易問	309
東山存槀	5463	東游紀略	2097
東山詩選	5200	東遊集	5631
東石講學錄	2969	東遊集	5905
東墅詩集	5800	東畬集	5869
東水質疑	3954	東垣十書	3243
東祀錄	2080	東原集	5896
東所文集	5835	東原錄	3806
東堂詞	6766	東園叢説	3835
東堂集	5000	東園客談	4516
東塘集	5130	東園詩集續編	5822
東塘詩集	5869	東園文集　續編	5571
東田漫槀	5829	東園友聞	4516
東田遺槀	5601	東源讀史錄	2786
東莞學案	3057	東苑詩鈔	6113
東維子集	5464	東苑文鈔	6113
東吳名賢記	2014	東越文苑	2047
東吳水利考	2399	東越證學錄	6023
東西天目志	2438	東齋記事	4401

東征集 1613
東征紀行錄 1738
東征忠義錄 1745
東洲初槀 5614
東洲集　續集 5884

董

董從吾槀 5895
董子故里志 1967
董子文集 5714

崮

崮黎纖志　志餘 2510

洞

洞麓堂集 5632
洞天福地嶽瀆名山記 4678
洞天清祿集 3886
洞庭君山集 6503
洞仙傳 4678
洞霄圖志 2279
洞陽詩集 5881

棟

棟峯遺槀 5891

都

都城紀勝 2302
都官集 4910
都氏鐵網珊瑚 4101
都下贈僧詩 5834

斗

斗南老人集 5526

豆

豆區八友傳 4586

痘

痘證理辨　附方 3254

竇

竇氏聯珠集 6307

督

督漕疏草 1857
督撫經略疏 1839
督蜀疏草 1850

獨

獨斷 3730
獨醒雜志 4439
獨異志 4553
獨醉亭集 5521

牘

牘雋 6597

讀

讀白鹿洞規大義 3062
讀春秋編 828
讀春秋略記 859
讀大學中庸日錄 1165
讀丹錄 4697
讀道德經私記 4664
讀杜心解 5725

讀杜愚得	5719	讀史漫筆	2794
讀風臆評	524	讀史漫錄	2792
讀古紀源	4360	讀史蒙拾	2117
讀禮紀略	712	讀史評論	2812
讀禮記略記	725	讀史商語	2795
讀禮偶見	768	讀史書後	2801
讀禮竊註	750	讀史隨筆	4540
讀禮通考	625	讀史亭詩集	6093
讀禮問	711	讀史亭文集	6093
讀禮疑圖	678	讀史圖纂	1664
讀禮志疑	659	讀史吟評	2806
讀律佩觿	3124	讀書筆記	3929
讀論語劄記	1113	讀書叢説	366
讀孟子劄記	1113	讀書分年日程	2889
讀孟子劄記	1161	讀書管見	370
讀騷大旨	4714	讀書後	5639
讀騷列論	4718	讀書紀數略	4271
讀尚書略記	425	讀書記	2876
讀升菴集	4127	讀書鏡	2799
讀詩略記	491	讀書考定	4010
讀詩私記	486	讀書樂趣	4172
讀詩質疑	505	讀書錄　續錄	2895
讀史備忘	1652	讀書漫筆	2108
讀史辨惑	2808	讀書敏求記	2729
讀史訂疑	4002	讀書偶記	2925
讀史綱要	1590	讀書偶然錄	4078
讀史管見	2774	讀書日記	3044
讀史漢翹	2115	讀書十六觀	4154
讀史集	2115	讀書隨記　續記　剩語	4090
讀史記十表	1454	讀書堂杜詩註解	5723
讀史津逮	1672	讀書堂集	6174
讀史快編	2114	讀書小記	3055
讀史錄	5566	讀書一得	4043
讀史贊疑	2807	讀書雜鈔	3997

讀書雜錄	4065
讀書劄記	2901
讀書劄記	3005
讀書齋偶存槀	5688
讀書正音	1384
讀書止觀錄	4158
讀書質疑	3022
讀書蔯殘	2732
讀四書叢説	1095
讀宋史偶識	1518
讀孝經	978
讀儀禮略記	704
讀易大旨	137
讀易管窺	291
讀易紀聞	121
讀易近解	276
讀易鏡	264
讀易舉要	81
讀易考原	100
讀易略記	256
讀易日鈔	147
讀易私言	84
讀易蒐	268
讀易隨鈔	334
讀易索隱	201
讀易詳説	32
讀易緒言	257
讀易隅通	256
讀易餘言	112
讀易約編	291
讀易韻考	1402
讀易質疑	304
讀易自識	316
讀周禮略記	684

讀周子劄記	3049
讀朱隨筆	2922
讀莊小言	4666
讀左補義	957
讀左漫筆	911
讀左日鈔　補	869

篤

篤敘堂詩集	6631

杜

杜工部年譜	1871
杜工部詩年譜	1872
杜韓集韻	4359
杜律疏	5725
杜律意箋	5721
杜律意註	5720
杜律註	5718
杜律註評	5722
杜少陵詩選	6508
杜詩闡	5724
杜詩鈔述註	5721
杜詩分類	5721
杜詩會稡	5723
杜詩解	5722
杜詩論文	5723
杜詩擴	4764
杜詩説	5723
杜詩通　本義	5720
杜詩詳註	4765
杜氏通典詳節	2616
杜天師了證歌	3241
杜陽雜編	4476

度

度曲須知　　　6865

蠹

蠹齋鉛刀編　　　5133

端

端簡文集　　　5906
端肅公集　　　5918
端溪硯譜　　　3621

短

短長　　　1703

段

段黃甫詩稾　　　6060

斷

斷碑集　　　2082
斷腸詞　　　6809
斷腸集　　　5758

對

對牀夜話　　　6689
對類　　　4343
對山集　　　5604
對山集　　　5851
對問編　　　4051
對制談經　　　4324
對屬發蒙　　　4291

敦

敦行錄　　　4170

遁

遁甲吉方直指　　　3481
遁甲演義　　　3412

鈍

鈍根雜著　　　4096
鈍翁前後類稾　　　6145
鈍吟雜錄　　　3912
鈍齋文鈔　　　6215

頓

頓詩　　　5877

遯

遯世編　　　4138
遯言　　　4037

多

多能鄙事　　　4100
多識集　　　4165
多識類編　　　4176

峨

峨眉山志　　　2442
峨眉山志　　　2445
峨眉志略　　　2443

鵝

鵝湖集　　　5528

鵝湖講學會編　　　　2471
鵝浦集　　　　　　　6268

鄂

鄂州小集　　　　　　5107

諤

諤崖脞説　　　　　　4093

恩

恩命世録　　　　　　2087

兒

兒易内儀以　　　　　129
兒易外儀　　　　　　129

耳

耳鈔祕録　　　　　　4562
耳書鮓話　　　　　　6243
耳談　　　　　　　　4569
耳新　　　　　　　　4567

洱

洱海叢談　　　　　　2509

爾

爾雅補註　　　　　　1348
爾雅翼　　　　　　　1244
爾雅註　　　　　　　1234
爾雅註疏　　　　　　1231
邇訓　　　　　　　　4528
邇言　　　　　　　　2872

二

二程粹言　　　　　　2849
二程節録　文集鈔　　2939
二程年譜　　　　　　1968
二程外書　　　　　　2848
二程文集　　　　　　6325
二程學案　　　　　　3022
二程遺書　　　　　　2846
二程語録　　　　　　2940
二程子鈔釋　　　　　2904
二戴小簡　　　　　　6496
二馮評點才調集　　　6466
二谷讀書記　　　　　2980
二槐草存　　　　　　6098
二皇甫集　　　　　　6304
二家宮詞　　　　　　6429
二家詩鈔　　　　　　6626
二家詩選　　　　　　6446
二科志　　　　　　　2005
二老堂詩話　　　　　6677
二李先生奏議　　　　1863
二禮集解　　　　　　747
二禮經傳測　　　　　742
二六功課　　　　　　4697
二樓紀略　　　　　　4085
二樓小志　　　　　　2466
二陸集　　　　　　　6505
二麓正議　　　　　　6489
二梅公年譜　　　　　1951
二妙集　　　　　　　6368
二妙集　　　　　　　6523
二南密旨　　　　　　6713
二南遺音　　　　　　6637

二曲集　6102

二申野錄　1790

二十九子品彙釋評　4140

二十六家唐詩　6592

二十五言　3971

二十一史論贊　2116

二十一史論贊輯要　2114

二水樓詩集　6234

二水樓文集　6234

二薇亭集　5190

二温詩集　6521

二希堂文集　5706

二鄉亭詞　6123

二須堂集　6263

二酉彙删　4348

二酉委談　4564

二酉園詩集　5983

二酉園文集　續集　5983

二餘詞　5924

發

發蒙宏綱　6469

發墨守　781

發微論　3386

伐

伐檀集　4900

伐檀齋集　5642

法

法藏碎金錄　4596

法家哀集　3124

法教佩珠　4148

法書集覽　3589

法書考　3531

法書名畫見聞表　3547

法書通釋　3577

法書要錄　3495

法帖刊誤　2692

法帖譜系　2700

法帖釋文　2693

法帖釋文刊誤　3501

法帖釋文考異　2710

法喜志　4607

法言集註　2829

法苑珠林　4591

翻

翻譯五經　四書　1006

樊

樊川叢話　4531

樊川文集　外集　別集　4825

樊紹述集註　5726

樊榭山房集　5711

樊致虛詩集　6048

蘋

蘋川集　6019

繁

繁露園集　6037

范

范村菊譜　3645

范村梅譜　3642

范德機詩　　　　　5384
范太史集　　　　　4924
范文白詩集　　　　5772
范文正公尺牘　　　5733
范文正公奏議　書牘　1831
范文正年譜　補遺　1948
范文正遺蹟　　　　1952
范文忠集　　　　　5665
范忠宣公奏議　　　1831

範

範家集略　　　　　4174
範身集略　　　　　4174
範圍數　　　　　　3470
範衍　　　　　　　3426

方

方初菴集　　　　　6012
方改亭奏草　　　　1835
方廣巖志　　　　　2461
方國珍本末略　　　2150
方壺詞　　　　　　6851
方壺存稿　　　　　5218
方簡肅文集　　　　5594
方建元詩集　續集　5998
方麓集　　　　　　5640
方泉集　　　　　　5199
方山文錄　　　　　5932
方韶卿集　　　　　5763
方氏墨譜　　　　　3673
方氏事蹟　　　　　2152
方是閒居士小稾　　5208
方言　　　　　　　1235
方言據　　　　　　1351

方言類聚　　　　　1352
方輿勝覽　　　　　2173
方輿通俗文　　　　2485
方齋補莊　　　　　3991
方齋詩文集　　　　5617
方衆甫集　　　　　6030
方舟集　　　　　　5115
方舟易學　　　　　185
方洲集　　　　　　5566
方洲雜言　　　　　4517

坊

坊記集傳　　　　　637

芳

芳谷集　　　　　　5357
芳蘭軒集　　　　　5189
芳洲集　　　　　　5802
芳洲年譜　　　　　5802

防

防邊紀事　　　　　1760

放

放鶴村文集　　　　6278
放翁詞　　　　　　6793
放翁詩選前集　後集　別集　5158
放言居詩集　　　　6245

飛

飛鳧語略　　　　　4104
飛鴻亭集　　　　　5903
飛燕外傳　　　　　4506

菲

菲泉存槀　5922

霏

霏雪錄　3869

斐

斐然集　5079

費

費文通集選要　5874
費文憲集選要　5836

分

分甘餘話　3884
分類標註朱子經濟文衡　2947
分類補註李太白集　4757
分類誠齋文膾後集　5749
分類通鑑　2108
分類字錦　4267
分隸偶存　2720
分門古今類事　4490
分宜清玩籍　3666

汾

汾上續談　4054

焚

焚椒錄　1723
焚餘草　6189

憤

憤助編　3030

封

封長白山記　1788
封氏聞見記　3799

風

風姬易遡　245
風林類選小詩　6477
風俗通義　附錄　3797
風憲禁約　3124
風雅遺音　555
風雅遺音　6845
風雅逸篇　6507
風雅翼　6386
風月堂詩話　6666

峯

峯谿集　外集　5870

楓

楓窗小牘　4422
楓林集　5784
楓山集　5578
楓山語錄　2899
楓香詞　6140

豐

豐川全集　6267
豐川詩說　554

豐川續集	6267
豐川易說	166
豐對樓詩選	5991
豐干拾得詩	4744
豐麓集	6055
豐清敏遺事	1947
豐潤縣志	2373
豐谿存槀	5730
豐暇觀頤	4163
豐陽集	5962
豐陽人文紀略	6636
豐正元集	6063

逢

逢辰記	2077

馮

馮安岳集	4915
馮定遠集	6124
馮少墟集	5657
馮舍人遺詩	6199
馮氏校定玉臺新詠	6464
馮子節要	2994

奉

奉使滇南集	6201
奉使槀	6040
奉使錄	5818
奉天靖難記	1732
奉天刑賞錄	1755

鳳

鳳池集	6618

鳳池吟槀	5477
鳳鳴後集	5806
鳳山鄭氏詩選	6554
鳳洲筆記　續集　後集	5952

佛

佛國記	2319
佛祖通載	4603
佛祖統紀	4605

伏

伏戎紀事	1759
伏羲圖贊	245

芙

芙蓉館集	6038
芙蓉集	6171
芙蓉鏡孟浪言	4568

拂

拂珠樓偶鈔	6255

服

服制圖考	711

袚

袚園集	6118

浮

浮梁陶政志	2667
浮山集	5083
浮物	3928

浮谿集　　5025

浮谿文粹　　5026

浮湘集　　5598

浮雲集　　6091

浮沚集　　5001

桴

桴菴集　　6089

涪

涪陵紀善錄　　1950

符

符司紀　　2543

福

福建通志　　2221

福壽全書　　4155

福壽陽秋　　4177

福堂寺貝餘　　4075

鳬

鳬藻集　　5502

甫

甫里集　　4843

甫田集　　5622

柎

柎掌錄　　4580

滏

滏水集　　5306

輔

輔臣贊和詩集　　6514

輔世編　　2027

撫

撫楚治略　　6133

撫黔奏疏　　1856

撫皖治略　　6133

撫豫宣化錄　　1858

黼

黼菴遺槀　　5873

附

附釋文互註禮部韻略　　1315

負

負苞堂槀　　6027

負暄野錄　　3887

副

副墨　　5956

婦

婦女雙名記　　4334

婦人大全良方　　3182

傅

傅山人集　　5996

傅與礪詩文集　　5406

傅子　　2834

富

富山遺槀 5291

復

復庵詩説 549
復辟錄 1739
復初集 6058
復古編 1276
復古詩集 5466
復堂雜説 4086
復套議 1838
復園文集 6173
復齋日記 4520
復齋易説 51

賦

賦學剖蒙 4291
賦苑 6593

覆

覆瓿草 5980
覆瓿集 5273
覆瓿集 5485

改

改堂文鈔 6232
改亭詩集 6148
改亭文集 6148
改元考 2625

溉

溉堂前集　續集　後集　詩餘 6101

蓋

蓋載圖憲 3349

干

干祿字書 1264

甘

甘白集 5787
甘露園長書　短書 3951
甘泉集 5856
甘泉新論 2966
甘水仙源錄 4687
甘肅通志 2225
甘澤謠 4483

感

感述錄　續錄 3966
感應類從志 4098

澂

澂浦續志 2358
澂水志 2193

紺

紺寒亭詩集 6207
紺寒亭文集 6207
紺珠集 3896

綱

綱常懿範 4120
綱鑑附評 2804

綱鑑正史約　　　　　　1587
綱目訂誤　　　　　　　1546
綱目分注拾遺　　　　　1545
綱目續麟　校正凡例　附錄　彙覽
　　　　　　　　　　　1543

高

高常侍集　　　　　　　4767
高峯文集　　　　　　　5106
高閟雲集　　　　　　　5778
高麗記　　　　　　　　2497
高麗史　　　　　　　　2147
高廟紀事本末　　　　　1615
高坡異纂　　　　　　　4563
高士傳　　　　　　　　1883
高氏三宴詩集　　　　　6294
高素齋集　　　　　　　6056
高文襄公集　　　　　　5942
高言集　　　　　　　　6600
高齋漫錄　　　　　　　4426
高註周禮　　　　　　　 687
高子遺書　　　　　　　5656

皋

皋軒文編　　　　　　　6167

杲

杲堂文鈔詩鈔　　　　　6163

閣

閣皂山志　　　　　　　2440

革

革朝遺忠錄　　　　　　2005

革朝志　　　　　　　　1750
革除編年　　　　　　　1748
革除遺事　　　　　　　1758
革除遺事節本　　　　　1751
革除逸史　　　　　　　1700

格

格古要論　　　　　　　3888
格物麤談　　　　　　　4099
格物通　　　　　　　　2906
格物圖　　　　　　　　2981
格物問答　　　　　　　3983
格齋四六　　　　　　　5120
格致叢書　　　　　　　4191
格致鏡原　　　　　　　4270
格致餘論　　　　　　　3202

鬲

鬲津草堂詩集　　　　　6204

葛

葛太史集　　　　　　　6030
葛莊編年詩　　　　　　6219
葛莊詩鈔　　　　　　　6219

根

根黃集　　　　　　　　4357
根味齋詩集　　　　　　6216

亘

亘史鈔　　　　　　　　4314

艮

艮嶽記　　　　　　　　2337

艮齋詩集十 5371

更

更生吟 6075

庚

庚申外史 1727
庚溪詩話 6668
庚辛唱和詩 6474
庚子銷夏記 3553

耕

耕石齋石田集 5819
耕學齋詩集 5515
耕餘集 5974
耕織圖詩 3137

賡

賡和錄 1223

耿

耿天台文集 5973
耿巖文選 6127
耿子庸言 2982

公

公穀彙義 939
公侯簿 2540
公是集 4906
公是先生弟子記 2850
公孫龍子 3709
公餘筆記 3991

公子書 4119

攻

攻媿集 5127

宮

宮閨小名錄後錄 4352
宮教集 5122
宮省賢聲錄 2088
宮室考 614

恭

恭愍遺文 5810

躬

躬行實踐錄 3054

拱

拱和詩集 5780

共

共發編 3964

貢

貢舉條式 1315
貢舉敘略 2621

緱

緱山集 6044

姑

姑山事錄 1979

姑孰備考　2483
姑孰集　6027
姑蘇名賢小記　2047
姑蘇楊柳枝詞　6610
姑蘇雜詠　6482
姑蘇志　2207
姑溪詞　6766
姑谿居士前集　後集　4982

孤

孤臣泣血錄　1708
孤石山房詩集　6262
孤樹裒談　4526
孤忠小史　2151
孤竹賓談　4051

菰

菰中隨筆　4011

觚

觚不觚錄　4454
觚賸　續編　4573

辜

辜君政績書　1955

古

古菴文集　5874
古本大學解　1168
古本南華內篇講錄　4666
古表選　6589
古缽集選　6181
古參同契集註　4672

古城集　補遺　5586
古處堂集　6093
古夫于亭雜錄　3883
古賦辨體外集　6375
古賦題　後集　4292
古杭雜記詩集　4580
古洪範　404
古畫品錄　3489
古懽堂集　5702
古懽錄　2061
古黃遺蹟集　6498
古劍書屋文鈔　6225
古今禪藻集　6428
古今長者錄　4145
古今儲貳金鑑　2770
古今詞話　6859
古今詞論　6859
古今醢略　2656
古今刀劍錄　3608
古今風謠　4583
古今官制沿革圖　2547
古今好議論　4338
古今合璧事類備要前集　後集　續集
　　　別集　外集　4244
古今紀要　1638
古今記林　4359
古今將略　3100
古今考　3759
古今考　3996
古今類傳歲時部　2162
古今類腋　4308
古今廉鑑　2020
古今列女傳　1902
古今律曆考　3288

書名	番号	書名	番号
古今名賢説海	4132	古經解鉤沉	1024
古今評錄	4071	古雋	6507
古今奇聞類記	4564	古雋考略	4317
古今濡削選章	6580	古刻叢鈔	2706
古今詩材	4287	古括遺芳	6499
古今詩删	6406	古老子	4662
古今識鑒	3469	古樂府	6381
古今事物原始	4342	古樂經傳	1190
古今釋疑	4018	古樂經傳	1206
古今疏	4348	古樂書	1191
古今疏治黄河全書	2402	古樂義	1219
古今説海	3905	古樂苑	6415
古今歲時雜詠	6331	古儷府	4264
古今通韻	1342	古廉集	5554
古今同姓名錄	4204	古列女傳	1880
古今文房登庸錄	4583	古靈集	4899
古今姓氏書辨證	4227	古論大觀	6573
古今諺	4578	古論元〔玄〕箸	6560
古今諺	4583	古梅吟稾	5287
古今彝語	2112	古奇器錄	3665
古今藝苑談概上集　下集	4113	古器具名	3665
古今印史	3599	古器銘釋	1366
古今游名山記	2489	古器總説	3665
古今寓言	4585	古穰集	5559
古今原始	4000	古穰雜錄	4033
古今約説	2345	古人幾部	2056
古今韻表新編	1428	古三墳	335
古今韻分註撮要	1402	古山集	5878
古今韻會舉要	1322	古詩紀	6403
古今韻史	4155	古詩解	6579
古今貞烈維風什	2046	古詩鏡	6426
古今註	3731	古詩類苑	6537
古今宗藩懿行考	2051	古詩選	6604
古經傳	72	古史	1627

古史彙編	4342
古史要評	2792
古事比	4356
古事苑	4354
古書世學	413
古俗字略	1364
古微書	1025
古文參同契集解	4642
古文瀆編	6561
古文關鍵	6337
古文彙編	6577
古文集成前集	6354
古文輯略	6601
古文輯選	6552
古文精藻	6614
古文龍虎經註疏	4654
古文品外錄	6573
古文奇賞	6576
古文尚書考	430
古文尚書疏證	384
古文尚書冤詞	386
古文四聲韻	1270
古文孝經孔氏傳	963
古文孝經指解	966
古文雅正	6454
古文淵鑒	6431
古文苑	6310
古文正集二編	6581
古文周易參同契註	4672
古學捷錄	4360
古學偶編	1053
古雪堂文集	6279
古雪齋近槀	6061
古言	3947
古叶讀	1414
古易彙編	232
古易考原	201
古易世學	210
古逸書	6568
古音表	1341
古音叢目	1328
古音附錄	1328
古音獵要	1328
古音略例	1330
古音駢字　續編	1292
古音餘	1328
古音正義	1425
古愚心言	6153
古虞文錄	6519
古玉圖譜	3666
古韻標準	1345
古韻通	1415
古韻叶音	1416
古質疑	2799
古周禮	682
古周禮釋評	684
古周易	57
古周易訂詁	131
古周易章句外編	44
古奏議	1863

谷

谷口山房詩集	6154
谷平文集	5882
谷水集	6162
谷響集	5332
谷音	6370

詁

詁訓柳先生文集　外集　新編外集
　　　　　　　　　　　　　4796

鼓

鼓吹續編　　　　　　　6486
鼓山志　　　　　　　　2444

穀

穀城山館詩集　　　　　5653
穀城山館文集　　　　　6004
穀城水運紀略　　　　　6133
穀原集　　　　　　　　5912
穀原文草　　　　　　　5912

固

固哉叟詩鈔　　　　　　6218

故

故宮遺錄　　　　　　　2337
故事選要　　　　　　　4332

顧

顧端文公遺書附年譜　　2993
顧端文年譜　　　　　　1974
顧非熊詩　　　　　　　4785
顧曲雜言　　　　　　　6835
顧氏譜系考　　　　　　2058
顧氏易解　　　　　　　214

瓜

瓜廬詩　　　　　　　　5193

卦

卦變考略　　　　　　　130
卦圖　　　　　　　　　35
卦爻遺稿演　　　　　　334
卦義一得　　　　　　　257

乖

乖崖集　　　　　　　　4869

怪

怪石贊　　　　　　　　3676

官

官爵志　　　　　　　　2547
官曆刻漏圖　　　　　　3343
官民準用　　　　　　　2663
官箴　　　　　　　　　2529
官箴　　　　　　　　　2549
官職會通　　　　　　　2536
官制備考　　　　　　　2544

冠

冠譜　　　　　　　　　3674
冠圖　　　　　　　　　3675
冠豸山堂文集　　　　　6161

關

關帝紀定本　　　　　　1975
關洛記游槀　　　　　　5977
關氏易傳　　　　　　　183
關學編　　　　　　　　2071

關

關尹子	4624
關中集	6036
關中陵墓志	2461
關中勝蹟圖志	2286
關中奏議	1809

觀

觀光稾	5358
觀光集	6275
觀化集	4694
觀老莊影響論	4669
觀林詩話	6671
觀妙齋金石文考略	2720
觀生手鏡	4161
觀石後錄	3676
觀樹堂詩集	6216
觀我堂摘稾	5978
觀物篇解	3365
觀象玩占	3433
觀政集	5881

管

管城碩記	3790
管窺外篇	2891
管窺小識	4537
管子	3107
管子補註	3109
管子榷	3118

館

館閣漫錄	2542

貫

貫珠編貝集	5806

灌

灌畦暇語	3803
灌研齋集	6087
灌園集	4995

光

光菴集	5796

廣

廣百川學海	4151
廣辟寒	4155
廣博物志	4264
廣成集	4862
廣川書跋	3521
廣川書跋	3520
廣東詩粹	6635
廣東通志	2226
廣東通志初稾	2362
廣廣文選	6548
廣宏〔弘〕明集	4590
廣滑稽	4584
廣金石韻府	1381
廣近思錄	3038
廣快書	4194
廣陵集　拾遺	4940
廣蒙求	4321
廣名將譜	3104
廣羣芳譜	3653
廣羣輔錄	4347
廣仁類編	4126
廣仁品二集	4159
廣社	4106

廣事類賦 4356

廣祀典議 3022

廣胎息經 4682

廣通寶義 2650

廣王衛王本末 1721

廣文選 6503

廣西通志 2227

廣銷夏 4155

廣諧史 4585

廣修辭指南 4319

廣雅 1239

廣讌堂集 6015

廣夷堅志 4561

廣易筌 250

廣右戰功錄 1756

廣月令　後集 2162

廣韻 1305

廣韻藻 4341

廣志繹　雜志 2490

廣中五先生詩選 6534

廣州人物傳 2010

廣州四先生詩 6393

廣州游覽小志 2494

廣卓異記 1987

廣字義 3045

圭

圭峯集 5415

圭美堂集 6231

圭塘欸乃集 6375

圭塘小稾　別集　續集 5397

圭齋集 5392

閨

閨範 4134

閨房集 6269

閨秀集初編 6639

龜

龜巢集 5446

龜川詩集 5998

龜鑑易影皇極數 3487

龜山集 5015

龜谿集 5046

歸

歸閒述夢 2081

歸潛志 4446

歸田稾 5582

歸田稾 5936

歸田類稾 5315

歸田錄 4399

歸田詩話 6728

歸田遺草 6271

歸田雜識 2081

歸涂閒紀 6050

歸庸集 6097

歸有園稾 5965

歸愚詞 6789

癸

癸巳論語解 1080

癸巳孟子説 1081

癸未夏鈔 4539

癸辛雜識前集　後集　續集　別集 4442

鬼

鬼谷子 3711

桂

桂故　　　　　　　　2265
桂海虞衡志　　　　　2299
桂林點易丹　　　　　 258
桂林風土記　　　　　2291
桂林詩正　　　　　　 537
桂坡集　　　　　　　5820
桂勝　　　　　　　　2265
桂文襄奏議　　　　　1836
桂隱詩集　　　　　　5327
桂隱文集　　　　　　5327
桂苑叢談　　　　　　4478
桂洲集　　　　　　　5887
桂洲奏議　　　　　　1838

貴

貴耳集　二集　三集　3849
貴賤定格三世相書　　3466
貴賤定格五行相書　　3467
貴州通志　　　　　　2229

郭

郭東山詩集　　　　　5950
郭東山文集　　　　　5950
郭鯤溟集　　　　　　5646
郭氏傳家易説　　　　　47

國

國寶新編　　　　　　2002
國朝宮史　　　　　　2596
國朝畫徵錄　續錄　　3592
國朝練音集　　　　　6609

國朝謚法考　　　　　2636
國琛集　　　　　　　2013
國初禮賢錄　　　　　1728
國初事蹟　　　　　　1732
國風省篇　　　　　　 545
國風尊經　　　　　　 520
國賦紀略　　　　　　2655
國老談苑　　　　　　4417
國門集　　　　　　　6069
國門乙集　　　　　　6069
國殤紀略　　　　　　2054
國史紀聞　　　　　　1586
國史經籍志　　　　　2728
國士懿軌　　　　　　2028
國瑋集　　　　　　　6578
國憲家猷　　　　　　4310
國秀集　　　　　　　6298
國學禮樂錄　　　　　2639
國雅　　　　　　　　6542
國雅初集　　　　　　6612
國語　　　　　　　　1676
國語補音　　　　　　1678
國子監志　　　　　　2526

果

果報見聞錄　　　　　4575
果山修道居誌　　　　4699
果堂集　　　　　　　5712

過

過江集　　　　　　　6207
過庭紀餘　　　　　　4548
過庭錄　　　　　　　4424
過庭詩話　　　　　　6735

過庭私錄　外集　　　5887

哈

哈密事蹟　　　　　1752

海

海表奇觀　　　　　2484
海槎餘錄　　　　　2502
海昌外志　　　　　2383
海岱會集　　　　　6399
海岱日記　　　　　2095
海島算經　　　　　3319
海道經　　　　　　2392
海道經　　　　　　2392
海釣遺風集　　　　6494
海防述略　　　　　2419
海防圖論　　　　　2416
海防圖論　　　　　2418
海防總論　　　　　2419
海防奏議　　　　　1847
海國聞見錄　　　　2335
海涵萬象錄　　　　4032
海壑吟稾　　　　　5641
海寇議　　　　　　3095
海蠡編　　　　　　3952
海陵集　外集　　　5105
海錄碎事　　　　　4226
海門先生集　　　　6023
海內名家工畫能事　3583
海內十洲記　　　　4462
海鷗居日識　　　　3965
海樵先生集　　　　5907
海樵子　　　　　　2969
海瓊傳道集　　　　4684

海桑集　　　　　　5517
海山記　　　　　　4508
海上占候　　　　　3443
海叟集　　　　　　5521
海棠譜　　　　　　3647
海塘錄　　　　　　2258
海塘錄　　　　　　2403
海亭集　　　　　　5979
海外紀事　　　　　2510
海涯集　　　　　　5878
海鹽縣圖經　　　　2379
海陽山水志　　　　2436
海野詞　　　　　　6787
海沂子　　　　　　3934
海虞文苑　　　　　6590
海語　　　　　　　2327
海岳名言　　　　　3516
海運編　　　　　　2651
海運圖説　　　　　2652
海運詳考　　　　　2648
海運新考　　　　　2650
海運志　　　　　　2648
海珠小志　　　　　1972

含

含素子塵譚　　　　4696
含元〔玄〕子　　　4694
含元齋別編　　　　4316

函

函山集　　　　　　5880
函史上編　下編　　1657
涵有堂詩文集　　　6249

寒

寒邨集	5927
寒村集	6208
寒山蔓草	6572
寒山帚談　拾遺	3540
寒山子詩集	4744
寒松閣集	5227
寒松堂集	6119
寒夏合再	4155
寒香草堂集	6255
寒香閣詩集	6239
寒玉居集	6281

韓

韓祠錄	1961
韓集點勘	4795
韓集舉正　外集舉正	4789
韓柳年譜	1951
韓内翰別集	4848
韓山人集	5777
韓詩外傳	512
韓氏事蹟	2152
韓魏公別錄	1946
韓魏公家傳	1946
韓文杜律	6550
韓五泉詩集	5866
韓仙傳	4675
韓忠獻遺事	1947
韓子	3113
韓子迂評	3119

汗

汗簡　目錄敘略	1267

漢

漢濱集	5092
漢甘泉宮瓦記	3677
漢官舊儀　補遺	2580
漢紀	1523
漢雋	2107
漢隸分韻	1289
漢隸字源	1277
漢末英雄記	1987
漢鐃歌發	6591
漢上易集傳	35
漢詩評	6617
漢詩説	6628
漢詩音註	6617
漢史億	2804
漢世説	4548
漢書	1456
漢唐祕史	1731
漢唐宋名臣錄	2032
漢唐通鑑品藻	2789
漢魏別解	4194
漢魏六朝一百三家集	6426
漢魏名家	6569
漢魏名文乘	6586
漢魏詩乘	6582
漢武帝内傳	4464
漢武洞冥記	4466
漢武故事	4463
漢溪書法通解	3592
漢藝文志考證	2679
漢原陵祕葬經	3445
漢雜事祕辛	4503
漢制考	2562

撼

撼龍經　　　3381
撼龍經　　　3453

翰

翰村詩槖　　　6261
翰林記　　　2522
翰林志　　　2514
翰林諸書選粹　　　4318
翰墨大全　　　4284
翰墨鼎彝　　　6592
翰墨選註　　　6546
翰墨志　　　3502
翰苑叢鈔　　　4196
翰苑集　　　4786
翰苑瓊琚　　　6508
翰苑羣書　　　2517
翰苑新書　前集　後集上　後集下
　　別集　續集　　　4251
翰苑須知　　　2541

杭

杭志三詰三誤辨　　　2385

蒿

蒿菴集　　　6104
蒿菴閒話　　　4082

郝

郝恭定集　　　1854

浩

浩波遺集　　　6275

浩然齋雅談　　　6688
浩齋語錄　　　2941

合

合并字學集篇集韻　　　1373
合訂删補大易集義粹言　　　155
合刻五家言　　　4188
合評選詩　　　6565

何

何博士備論　　　3077
何翰林集　　　5987
何氏類鎔　　　4320
何氏語林　　　4455
何水部集　　　4737
何文簡疏議　　　1813
何燕泉詩　　　5843
何御史孝子祠主復位錄　　　2095
何之子　　　3957

和

和靖集　　　5063
和靖詩集　　　4874
和清真詞　　　6771

河

河漕通考　　　2403
河東集　　　4865
河防芻議　　　2406
河防疏略　　　1858
河防述言　　　2254
河防通議　　　2243
河防一覽　　　2245

河汾詩集	5804
河汾燕閒錄	4038
河汾諸老詩集	6373
河工集	6200
河紀	2405
河閒六書	3260
河洛定議贊	262
河洛先天圖説	331
河洛真傳	263
河洛真數	3455
河南集	4888
河南通志	2222
河渠志	2403
河上草	6184
河上楮談	4054
河上槀	6022
河朔訪古記	2316
河套志	2388
河圖發微	3427
河圖洛書原舛編	285
河源紀略	2250
河源記	2391
河嶽英靈集	6297
河治通考	2397

荷

荷亭辨論	4035
荷薪義	2995

鶡

鶡冠子	3708

賀

賀監紀略	1979

鶴

鶴和篇	6075
鶴靜堂集	6129
鶴林集	5206
鶴林類集	4690
鶴林玉露	3848
鶴嶺山人詩集	6139
鶴侶齋集	6202
鶴山筆錄	4027
鶴山全集	5197
鶴灘集	5842
鶴田草堂集	5916

黑

黑蝶齋詩鈔	6225

恒

恒軒集	5805
恒嶽志	2434
恒嶽志	2444

珩

珩璜新論	3814

橫

橫渠易説	25
橫溪錄	2440
橫塘集	5019

衡

衡廬精舍藏槀　續槀		5645

衡門集 6531
衡門芹 3001
衡門晤語 2053
衡書 3982
衡湘稽古 1790
衡嶽志 2425

哄

哄堂詞 6840

宏

宏〔弘〕明集 4589
宏〔弘〕治八閩通志 2348
宏〔弘〕治湖州府志 2350
宏〔弘〕山集 3966
宏〔弘〕藝錄 5892
宏〔弘〕正詩鈔 6512

洪

洪範補註 3424
洪範皇極補 3423
洪範皇極內篇 3369
洪範皇極註 3422
洪範九疇數解 3421
洪範口義 339
洪範明義 381
洪範統一 358
洪範圖解 3422
洪範圖說 3431
洪範正論 392
洪範政鑒 3473
洪龜父集 5009
洪武聖政記 1726

洪武正韻 1325
洪洲類藁 5984

虹

虹舟講義 1167

鴻

鴻苞 3958
鴻泥堂小藁　續藁 5896
鴻慶居士集 5057
鴻逸堂藁 6157
鴻猷錄 1614

黌

黌祀紀蹟 2071
黌中草 6084

侯

侯鯖錄 4413

后

后紀妃嬪傳外戚傳 2542
后山詩集 5742
后山詩註 4957

厚

厚德錄 3919
厚語 4150
厚齋易學 61

後

後北征記 1734

後北征錄	1733
後村別調	6845
後村集	5233
後村詩話前集　後集　續集　新集	
	6682
後存草	6048
後海書堂遺文	6265
後海堂雜錄	4092
後漢紀	1525
後漢書	1459
後漢書補逸	1646
後畫錄	3570
後鑒錄	1788
後樂集	5182
後梁春秋	2151
後圃編年稾	6161
後渠庸書	2964
後山詞	6839
後山集	4956
後山詩話	6655
後山談叢	4405
後齋遺稾	5875
後周文紀	6421

潯

潯南遺老集	5307

弧

弧矢算術	3331

胡

胡端敏奏議	1812
胡梅林行實	1966

胡文敬公集	5593
胡文穆集	5797
胡文穆雜著	3872
胡忠烈遺事	1985
胡仲子集	5490
胡莊肅集	5916
胡子衡齊	2982
胡子易演	211

壺

壺譜	3604
壺山四六	5220
壺史	3604
壺天玉露	2042

湖

湖廣通志	2222
湖海集	6212
湖南通志	2388
湖壖雜記	2483
湖山集	5086
湖山類稾	5279
湖上草堂詩	6258
湖湘五略	1852
湖州府志	2363
湖州竹派	3584

虎

虎薈	3698
虎鈐經	3076
虎邱〔丘〕詩集	6483
虎谿漁叟集	6109

笏

笏崎樓集　　　　6216

扈

扈從詩　　　　5412
扈從西巡日錄　　　　1928

瓠

瓠息齋前集　　　　6272
瓠尊山人詩集　　　　6244

花

花菴詞選　　　　6819
花草粹編　　　　6823
花果會唱和詩　　　　6135
花間集　　　　6815
花裏活　　　　3696
花木鳥獸集類　　　　4272
花史　　　　3696
花史左編　　　　3695
花王閣賸稾　　　　6076
花溪集　　　　5461
花影集　　　　6848
花語山房詩文小鈔　　　　6256

華

華川卮辭　　　　3924
華鄂堂集　　　　6223
華光梅譜　　　　3573
華禮部集　　　　6008
華林莊詩集　　　　6244
華泉集　　　　5599

華泉集選　　　　5847
華山志　　　　4684
華亭百詠　　　　5184
華陽洞稾　　　　5977
華陽宮紀事　　　　2337
華陽館文集　續集　　　　5954
華陽國志　　　　2122
華陽集　附錄　　　　4785
華陽集　　　　4898
華陽集　　　　5038
華陽漫稾　　　　5939
華陽文集　　　　5955
華野疏稾　　　　1822
華夷花木鳥獸珍玩考　　　　4105
華夷譯語　　　　1358
華嶽全集　　　　2432

滑

滑稽小傳　　　　4579
滑耀編　　　　6540

化

化機彙參　　　　4695
化書　　　　3723
化書新聲　　　　3916

畫

畫壁遺稾　　　　6132
畫筴圖　　　　3453
畫禪　　　　3583
畫禪室隨筆　　　　3878
畫法年紀　　　　3590
畫紀補遺　　　　3576

畫繼 3522
畫鑒 3529
畫墁集 4970
畫墁錄 4407
畫眉筆談 3698
畫譜 3588
畫前易衍 3429
畫山水賦 3502
畫山水訣 3574
畫史 3513
畫史會要 3542
畫說 3586
畫響 6078
畫學祕訣 3572
畫苑 3579
畫苑 3593
畫苑補益 3579
畫志 3588

淮

淮鹺本論 2657
淮封日記 2081
淮關志 2648
淮海詞 6761
淮海集　後集　長短句 4962
淮海易譚 215
淮郡文獻志　補遺 2012
淮南子 3714
淮西從軍記 1714
淮陽集　詩餘 5313

槐

槐亭漫錄 3954
槐軒集 6150

懷

懷舫集 6166
懷葛堂文集 6164
懷麓堂集 5572
懷麓堂詩話 6696
懷清堂集 5706
懷星堂集 5594
懷忠錄 2021

洹

洹詞 5608
洹詞別本 5856
洹詞記事鈔 4145

寰

寰有詮 3976
寰宇通衢 2339

還

還山遺槁 5342
還冤志 4473

環

環碧齋尺牘 5919
環碧齋詩集 5919
環碧齋小言 3962
環翠堂坐隱集選 6060
環谷集 5460
環谿集 5917
環谿詩話 6673

緩

緩慟集 5598

幻

幻華集　6065

浣

浣川集　5210
浣花集　補遺　4861
浣水續談　4054
浣亭歸來吟　6137
浣亭詩略　6137

荒

荒史　1655
荒政叢書　2606

皇

皇霸文紀　6416
皇朝禮器圖式　2595
皇朝通典　2575
皇朝通志　2576
皇朝文獻通考　2572
皇都水利　2404
皇甫持正集　4802
皇甫少元集　外集　5630
皇甫司勳集　5628
皇華集　6514
皇華集　續集　6513
皇華紀聞　4547
皇極大定動數得一論　3457
皇極經世觀物外篇衍義　3364
皇極經世節要　3419
皇極經世解起數訣　3365
皇極經世考　3421

皇極經世書　3362
皇極經世書傳　3420
皇極經世書解　3367
皇極經世書類要　3418
皇極經世書説　3419
皇極經世索隱　3363
皇極經世心易發微　3420
皇極生成鬼經數　3462
皇極數　3462
皇極數鈔　3423
皇極圖韻　1412
皇清開國方略　1566
皇清詩選　6611
皇清文穎　6441
皇清職貢圖　2331
皇書帝佚　4195
皇王大紀　1539
皇王史訂　1589
皇言定聲錄　1193
皇祐新樂圖記　1170
皇輿考　2340
皇輿西域圖志　2215
皇元聖武親征錄　1725

黃

黃白鏡續　黃白鏡　4693
黃淳父集　6056
黃帝祠額解　4055
黃帝內經素問遺篇　3169
黃帝奇門遁甲圖　3477
黃帝素問　3142
黃帝演禽七元三傳心法　3479
黃公説字　1384
黃谷瑣談　4046

黄海	2427
黄河圖議	2400
黄介菴集	5792
黄靜山集	6270
黄梁遺蹟志	2087
黄樓集	5737
黄洛邨集	5884
黄門集	1848
黄山詩留	6118
黄山志	2442
黄石公三略	3070
黄石公行營妙法	3431
黄氏補註杜詩	4761
黄氏日鈔	2881
黄説仲詩草	5988
黄文獻集	5391
黄楊集　補遺	5775
黄葉村莊詩集	6171
黄御史集	4854
黄元龍詩集附尺牘	6062
黄元龍小品	4071
黄運兩河考議	2405
黄忠宣集	5793
黄鍾通韻	1226

篁

篁墩集	5578

揮

揮塵前錄　後錄　第三錄　餘話	4427

輝

輝山存槀	5768

徽

徽郡詩	6530
徽言	4109
徽州府志	2351

回

回鑾事實	1714
回文類聚　補遺	6338

晦

晦菴集　續集　別集	5109
晦菴文鈔續集	5750

惠

惠山古今考　附錄　補遺	2436
惠陽山水紀勝	2453

彙

彙書	6281
彙雅　續編	1350
彙苑詳註	4308
彙征錄	2637

會

會昌一品集　別集　外集	4818
會典鈔略	2620
會侯文鈔	6148
會稽掇英總集	6322
會稽懷古詩	5532
會稽三賦	2297
會心錄	4173

會語續錄　　3946
會語支言　　3029

慧

慧閣詩　　6052
慧山記　　2425

檜

檜亭集　　5388

繪

繪林題識　　3583
繪事備考　　3554
繪事微言　　3539

昏

昏禮辨正　　753
昏禮通考　　771

婚

婚禮廣義　　712

渾

渾蓋通憲圖説　　3295
渾然子　　3948

火

火警或問　　1828
火器圖　　3103

夥

夥壞封疆錄　　2036

或

或庵評春秋三傳　　941
或問　　3218
或問小註　　1124

蠖

蠖齋詩話　　6747

姬

姬侍類偶　　4283

嵇

嵇中散集　　4727

畸

畸人十篇　　3972

畿

畿輔人物志　　2057
畿輔通志　　2218
畿南奏議　　1850

稽

稽古編　　1666
稽古訂譌　　1041
稽古錄　　1536
稽古堂論古　　4072
稽禮辨論　　751
稽留山人集　　6157
稽神錄　　4485

緝

緝古算經　　　　　3325
緝玉錄　　　　　　6560

激

激書　　　　　　　3980

積

積承錄　　　　　　3936
積書巖詩選　　　　6156
積齋集　　　　　　5399

擊

擊壤集　　　　　　4925

績

績學堂詩鈔　　　　6227
績學堂文鈔　　　　6226

雞

雞肋　　　　　　　4239
雞肋編　　　　　　4433
雞肋集　　　　　　4977
雞肋集　　　　　　5761
雞土集　　　　　　5941
雞足山志　　　　　2450

饑

饑民圖說　　　　　2088

齎

齎志齋集　　　　　6071

吉

吉州人文紀略　　　2074

汲

汲古編　　　　　　4343
汲古叢語　　　　　3940

急

急救良方　　　　　3253
急救仙方　　　　　3191
急就章　　　　　　1251

極

極沒要緊　　　　　4681
極元集　　　　　　6302

集

集程朱格物法　　　3048
集古隸韻　　　　　1360
集古錄　　　　　　2688
集古梅花詩　　　　5842
集古梅花詩　　　　6215
集古文英　　　　　6588
集千家註杜詩　　　4763
集仙傳　　　　　　4678
集虛齋學古文　　　6228
集驗背疽方　　　　3187
集異記　　　　　　4475
集玉山房稾　　　　5667
集韻　　　　　　　1308
集鐘鼎古文韻選　　1378
集朱子讀書法　　　3048

几

几上語　　　3918

己

己亥存槀　　　6090
己寬堂集　　　5938
己未留　　　3003
己酉避亂錄　　　2077
己酉航海記　　　1712

幾

幾何論約　　　3336
幾何原本　　　3333

季

季漢書　　　1660
季漢五志　　　1672

紀

紀錄彙編　　　4184
紀夢要覽　　　3487
紀善錄　　　2011
紀聞類編　　　3969
紀效新書　　　3083
紀游槀　　　2492
紀元彙考　　　2639
紀元要略　補遺　　　2641

記

記古滇説　　　2497
記室新書　　　4281

記纂淵海　　　4236

寄

寄園寄所寄　　　4168

冀

冀越集記　　　4515

濟

濟美錄　　　2016
濟美堂集　　　5974
濟美堂集　　　5975
濟南集　　　4963
濟生方　　　3188
濟陰綱目　　　3266

繫

繫辭十篇書　　　247

繼

繼世紀聞　　　1746
繼志齋集　　　5533

加

加年堂講易　　　275

夾

夾漈遺槀　　　5102

佳

佳山堂集　　　6122
佳言玉屑　　　4165

迦

迦談　4605

家

家藏集　5581
家草　6011
家範　2839
家規輯要　4153
家誡要言　3004
家禮　668
家禮辨定　769
家禮儀節　761
家山圖書　2888
家語正義　2929
家則　4058

葭

葭里二集　6160
葭里集　6160
葭里三集　6160

嘉

嘉定赤城志　2189
嘉禾百詠　5269
嘉禾問錄　3935
嘉禾徵獻錄　2070
嘉靖安慶府志　2355
嘉靖大政類編　1779
嘉靖廣西通志　2360
嘉靖廣信府志　2357
嘉靖貴州通志　2367
嘉靖貴州圖經新志　2371

嘉靖河間府志　2366
嘉靖江都縣志　2372
嘉靖江西通志　2352
嘉靖清源關志　2647
嘉靖全州志　2365
嘉靖仁和縣志　2368
嘉靖邵武府志　2365
嘉靖惟揚志　2354
嘉靖倭亂備鈔　1763
嘉靖以來首輔傳　1904
嘉靖真定府志　2366
嘉隆兩朝聞見紀　1579
嘉隆疏鈔　1861
嘉泰會稽志　寶慶續志　2186
嘉興府圖記　2363
嘉興府志　2349
嘉興志補　2355
嘉祐集　4936
嘉祐雜志　4400

甲

甲申雜記　4407
甲乙經　3146
甲子會紀　1582

賈

賈氏談錄　4391

稼

稼村類稾　5317
稼軒詞　6791

兼

兼濟堂文集　5682

兼明書 3737

兼山堂集 6186

煎

煎茶水記 3637

箋

箋卉 3693

箋紙譜 2305

箋註評點李長吉歌詩　外集 4812

剪

剪綃集 5760

緹

緹齋詩選 6228

翦

翦勝野聞 4523

翦桐載筆 4535

檢

檢蠹隨筆 4150

檢心集 4201

蹇

蹇齋瑣綴錄 4517

簡

簡端錄 1003

簡籍遺聞 4002

簡明醫彀 3262

簡平儀說 3291

簡齋集 5034

見

見滄文集 5936

見山樓詩文集 6133

見山堂詩鈔 6228

見素文集　奏疏　續集 5585

見聞紀訓 4562

見聞記憶錄 4078

見聞考隨錄 4525

見聞錄 4538

見聞錄 4576

見聞隨筆 1786

見聞雜記 4531

建

建康實錄 1624

建寧人物傳 2011

建文朝野彙編 1767

建文史待 1777

建文事迹備遺錄 1756

建文書法儗 1771

建炎復辟記 1713

建炎時政記 1711

建炎通問錄 1711

建炎維揚遺錄 1712

建炎以來朝野雜記 2559

建炎以來繫年要錄 1548

建陽縣志　雜志　續志 2347

健

健松齋集　續集 6175

漸

漸齋詩草　　　5876

劍

劍草　　　3102
劍笯　　　3661
劍南詩槀　　　5155
劍俠傳　　　4554

澗

澗泉集　　　5234
澗泉日記　　　3844

諫

諫垣疏槀　　　1847
諫垣奏草　　　1837

鑑

鑑語經世編　　　2806

鑒

鑒湖詩說　　　541
鑒戒錄　　　4386
鑒勞錄　　　2091

江

江表志　　　2131
江城名蹟　　　2284
江村銷夏錄　　　3555
江村遺槀　　　5185
江東地利論　　　2413

江東十鑑　　　3091
江東十考　　　3093
江防考　　　2416
江防圖考　　　2416
江防總論　　　2419
江臯小築集　　　6549
江臯吟　　　6061
江漢叢談　　　2307
江漢書院講義　　　1165
江湖長翁文集　　　5171
江湖後集　　　6350
江湖閒吟　　　6260
江湖小集　　　6348
江淮異人錄　　　4486
江泠閣詩集　　　6165
江泠閣文集　　續集　　　6165
江岷嶽文集　　　6009
江南別錄　　　2130
江南春詞　　　6491
江南經略　　　3081
江南通志　　　2218
江南星野辨　　　2484
江南野史　　　2129
江南餘載　　　2132
江山人集　　　5990
江聲草堂詩集　　　6250
江文通集　　　4736
江午坡集　　　5910
江西通志　　　2219
江心志　　　2467
江右名賢編　　　2030
江右詩槀　　　5956
江月松風集　　　5445
江左十五子詩選　　　6599

姜

姜鳳阿文集　　　5968

姜氏祕史　　　1748

姜同節集　　　6034

彊

彊識略　　　4309

蔣

蔣道林文粹　　　5923

蔣説　　　4081

講

講學　　　3061

將

將鑑論斷　　　3090

將將紀　　　3097

將門祕法陰符經　　　3484

將苑　　　3088

絳

絳跗閣詩稾　　　6253

絳守居園池記註　　　4814

絳帖平　　　2698

絳雪園古方選註　　　3230

交

交翠館集　　　6014

交黎撫剿事略　　　1762

交山平寇本末附詩詳文書牘　　　1786

交石類稾　　　5827

交泰韻　　　1404

交友論　　　3973

交州稾　　　5358

郊

郊居遺稾　　　6022

郊社禘祫問　　　660

郊社考辨　　　756

郊外農談　　　4042

椒

椒邱〔丘〕文集　　　5569

焦

焦弱侯問答　　　3961

焦山古鼎考　　　3665

焦氏筆乘　　　4062

焦氏類林　　　4139

蛟

蛟峯文集　外集　　　5276

膠

膠萊新河議　　　2396

蕉

蕉窗九錄　　　4103

蕉窗蒠隱詞　　　6847

蕉窗雜錄　　　4026

蕉林詩集　　　6097

蕉雨軒詩餘彙選　　　6855

腳

腳氣集　3851
腳氣治法總要　3167

矯

矯亭存槀　續槀　5866

教

教坊記　4375
教家類纂　4147
教民恒言　3019
教習堂條約　3034
教養全書　4350

嶠

嶠南瑣記　4536

皆

皆春園集　6049
皆非集　6057

接

接善編　2967

痎

痎瘧論疏　3224

揭

揭曼碩遺文　5773

蛣

蛣蜣集　5991

睫

睫巢集　後集　6276

節

節愛汪府君詩集　5875
節菴集　續編　5797
節婦傳　2071
節孝集　4931
節孝語錄　2852
節序同風錄　2162
節宣輯　2161

羯

羯鼓錄　3565

解

解弢集　6043
解頤新語　6735
解莊　4665

介

介菴詞　6788
介塘文略　5890
介軒遺筆　4086

戒

戒菴漫筆　4069
戒菴詩存　6175
戒菴文集　5841
戒子通錄　2865

芥

芥隱筆記　　　　　　　3753

巾

巾石遺編　　　　　　　5923

今

今古鉤元〔玄〕　　　　4159
今古輿地圖　　　　　　2342
今世說　　　　　　　　4546
今水經　　　　　　　　2408
今文尚書說　　　　　　437
今文選　　　　　　　　6544
今文周易演義　　　　　214
今獻備遺　　　　　　　1906
今獻彙言　　　　　　　4186
今言　　　　　　　　　1753
今易詮　　　　　　　　223
今有堂詩集　　　　　　6234

金

金闇齋集　　　　　　　6243
金黿退食筆記　　　　　2285
金鎞祕論　　　　　　　3262
金大臣年表　　　　　　1674
金丹大要　　　　　　　4686
金丹詩訣　　　　　　　4674
金谷遺音　　　　　　　6842
金管集　　　　　　　　6256
金壺記　　　　　　　　3574
金華府志　　　　　　　2348
金華詩粹　　　　　　　6581

金華文略　　　　　　　6610
金華文統　　　　　　　6502
金華先民傳　　　　　　2013
金華賢達傳　　　　　　1993
金華雜識　　　　　　　4536
金華徵獻略　　　　　　2058
金華正學編　　　　　　6501
金華子　　　　　　　　4384
金井志　　　　　　　　2455
金匱鉤元〔玄〕　　　　3204
金匱懸解　　　　　　　3240
金匱要略論註　　　　　3148
金蘭集　　　　　　　　6482
金罍子　　　　　　　　3941
金陵百詠　　　　　　　5159
金陵梵刹志　　　　　　2462
金陵古今圖考　　　　　2359
金陵古金石考　　　　　2738
金陵覽勝詩　　　　　　5913
金陵世紀　　　　　　　2359
金樓子　　　　　　　　3717
金山雜志　　　　　　　2423
金石備考　　　　　　　2739
金石表　　　　　　　　2741
金石古文　　　　　　　6506
金石經眼錄　　　　　　2723
金石例　　　　　　　　6694
金石林時地考　　　　　2711
金石錄　　　　　　　　2691
金石史　　　　　　　　2712
金石圖　　　　　　　　2746
金石文　　　　　　　　6516
金石文字記　　　　　　2715
金石續錄　　　　　　　2745

金石要例　　　　　　　6700
金石遺文　　　　　　　1363
金石遺文錄　　　　　　2744
金史　　　　　　　　　1506
金氏文集　　　　　　　4905
金臺集　　　　　　　　5421
金臺紀聞　　　　　　　4523
金圖經　　　　　　　　1717
金陀粹編　續編　　　　1873
金文靖集　　　　　　　5551
金文通集　　　　　　　6087
金薤琳琅　　　　　　　2710
金興山房槀　　　　　　5953
金玉新書　　　　　　　2663
金淵集　　　　　　　　5337
金齋集　　　　　　　　5935
金漳蘭譜　　　　　　　3646

津

津逮祕書　　　　　　　4193

菫

菫山集　　　　　　　　5838

盡

盡心編　　　　　　　　3965
盡言集　　　　　　　　1803

錦

錦帶　　　　　　　　　4277
錦帶補註　　　　　　　4277
錦里耆舊傳　　　　　　2133
錦繡論　　　　　　　　5749

錦繡萬花谷前集　後集　續集　4233

近

近道齋詩集　　　　　　6238
近道齋文集　　　　　　6238
近峯聞略　　　　　　　4521
近光集　　　　　　　　5412
近取編　　　　　　　　2969
近事會元　　　　　　　3738
近思錄　　　　　　　　2859
近思錄集解　　　　　　2945
近思錄集註　　　　　　2861
近思錄集註　　　　　　2862
近思續錄　　　　　　　3044
近體樂府　　　　　　　6841
近溪子明道錄　　　　　3946
近谿子文集　　　　　　5971
近言　　　　　　　　　2962

晉

晉安風雅　　　　　　　6567
晉草　　　　　　　　　6011
晉記　　　　　　　　　1673
晉陵先賢傳　　　　　　2044
晉錄　　　　　　　　　2474
晉史乘　　　　　　　　2146
晉史删　　　　　　　　1661
晉書　　　　　　　　　1470
晉書別本　　　　　　　1662
晉溪奏議　　　　　　　1834

進

進善集　　　　　　　　3990

進修錄　3960

禁

禁扁　2166

靳

靳文襄奏疏　1821

縉

縉雲文集　5087

蓋

蓋心堂集　5929

京

京東考古錄　2479
京口耆舊傳　1895
京口三山續志　2429
京口三山志　2424
京省次　6006
京氏易傳　3390
京兆奏議　1855

荆

荆楚歲時記　2289
荆川稗編　4255
荆川集　5629
荆門列女紀略　2067
荆門耆舊紀略　2067
荆南倡和集　6388
荆南墨農全集　6151
荆樹居文略　6161

荆谿唱和詩　6531
荆谿林下偶談　6683
荆谿外紀　6590

涇

涇皋藏槀　5655
涇林集　5925
涇野集　5866
涇野子内篇　2902

旌

旌孝錄　1965
旌義編　1992

經

經稗　1017
經廠書目　2729
經鉏堂雜志　3917
經典稽疑　1005
經典釋文　986
經籍異同　1136
經濟宏詞　4360
經濟類編　4258
經濟錄　3941
經濟文鈔　6570
經濟文衡前集　後集　續集　2874
經濟文集　5413
經濟文輯　6578
經濟言　4328
經解經義雜著　1054
經禮補逸　602
經史筆記　4095
經史辨疑　1047

經史典奧　4143
經史慧解　4091
經史槎義　3005
經史問　4019
經史正音切韻指南　1325
經世策　1579
經世格要　4303
經世宏辭　6539
經世環應編　4148
經世民事錄　3137
經世名言　4167
經世篇　4346
經世實用編　2619
經世碩畫　3001
經世要談　3931
經書孝語　2997
經書性理類輯精要錄　3048
經書音釋　1033
經術要義　4173
經說　1043
經髓　1040
經外雜鈔　3758
經玩　1049
經問　1012
經問補　1012
經蟶管見　2757
經序錄　2728
經學隊仗　4288
經言枝指　1136
經驗良方　3254
經義管見　308
經義考　2685
經義模範　6401
經義齋集　6149

經咫　1022
經子法語　4110
經子難字　1362
經子臆解　3949

精

精華錄　5685
精華錄　5740
精華錄訓纂　6141
精忠類編　1971

鯨

鯨背吟集　5411

井

井觀瑣言　3875

景

景定建康志　2194
景定嚴州續志　2196
景命萬年錄　1705
景行館論　3936
景行錄　4114
景仰撮書　4120
景迂生集　4976
景岳全書　3221

警

警時新錄　3927
警心類編　4131
警語類鈔　4136

徑

徑山集　2460

徑山志　　　　　2462

淨

淨慈寺志　　　　2460
淨德集　　　　　4915

竟

竟山樂錄　　　　1194

敬

敬和堂集　　　　5979
敬事草　　　　　1845
敬所文集　　　　5947
敬亭集　補遺　　6074
敬鄉錄　　　　　1899
敬業堂集　　　　5707
敬義錄　　　　　3062
敬齋古今黈　　　3860
敬止集　　　　　2247

痙

痙書　　　　　　3218

靖

靖康紀聞拾遺　　1709
靖康蒙塵錄　　　1709
靖康緗素雜記　　3741
靖康小雅　　　　1989
靖康要錄　　　　1554
靖難功臣錄　　　2022
靖炎兩朝見聞錄　1711
靖夷紀事　　　　1759

靜

靜安八詠詩集　　6475
靜菴集　　　　　5790
靜菴集　　　　　6151
靜便齋集　　　　6246
靜春堂集　　　　5376
靜芳亭摘稾　　　5844
靜觀堂集　　　　5847
靜居集　　　　　5503
靜思集　　　　　5451
靜惕堂詩集　　　6091
靜修集　　　　　5345
靜軒集　　　　　5813
靜學文集　　　　5537
靜用堂偶編　　　3045

九

九邊考　　　　　2415
九朝談纂　　　　4161
九代樂章　　　　6511
九歌註　　　　　4716
九宮八卦遁法祕書　3469
九谷集　　　　　6174
九華集　　　　　5146
九華山志　　　　2439
九華詩集　　　　5300
九家集註杜詩　　4759
九經辨字瀆蒙　　1023
九經補韻　　　　1320
九經古義　　　　1015
九經考異　　　　1035
九經圖　　　　　1053
九經誤字　　　　1011

九經逸語　1035
九經字樣　1266
九鯉湖志　2436
九龥山房集　補編　5451
九龥山房遺橐　5777
九山游草　6098
九天元女課　3463
九天元女六壬課　3455
九星穴法　3448
九疑山志　2433
九愚山房詩集　5967
九圉史圖　3349
九章錄要　3340
九章算術　3315
九正易因　213
九芝集選　6026
九州山水考　427

酒

酒邊詞　6777
酒部彙考　3683
酒概　3683
酒譜　3639
酒譜　3681
酒史　3682

救

救荒本草　3132
救荒策會　2655
救荒活民補遺書　2647
救荒活民書　2602
救荒事宜　2653
救荒事宜　2656
救文格論　雜錄　4011

就

就正草　6254
就正錄禮記會要　715

傲

傲寮集　6000

舊

舊京詞林志　2543
舊唐書　1490
舊聞證誤　2761
舊五代史　1495

居

居常飲饌錄　3686
居濟一得　2253
居家必用事類全集　4100
居來山房集　5960
居士集　5735
居學餘情　4583
居業錄　2897
居業錄類編　2959
居業齋別集　6199
居業齋文集　6199
居易錄　3881
居竹軒集　5430

拘

拘虛晤言　3933

局

局方發揮　3203

菊

菊花百詠　　　　　5834
菊坡叢話　　　　　6729
菊史補遺　　　　　3645

橘

橘錄　　　　　3648
橘山四六　　　　　5181
橘苑詩鈔　　　　　6116
橘洲詩集　　　　　6091

矩

矩山存稾　　　　　5235
矩齋雜記　　　　　4571
矩洲集　　　　　5845

榘

榘菴集　　　　　5380

句

句股矩測解原　　　　　3339
句股述　　　　　3353
句股義　　　　　3294
句股引蒙　　　　　3338
句漏集　　　　　5995
句曲紀遊詩　　　　　5864
句曲外史集　補遺　集外詩　　　　　5431

具

具茨集　補遺　文集　補遺　附錄
　遺稾　　　　　5634

具區志　　　　　2405

秬

秬山稾　　　　　5893

鉅

鉅文　　　　　6546

聚

聚課瓊珠詩對　　　　　4291

劇

劇談錄　　　　　4479

據

據梧詩集　　　　　6238

瞿

瞿同卿集　　　　　6057
瞿山詩略　　　　　6136
瞿塘日錄　　　　　3943
瞿文懿詩文集　　　　　5945
瞿文懿制敕稾　　　　　5945
瞿文懿制科集　　　　　5945

倦

倦圃蒔植記　　　　　3696

決

決勝綱目　　　　　3098

絕

絕妙好詞箋　　　　　6821

潏

潏水集 4984

譎

譎觚 2479

覺

覺非集 5799
覺迷蠡測　剩言 4607
覺山史說 2790

君

君臣相遇錄 1951
君鑒 4118

均

均藻 4302

軍

軍權 3099
軍占雜事 3443

菌

菌譜 3652

筠

筠谷詩 5512
筠廊偶筆　二筆 4085
筠溪樂府 6774
筠谿集 5038
筠谿集 6115

筠軒集 5408
筠軒清祕錄 4104

郡

郡縣釋名 2341
郡齋讀書志　後志　考異　附志 2673

濬

濬元 3430

開

開河記 4508
開荒十二政 2655
開天傳信記 4484
開顏集 4577
開元釋教錄 4592
開元天寶遺事 4385

刊

刊誤 3736
刊正九經三傳沿革例 992

堪

堪輿類纂人天共寶 3452
堪齋詩存 6134

看

看易凡例圖說 212

康

康範詩集 5205
康谷子集 5863

康濟錄　　　2604

康節內祕影　　　3468

康熙字典　　　1296

康齋文集　　　5574

亢

亢倉子　　　4647

亢倉子註　　　4648

抗

抗言在昔集　　　6263

考

考定石經大學經傳解　　　1157

考定竹書　　　1572

考訂朱子世家　　　1984

考工記解　　　561

考工記述注　　　679

考工記通　　　683

考工記析義　　　693

考工記纂註　　　684

考功集　　　5618

考古編　　　3749

考古辭宗　　　4309

考古類編　　　4346

考古略　　　4358

考古圖　　　3609

考古文集　　　5496

考古原始　　　4358

考古質疑　　　3757

考槃餘事　　　4106

考亭淵源錄　　　1998

考亭朱氏文獻全譜　　　1973

考信編　　　1583

考正晚年定論　　　3012

栲

栲栳山人集　　　5423

柯

柯椽集　　　6256

珂

珂雪詞　　　6814

珂雪詩　　　6174

科

科場條貫　　　2624

可

可菴書牘　　　6023

可傳集　　　5515

可閒老人集　　　5469

可如　　　4155

可齋雜藁　續藁　續藁後　　　5232

可齋雜記　　　4517

可知編　　　4302

克

克念堂文鈔　　　6221

克齋詞　　　6790

克齋集　　　5188

客

客杭日記　　　2079

客亭類槀	5166	孔叢子	2819
客途偶記	4542	孔叢子正義	2930
客問	3939	孔門弟子傳略	1941
客座贅語	4535	孔門易緒	291
		孔孟事蹟圖譜	1933
峇		孔廟禮樂考	2629
		孔聖全書	1934
峇爐山人集	6207	孔氏實錄	1930
		孔氏談苑	4406
課		孔天徵文集	6163
		孔庭神在錄	2057
課業餘談	4177	孔惟敘集	6165
		孔文谷詩集	5921
肯		孔文谷文集　續集　詩集	5921
		孔顏孟三氏誌	1933
肯綮錄	3996	孔宅志	2468
		孔鍾英集	6164
空		孔子編年	1865
		孔子集語	2885
空華集	6065	孔子家語	2817
空際格致	3976	孔子家語註	2928
空明子詩集	6236	孔子論語年譜	1931
空明子詩餘	6236	孔子年譜	1943
空明子文集	6236	孔子年譜綱目	1941
空明子雜錄	6236	孔子世家補	1930
空山堂春秋傳	950	孔子遺語	3010
空山易解	310		
空同詞	6844	**寇**	
空同集	5596		
空同子	3929	寇忠愍公詩集	4868
空同子瞽說	3924		
空同子纂	3929	**跨**	
崆		跨鼇集	5010
崆峒志	2437	**快**	
孔		快獨集	6018
孔北海集	4724		

快書　　　　　　4194
快雪堂集　　　　6023
快雪堂漫録　　　4565

獪

獪園　　　　　　4567

匡

匡林　　　　　　4083
匡廬紀游　　　　2495
匡謬正俗　　　　1240
匡山集　　　　　6204

狂

狂夫之言　　　　3978
狂狷裁中　　　　2802

曠

曠園雜志　　　　4574

窺

窺天外乘　　　　4047

睽

睽車志　　　　　4491

媿

媿非集　　　　　5971

愧

愧林漫録　　　　4149
愧郯録　　　　　3846

簣

簣齋雜著　　　　4043

坤

坤輿圖説　　　　2333

昆

昆林外集　　　　6120
昆林小品　　　　6120

崑

崑崙河源考　　　　2251
崑崙山房集　　　　6203
崑山人物傳　名宦傳　2022
崑山人物志　　　　2007
崑山雜詠　　　　　6530

困

困辨録　　　　　　2971
困勉齋私記　　　　3058
困學紀聞　　　　　3765
困學録集粹　　　　3038
困學齋雜録　　　　3857
困學纂言　　　　　4130
困知記　續記　　　2900

括

括蒼彙紀　　　　　2368
括異志　　　　　　4555

來

來復堂集　　　　　6029

來鶴亭詩　補遺　　5459
來禽館集　　6020
來蘇吳氏原泉詩集　　6502
來易增删　　319
來齋金石考　　2718

淶

淶水集　　5825

萊

萊山堂集遺槁　　6163

藍

藍户部集　　6267
藍澗集　　5499
藍山集　　5498

蘭

蘭曹讀史日記　　2794
蘭芳錄　　4136
蘭皐集　　5268
蘭暉堂集　　5975
蘭譜　　3689
蘭樵歸田槁　　6184
蘭史　　3689
蘭室祕藏　　3197
蘭臺軌範　　3232
蘭臺奏疏　　1849
蘭亭考　　2701
蘭亭續考　　2703
蘭庭集　　5558
蘭畹居清言　　4539
蘭軒集　　5361

蘭軒集　　5813
蘭雪集　　5780
蘭雪堂詩集　　6118
蘭葉筆存　　4076
蘭易　　3689
蘭易十二翼　　3689
蘭州紀略　　1605
蘭舟漫槁　　5924
蘭渚遺槁　　5847

讕

讕言長語　　3873

嬾

嬾園漫槁　　6066
嬾齋別集　　6117
嬾真初集詩選　　6273
嬾真子　　3824

覽

覽古評語　　4048

斕

斕窟詞　　6784

爛

爛柯山志　　2438

琅

琅邪代醉編　　4135
琅邪曼衍　　4004
琅鹽井志　　2387

瑯

瑯嬛記	4117
瑯嬛史唾	4536
瑯琊漫鈔	4033

閬

閬風集	5274

浪

浪游集	5974
浪語集	5151

老

老編年詩鈔	6203
老杜詩評	6722
老老恒言	4107
老圃集	5022
老泉文鈔	5736
老學菴筆記　續筆記	3845
老雲齋詩删	6198
老子考異	4622
老子説略	4623
老子翼	4622
老子註	4616
老子註	4619

樂

樂菴遺書	3725
樂郊私語	4450
樂靜集	4989
樂圃詩集	6128
樂圃餘藁	4979

樂全集	4934
樂善錄	3919
樂善堂文集定本	5677
樂陶吟草	6016
樂軒集	5124
樂原	1228

雷

雷公炮製藥性解	3258
雷譜	4572

纍

纍瓦三編十	4058

罍

罍菴雜述	3009

耒

耒耜經	3136

類

類編草堂詩餘	6820
類編古今事林羣書一覽	4293
類編曆法通書大全	3482
類編南北經驗醫方大成	3246
類博槀	5563
類博雜言	3926
類方馬經	3275
類槀	5862
類輯練兵諸書	3103
類箋王右丞集　文集	5726
類經	3220
類儁	4316

類篇	1272
類書纂要	4361
類説	3898
類姓登科考	4345
類雅	4342
類要	4279
類音	1423
類苑瓊英	4330
類證普濟本事方	3176
類字本意	1430
類纂古文字考	1374

冷

冷邸小言	6738
冷語	3044
冷齋夜話	3819

梨

梨岳集	4836
梨洲野乘	4584

黎

黎川文緒	6523
黎子雜釋	3925

藜

藜乘初集　二集	6209

離

離騷草木疏	4709
離騷草木疏補	4713
離騷解	4717
離騷經解	4717

離騷經註	4716
離騷中正	4718

蠡

蠡海集	3870

驪

驪山集	5932
驪珠隨錄	6518

李

李北海集	4754
李滄溟集選	5947
李長吉歌詩彙解	5729
李大厓集	5836
李見羅書	2985
李群玉集　後集	4837
李山人詩	6058
李詩鈔述註	5717
李氏居室記	4102
李氏樂書	1212
李氏類纂	4351
李氏山房詩選	5957
李氏學樂錄	1195
李氏醫鑑續補	3266
李太白集	4756
李太白詩集註	4759
李太白詩選	6508
李衛公通纂	1960
李衛公問對	3073
李温陵集	5966
李文公集	4804
李遐叔文集	4783

李相國論事集　　1870
李湘洲集　補遺　　6035
李虛中命書　　3395
李義山詩集　　4829
李義山詩註　　4830
李義山文集箋註　　4831
李元賓文編　外編　　4807
李徵伯存槀　　5894
李中丞文集　　6012
李忠定集選　　5745
李忠定奏議　　1832
李贄　　2092
李子田文集　　5970

理

理解體要　　3062
理性元雅　　3595
理學備考　　2062
理學辨　　3023
理學傳心纂要　　3015
理學就正言　　3984
理學類編　　2893
理學要旨　　3025
理學疑問　　3055
理學正宗　　3039

禮

禮白岳記　　2089
禮部集　　5398
禮部志槀　　2522
禮記大全　　634
禮記大全字疑　　1046
禮記彙編　　737
禮記集說　　630

禮記集說辨疑　　715
禮記集註　　716
禮記輯覽　　717
禮記敬業　　724
禮記類編　　734
禮記明音　　715
禮記偶箋　　728
禮記日錄　　716
禮記手書　　723
禮記疏略　　726
禮記述注　　643
禮記說義集訂　　721
禮記提綱集解　　726
禮記通解　　719
禮記析疑　　644
禮記惜陰錄　　727
禮記詳說　　732
禮記新裁　　721
禮記新義　　718
禮記訓義擇言　　646
禮記要旨補　　717
禮記疑問　　718
禮記意評　　723
禮記義疏　　639
禮記章句　　736
禮記章義　　732
禮記正義　　627
禮記中說　　718
禮記纂言　　631
禮記纂注　　722
禮經奧旨　　740
禮經本義　　614
禮經會元　　565
禮經集註　　704

禮經類編　　　　　　747
禮樂合編　　　　　　757
禮樂通考　　　　　　759
禮山園文集　　　　　6183
禮書　　　　　　　　661
禮書綱目　　　　　　665
禮說　　　　　　　　585
禮庭吟　　　　　　　5819
禮闈分校日記七規　　3990
禮緯含文嘉　　　　　3474
禮問　　　　　　　　762
禮學彙編　　　　　　758
禮要樂則　　　　　　2980

立

立命堂二集　　　　　6181
立齋閒錄　　　　　　4519
立齋遺文　　　　　　5590

吏

吏部職掌　　　　　　2540
吏隱錄　　　　　　　4527

荔

荔支通譜　　　　　　3692
荔枝譜　　　　　　　3647

栗

栗菴遺稾　　　　　　5821
栗齋文集　　　　　　5997

苙

苙楚學記　　　　　　6122

笠

笠江集　　　　　　　5901
笠山詩選　　　　　　6154
笠澤叢書　補遺　　　4842

菈

菈戎要略　　　　　　3100

曆

曆算叢書　　　　　　3351
曆算全書　　　　　　3306
曆體略　　　　　　　3297
曆象考成　　　　　　3297
曆象考成後編　　　　3301

歷

歷朝璫鑑　　　　　　2032
歷朝賦格　　　　　　6612
歷朝賦楷　　　　　　6621
歷朝人物氏族會編　　4348
歷朝通略　　　　　　2764
歷代兵制　　　　　　2606
歷代車戰敘略　　　　3106
歷代黨鑑　　　　　　2056
歷代地理指掌圖　　　2339
歷代帝王宅京記　　　2229
歷代帝王纂要譜括　　1650
歷代帝系年號　　　　2642
歷代賦彙　外集　逸句　補遺　6437
歷代駙馬錄　　　　　4119
歷代貢舉志　　　　　2630
歷代畫家姓氏韻編　　3591

歷代紀事年表　　　1643

歷代甲子考　　　　2805

歷代建元考　　　　2599

歷代名臣芳躅　　　2040

歷代名臣奏議　　　1824

歷代名畫記　　　　3498

歷代名賢確論　　　2763

歷代內侍考　　　　2035

歷代銓選志　　　　2547

歷代銓政要略　　　2534

歷代山陵考　　　　2461

歷代山澤征稅記　　2658

歷代詩話　　　　　6701

歷代詩餘　　　　　6824

歷代史論二編　　　2800

歷代守令傳　　　　2025

歷代武舉考　　　　2660

歷代相臣傳　　　　2024

歷代相業軍功考　　2049

歷代小史　　　　　4132

歷代循良錄　　　　2056

歷代吟譜　　　　　6716

歷代輿地徵信編殘本　2344

歷代宰輔彙考　　　2548

歷代職官表　　　　2527

歷代制度詳說　　　4231

歷代鍾鼎彝器款識法帖　1274

歷年二十一傳殘本　1588

歷仕錄　　　　　　2087

隸

隸辨　　　　　　　1302

隸釋　　　　　　　2695

隸續　　　　　　　2697

麗

麗句集　　　　　　4341

麗奇軒四書講義　　1147

麗奇軒易經講義　　 270

麗則遺音　　　　　5467

麗澤論說集錄　　　2869

連

連文釋義　　　　　1353

連陽八排風土記　　2511

廉

廉矩　　　　　　　2978

廉吏傳　　　　　　1885

廉吏傳　　　　　　2039

廉平錄　　　　　　4139

漣

漣漪堂遺稾　　　　6138

蓮

蓮峯集　　　　　　5170

蓮龕集　　　　　　6135

蓮洋詩鈔　　　　　5696

濂

濂關三書　　　　　2938

濂洛風雅　　　　　6472

濂洛風雅　　　　　6621

濂洛關閩書　　　　3038

濂溪志　　　　　　1967

濂溪志　　　　　　　　1968

聯

聯句錄　　　　　　　　6492
聯句私鈔　　　　　　　6498

璉

璉川詩集　　　　　　　5932

棟

棟亭詞鈔　　　　　　　6210
棟亭詩鈔　　　　　　　6210

練

練兵實紀　雜集　　　　3082
練谿集　　　　　　　　6235
練音集補　　　　　　　6609
練閱火器陣紀　　　　　3106
練中丞集　　　　　　　5534

梁

梁書　　　　　　　　　1475
梁文紀　　　　　　　　6419
梁谿集　　　　　　　　5016
梁谿漫志　　　　　　　3843
梁谿遺槀　　　　　　　5111
梁園風雅　　　　　　　6559
梁園寓槀　　　　　　　5524

兩

兩朝平攘錄　　　　　　1774
兩朝疏鈔　　　　　　　1862

兩朝憲章錄　　　　　　1586
兩城集　　　　　　　　5933
兩宮鼎建記　　　　　　2090
兩廣奏草　　　　　　　1833
兩漢筆記　　　　　　　2760
兩漢博聞　　　　　　　2101
兩漢解疑　　　　　　　2789
兩漢雋言　　　　　　　2111
兩漢刊誤補遺　　　　　1462
兩漢蒙求　　　　　　　4285
兩漢詔令　　　　　　　1799
兩河觀風便覽　　　　　2476
兩河管見　　　　　　　2398
兩河經略　　　　　　　1818
兩河清彙　　　　　　　2252
兩淮鹽法志　　　　　　2649
兩晉解疑　　　　　　　2789
兩晉南北集珍　　　　　2118
兩晉南北奇談　　　　　2108
兩京遺編　　　　　　　4184
兩山墨談　　　　　　　4000
兩宋名賢小集　　　　　6363
兩同書　　　　　　　　3722
兩溪文集　　　　　　　5556
兩崖集　　　　　　　　5904
兩垣奏議　　　　　　　1819
兩浙兵制　　　　　　　3096
兩浙海防類考續編　　　2417
兩浙名賢錄　外錄　　　2045

聊

聊園全集　　　　　　　6153

廖

廖恭敏佚槀　　　　　　5807

遼

遼大臣年表　　　1674
遼記　　　1754
遼金元三史國語解　　　1511
遼史　　　1503
遼史拾遺　　　1505
遼載前集　　　2387

療

療馬集　　　3275

蓼

蓼村集　　　6228
蓼花詞　　　6848

了

了莽文集　　　6092
了翁易説　　　29

列

列卿紀　　　2014
列仙傳　　　4636
列仙通紀　　　4697
列子　　　4625
列子辨　　　4664

林

林伯子詩草　　　6019
林初文詩選　　　6016
林次崖集　　　5888
林公輔集　　　5795

林湖遺槀　　　5185
林蕙堂集　　　5684
林霽山集　　　5284
林間錄　後集　　　4598
林居漫錄前集　畸集　　　4533
林泉高致集　　　3509
林泉結契　　　5745
林外野言　　　5434
林卧遙集　　　6132
林屋民風　　　2451
林屋山人集　　　5766
林屋詩槀　　　6122
林屋文槀　　　6122
林下詞選　　　6856
林子全集　　　3968

臨

臨安集　　　5495
臨川集　　　4938
臨川文獻　　　6601
臨臯文集　　　5654
臨漢隱居詩話　　　6656
臨清紀略　　　1604
臨野堂文集　　　6181
臨雍錄　　　2623
臨證指南醫案　　　3271

麟

麟傳統宗　　　920
麟角集　　　4840
麟經統一篇　　　912
麟經指南　　　903
麟書　　　4023
麟臺故事　　　2515

麟谿集　別篇　6479
麟原文集　5458
麟旨定　916

泠

泠然齋集　5231

凌

凌谿集　5849
凌忠介集　5671

陵

陵川集　5314
陵陽集　5052

菱

菱谿遺草　6268

靈

靈城精義　3384
靈洞山房集　6540
靈谷寺志　2467
靈祕十八方加減　3253
靈棋經　3387
靈樞經　3143
靈樞懸解　3238
靈臺祕苑　3376
靈臺祕苑　3442
靈衛廟志　1978
靈蕤閣集　6036
靈言蠡勺　3976
靈巖集　5242
靈隱寺志　2464

嶺

嶺表錄異　2292
嶺海見聞　2487
嶺海異聞　續聞　2506
嶺海輿圖　2209
嶺南二紀　6201
嶺南風物紀　2312
嶺南客對　3102
嶺南文獻　6557
嶺南文獻補遺　6561
嶺南五朝詩選　6629
嶺南雜記　2484
嶺外代答　2301
嶺西水陸兵紀　3101
嶺西雜錄　4092

令

令史高山集　2044

流

流註指微賦　3245

留

留都疏稾　1844
留都武學志　2546
留留青　4057
留青日札　4056
留書別集　3003
留臺雜記　2539
留臺奏議　1862
留溪外傳　2063
留餘堂集　5965

留垣疏草　　　　　　　1851
留垣奏議　　　　　　　1851

琉

琉球入太學始末　　　　2636
琉球圖説　　　　　　　2504

榴

榴館初函集選　　　　　6080
榴園管測　　　　　　　4095

劉

劉賓客嘉話錄　　　　　4370
劉賓客文集　外集　　　4799
劉給事集　　　　　　　5002
劉古直集　　　　　　　5815
劉蕺山集　　　　　　　5661
劉練江　　　　　　　　6045
劉聘君全集　　　　　　6010
劉清惠集　　　　　　　5600
劉氏鴻書　　　　　　　4332
劉氏菊譜　　　　　　　3643
劉氏類山　　　　　　　4330
劉隨州集　　　　　　　4777
劉文介公集　　　　　　5813
劉文靖公遺事　　　　　1955
劉彥昺集　　　　　　　5497
劉豫事蹟　　　　　　　2099
劉直洲集　　　　　　　6034
劉子　　　　　　　　　3718
劉子節要　　　　　　　2998
劉左史集　　　　　　　5003

柳

柳村詩集　　　　　　　6177
柳黃同聲集　　　　　　6487
柳塘詩集　　　　　　　6223
柳塘外集　　　　　　　5270
柳亭詩話　　　　　　　6751
柳漁詩鈔　　　　　　　6257
柳洲詩集　　　　　　　6599

六

六朝聲偶　　　　　　　6517
六朝聲偶删補　　　　　6568
六朝事蹟編類　　　　　2296
六朝通鑑博議　　　　　2758
六臣註文選　　　　　　6287
六匀曼　　　　　　　　3349
六湖遺集　　　　　　　6279
六家詩名物疏　　　　　488
六鑑擧要　　　　　　　4131
六經奧論　　　　　　　995
六經類聚　　　　　　　4320
六經三註粹鈔　　　　　1036
六經天文編　　　　　　3282
六經圖　　　　　　　　990
六經圖　　　　　　　　1044
六經圖　　　　　　　　1052
六經正誤　　　　　　　991
六經字便　　　　　　　1391
六經纂要　　　　　　　4339
六樂説　　　　　　　　1205
六李集　　　　　　　　6528
六壬畢法賦　　　　　　3456
六壬兵占　　　　　　　3462

六壬大全	3392	六語	4584
六壬軍帳賦	3455	六詔紀聞	4182
六壬開雲觀月經	3460		
六壬五變中黃經	3459	**廖**	
六壬心鏡要　後集	3456	廖廖集	5990
六壬行軍指南	3461		
六書本義	1289	**隆**	
六書辨通	1389		
六書長箋	1378	隆池山樵集	5994
六書分類	1387	隆德堂詩文槀	6049
六書賦音義	1365	隆平集	1626
六書故	1280	隆慶永州府志	2373
六書精蘊音釋	1360		
六書例解	1390	**龍**	
六書泝原直音	1376	龍城錄	4552
六書溯源	1356	龍城錄　附錄	4798
六書索隱	1362	龍川詞　補遺	6792
六書通	1382	龍川略志　別志	4404
六書統	1283	龍川文集	5195
六書雜說	1390	龍飛紀略	1581
六書正譌	1287	龍飛記	1705
六書正義	1374	龍臯文集	5825
六書指南	1370	龍湖文集	5891
六書準	1382	龍虎山志	2421
六書總要	1375	龍筋鳳髓判	4210
六韜	3065	龍龕手鑑	1282
六帖補	4249	龍門志	2436
六研齋筆記　二筆　三筆	3878	龍門子凝道記	4690
六爻原意	216	龍憑紀略	1754
六一詞	6758	龍沙紀略	2313
六一詩話	6652	龍沙學錄	2996
六藝綱目	1346	龍唐山志	2445
六藝流別	6510	龍溪語錄	5926
六藝之一錄　續編	3558	龍谿草堂集	6237

龍谿全集　　　　5926
龍學文集　　　　4918
龍巖子集　　　　3987
龍雲集　　　　4980
龍洲詞　　　　6803
龍洲集　　　　5195

隴

隴首集　　　　6073
隴蜀餘聞　　　　4547

婁

婁江志　　　　2407
婁子敬文集　　　　5906

樓

樓邨集　　　　6225
樓居雜著　　　　5575

陋

陋巷志　　　　1940
陋軒詩　　　　6158

露

露書　　　　4072

盧

盧昇之集　　　　4748
盧溪集　　　　5054

廬

廬山集英谿集　　　　5288

廬山紀略　　　　2263
廬山紀事　　　　2426
廬山記　　　　2263
廬山通志　　　　2446
廬山志　　　　2451
廬陽客記　　　　2472

蘆

蘆川詞　　　　6780
蘆川歸來集　　　　5074
蘆浦筆記　　　　3754
蘆中集　　　　6274

鑪

鑪火鑒戒錄　　　　4683

顱

顱顖經　　　　3160

魯

魯府祕方　　　　3258
魯詩世學　　　　522
魯望集　　　　5982
魯文恪存集　　　　5852
魯齋集　　　　5264
魯齋心法　　　　2952
魯齋遺書　　　　5343

陸

陸賓齋集　外集　　　　5910
陸密菴詩集　詩餘　　　　6139
陸密菴文集　錄餘　　　　6139
陸士龍集　　　　4729

陸氏集異記　　　　　4553
陸氏世史鈔　　　　　2052
陸氏易解　　　　　　　6
陸氏虞初志　　　　　4560
陸堂詩集　續詩集　　6241
陸堂詩學　　　　　　548
陸堂文集　　　　　　6241
陸堂易學　　　　　　301
陸文定公書　　　　　4184
陸象山年譜　　　　　1984
陸學士雜著　　　　　4183
陸右丞蹈海錄　　　　1960
陸子學譜　　　　　　3047
陸子餘集　　　　　　5626

菉

菉竹堂稾　　　　　　5814
菉竹堂書目　　　　　2726

鹿

鹿城書院集　　　　　1999
鹿皮子集　　　　　　5434
鹿原存稾　　　　　　5883
鹿洲初集　　　　　　5710
鹿洲公案　　　　　　2097

路

路史　　　　　　　　1633
路史　　　　　　　　4053

潞

潞公集　　　　　　　4924
潞水客談　　　　　　2401

錄

錄異記　　　　　　　4554

閭

閭邱詩集　　　　　　6233

呂

呂次儒集　　　　　　5739
呂公實政錄　　　　　4187
呂衡州集　　　　　　4800
呂梁洪志　　　　　　2537
呂氏筆弈　　　　　　4070
呂氏春秋　　　　　　3712
呂氏家塾讀詩記　　　468
呂氏雜記　　　　　　3817
呂氏摘金歌　　　　　3471
呂忠穆公年譜　　　　1949
呂忠穆公遺事　　　　1949
呂子節錄　補遺　　　2989

旅

旅舍備要方　　　　　3168

履

履菴集　　　　　　　5944
履坦幽懷集　　　　　5824
履齋遺集　　　　　　5222

律

律古詞曲賦叶韻　　　1408
律曆融通　　　　　　3287

律呂闡微	1197
律呂成書	1179
律呂發明	1211
律呂分解	1211
律呂古義	1211
律呂解註	1218
律呂考註	1204
律呂圖説	1221
律呂圖説	1226
律呂新論	1197
律呂新書	1174
律呂新書分註圖纂	1210
律呂新書箋義	1225
律呂新書衍義	1220
律呂新書註	1223
律呂正論	1215
律呂正聲	1215
律呂正義	1186
律呂正義後編	1188
律呂質疑辨惑	1216
律呂纂要	1228

緑

緑波樓詩集	5969
緑筠軒詩	6267
緑蘿山房詩集	6239
緑蘿山房文集	6239
緑杉野屋集	6275
緑天耕舍燕鈔	6744
緑雪亭雜言	4040
緑滋館槀	6036

慮

慮得集	3922

欒

欒城後集	4950
欒城集	4950
欒城三集	4950
欒城遺言	3834

灤

灤京雜詠	5453

掄

掄山集選	6145

倫

倫史	4164

綸

綸扉内槀　外槀	1842

論

論範	5775
論衡	3796
論孟精義	1077
論世八編	2805
論性書	3020
論學	3040
論學篇	2982
論學繩尺	6352
論學緒言	3967
論學要語　洞語	2967
論語筆解	1064
論語傳註	1155

論語稽求篇	1113
論語集説	1087
論語集註	1074
論語集註考證	1091
論語類考	1105
論語孟子考異	1127
論語全解	1070
論語商	1106
論語拾遺	1068
論語説	1164
論語温知錄	1161
論語學案	1107
論語逸編	3000
論語意原	1079
論語義府	1138
論語義疏	1060
論語正義	1062

螺

螺峯説錄	3983
螺江日記	4018

羅

羅滄洲集	5765
羅浮山志	2452
羅浮山志會編	2452
羅浮外史	2452
羅浮野乘	2433
羅圭峯文集	5588
羅湖野錄	4601
羅江東外紀	1979
羅經頂門鍼	3451
羅經消納正宗	3452
羅谿閣韻語	6078

羅昭諫集	4857

洛

洛如詩鈔	6616
洛學編	2060
洛陽伽藍記	2268
洛陽縉紳舊聞記	4392
洛陽名園記	2276
洛陽牡丹記	3641
洛原遺稾	5923

珞

珞琭子三命消息賦註	3400

雒

雒閩源流錄	2064

駱

駱丞集	4749
駱兩谿集	5931
駱臺晉文集	6041

麻

麻姑集	6518
麻姑山丹霞洞天志	2442

馬

馬端肅三記	1738
馬端肅奏議	1809
馬師津梁	3263
馬政紀	2608
馬政志	2660

脈

脈訣刊誤	3206
脈望	3950
脈因證治	3273

賣

賣菜言	2804

蠻

蠻書	2127
蠻司合志	2419

滿

滿洲祭神祭天典禮	2597
滿洲蒙古漢字三合切音清文鑑	1299
滿洲源流考	2214

幔

幔亭詩集	5666

漫

漫叟拾遺	5717
漫堂墨品	3674
漫堂說詩	6751
漫塘文集	5188
漫餘草	6129

嫚

嫚言	2989

蕧

蕧古介書	4195

毛

毛詩本義	456
毛詩草木鳥獸蟲魚疏	453
毛詩訂韻	553
毛詩多識編	526
毛詩發微	533
毛詩古音考	1332
毛詩廣義	556
毛詩或問	522
毛詩稽古編	498
毛詩集解	460
毛詩集解	473
毛詩講義	471
毛詩解	531
毛詩類釋　續編	506
毛詩陸疏廣要	455
毛詩名物解	459
毛詩鳥獸草木考	535
毛詩日箋	543
毛詩說	530
毛詩說	550
毛詩說序	521
毛詩通義	547
毛詩微言	527
毛詩寫官記	499
毛詩原解	526
毛詩正變指南圖	519
毛詩正義	450
毛詩指說	455
毛氏殘書三種	4095
毛文簡集	5843
毛襄懋集	5868
毛襄懋奏議	1835

毛朱詩説　　　　　　550

茅

茅山志　　　　　　2421
茅簷集　　　　　　5672

卯

卯洞集　　　　　　5996

茆

茆亭客話　　　　　4489

茂

茂邊紀事　　　　　1751
茂綠軒集　　　　　6104

耄

耄年錄　　　　　　5940
耄餘雜識　　　　　3941

酈

酈峯真隱漫錄　　　5103

眉

眉菴集　　　　　　5503
眉公十集　　　　　4193

梅

梅村集　　　　　　5680
梅顛槀選　　　　　6057
梅谷集　　　　　　6025
梅國集　　　　　　5857

梅花百詠　　　　　6098
梅花百詠　　　　　6371
梅花草堂筆談　二談　4053
梅花道人遺墨　　　5425
梅花鼓吹　　　　　6539
梅花字字香前集　後集　5373
梅里志　　　　　　1983
梅山續槀　　　　　5184
梅屋集　　　　　　5250
梅塢貽瓊　　　　　6541
梅溪集　　　　　　5120
梅谿詞　　　　　　6806
梅仙觀記　　　　　4682
梅墟先生別錄　　　1973
梅雪軒詩槀　　　　6016
梅巖文集　　　　　5282
梅巖小槀　　　　　5829
梅禹金集　　　　　6063
梅園集　　　　　　6026
梅苑　　　　　　　6817

楳

楳埜集　　　　　　5244

美

美芹十論　　　　　3092

渼

渼陂集　續集　　　5845

捫

捫蝨新話　　　　　4023

夢

夢草堂稾　　　　　　　　6063

夢廎稾　補遺　　　　　　6800

夢村集　　　　　　　　　6265

夢鼎堂文集　　　　　　　6197

夢觀集　　　　　　　　　5420

夢虹奏議　　　　　　　　1837

夢蕉存稾　　　　　　　　5851

夢蕉詩話　　　　　　　　6731

夢粱錄　　　　　　　　　2303

夢林元〔玄〕解　　　　　3488

夢溪筆談　補筆談　續筆談　3810

夢吟集　續集　　　　　　6120

夢月巖詩集　　　　　　　6220

夢澤集　　　　　　　　　5620

夢占類考　　　　　　　　3487

蒙

蒙川遺稾　　　　　　　　5247

蒙古王公功績表傳　　　　1911

蒙古譯語　　　　　　　　1357

蒙古源流　　　　　　　　1700

蒙古字韻　　　　　　　　1397

蒙求集註　　　　　　　　4216

蒙泉雜言　　　　　　　　4076

蒙訓　　　　　　　　　　3984

蒙隱集　　　　　　　　　5123

蒙齋筆談　　　　　　　　4022

蒙齋集　　　　　　　　　5204

蒙齋中庸講義　　　　　　1083

孟

孟東野集　　　　　　　　4808

孟浩然集　　　　　　　　4768

孟叔子史發　　　　　　　2801

孟義訂測　　　　　　　　1135

孟有涯集　　　　　　　　5858

孟雲浦集　年譜　　　　　6026

孟子傳　　　　　　　　　1071

孟子發題　　　　　　　　1124

孟子集疏　　　　　　　　1085

孟子集註　　　　　　　　1074

孟子集註考證　　　　　　1091

孟子解　　　　　　　　　1069

孟子解　　　　　　　　　1124

孟子年譜　　　　　　　　1932

孟子生卒年月考　　　　　1943

孟子師説　　　　　　　　1110

孟子説解　　　　　　　　1137

孟子音義　　　　　　　　1066

孟子雜記　　　　　　　　1106

孟子正義　　　　　　　　1058

迷

迷樓記　　　　　　　　　4508

米

米芾志林　　　　　　　　1970

米襄陽外紀　　　　　　　1970

泌

泌園集　　　　　　　　　5942

崒

崒陽草堂説書　　　　　　1037

祕

祕殿珠林　　　　　　　3552
祕閣書目　　　　　　　2725
祕閣元龜政要　　　　　1584
祕笈新書　別集　　　　4322
祕書監志　　　　　　　2521
祕書廿一種　　　　　　4201

密

密菴集　　　　　　　　5487
密勿稾　　　　　　　　1835
密娛齋詩稾　　　　　　6278
密齋筆記　續記　　　　3842

棉

棉陽學準　　　　　　　3052

縣

縣津山人詩集　　　　　6140

勉

勉庵説經　　　　　　　1042
勉齋集　　　　　　　　5177
勉齋遺稾　　　　　　　5842

妙

妙貫堂餘譚　　　　　　4089
妙絕古今　　　　　　　6355
妙遠堂集　　　　　　　6051

廟

廟學典禮　　　　　　　2586

廟制考義　　　　　　　742
廟制圖考　　　　　　　2600
廟制折衷　　　　　　　753

蟻

蟻蒙集　　　　　　　　5651

敏

敏求機要　　　　　　　4292

閔

閔午塘詩集　　　　　　5923
閔莊懿集　　　　　　　5822
閔子世譜　　　　　　　1935

電

電記　　　　　　　　　2993

閩

閩部疏　　　　　　　　2473
閩南唐雅　　　　　　　6567
閩書　　　　　　　　　2376
閩學源流　　　　　　　2013
閩學志略　　　　　　　2072
閩粵巡視紀略　　　　　1927
閩中海錯疏　　　　　　2308
閩中考　　　　　　　　2475
閩中理學淵源考　　　　1921
閩中十子詩　　　　　　6394

名

名筆私鈔　　　　　　　6523

名臣碑傳琬炎〔琰〕集　　1890
名臣經濟錄　　1825
名臣像圖　　2009
名臣言行錄前集　後集　　2007
名臣言行錄前集　後集　續集　別集
　　外集　　1888
名臣志鈔　　2048
名公翰藻　　6530
名公書判清明集　　3122
名花譜　　3697
名蹟錄　　2707
名家表選　　6520
名家詞鈔　　6856
名山記　圖　　2493
名山游記　　2489
名山注　　2490
名世編　　2041
名世類苑　　4528
名物通　　4339
名物類考　　4307
名賢彙語　　4132
名賢氏族言行類稿　　4237
名相贊　　1996
名醫類案　　3214
名疑　　4255
名義考　　3777
名媛彙詩　　6591
名媛詩歸　　6564

明

明百家詩選　　6554
明百家小説　　4158
明寶訓　　1773
明本紀　　1577

明本排字九經直音　　997
明本釋　　2867
明辨類函　　4073
明辨錄　　3012
明表忠記　　2042
明漕運志　　2657
明朝典故輯遺　　4529
明朝典彙　　2618
明臣謚彙考　　2589
明臣謚類鈔　　2627
明臣奏議　　1826
明詞林人物考　　2045
明大政記　　1579
明大政纂要　　1585
明代河渠考　　2408
明代相業軍功考　　2049
明璫彰癉錄　　2005
明德堂文集　　6054
明帝后紀略　　1659
明典禮志　　2630
明典章　　2620
明高皇后傳　　1730
明功臣封爵考　　2541
明宮史　　2591
明貢舉考　　2628
明官制　　2547
明皇雜錄　別錄　　4371
明會典　　2567
明集禮　　2587
明記略　　4521
明江南治水記　　2409
明經濟名臣傳　　2051
明良集　　1749
明良記　　4145

明良交泰錄	2958	明通紀述遺	1585
明六朝索隱	1580	明文範	6515
明律	2664	明文海	6444
明倫初集　續集	6634	明文衡	6398
明倫集	2948	明文雋	6554
明名臣琬琰錄　續錄	1905	明文奇賞	6576
明人文斷	6746	明文授讀	6616
明儒講學考	3059	明文武諸司衙門官制	2546
明儒林錄	2064	明文遠	6625
明儒學案	1914	明文在	6627
明儒言行錄　續錄	1919	明文徵	6550
明三元考	2634	明倭寇始末	1786
明詩歸　補遺	6563	明小史	4186
明詩綜	6448	明孝友傳	2050
明十六種小傳	2035	明宣宗詩文	5782
明史	1512	明一統志	2174
明史紀事本末	1610	明遺事	4539
明史雜詠	6252	明逸編	4544
明氏實錄	2147	明藝文志	2733
明世說新語	4537	明語林	4544
明諡記彙編	2590	明詔令	1830
明諡考	2631	明詔制	1830
明書	1658	明政要	1743
明書	1669	明職	2550
明書畫史　元朝遺佚附錄	3578	明珠玉	6494
明疏議輯略	1861	明祖四大法	1768
明水文集	5883	明祖訓	2617
明四禮集説	767		
明太祖文集	5473	**洺**	
明唐桂二王本末	1567	洺水詞	6844
明堂或問	2621	洺水集	5194
明堂灸經	3163		
明堂問	756	**茗**	
明通寶義	2650	茗笈	3679

茗柯詞　　　　　　6234

茗史　　　　　　　3679

冥

冥報錄　　　　　　4572

冥通記　　　　　　4673

溟池集　　　　　　6032

鳴

鳴道集説　　　　　3920

鳴鶴餘音　　　　　6851

鳴秋集　　　　　　5816

鳴盛集　　　　　　5505

墨

墨庵經學　　　　　1040

墨池編　　　　　　3511

墨池瑣錄　　　　　3537

墨法集要　　　　　3626

墨經　　　　　　　3624

墨君題語　　　　　3585

墨客揮犀　　　　　4420

墨瀾亭集　　　　　6233

墨林快事　　　　　4104

墨麟詩　　　　　　6239

墨譜　　　　　　　3623

墨史　　　　　　　3625

墨藪　　　　　　　3501

墨莊漫錄　　　　　3832

墨子　　　　　　　3703

默

默菴集　　　　　　5352

默成文集　　　　　5047

默記　　　　　　　4427

默堂集　　　　　　5089

默齋遺稿　　　　　5221

牟

牟氏陵陽集　　　　5278

謀

謀道續錄　　　　　3049

牡

牡丹榮辱志　　　　4576

牡丹史　　　　　　3688

木

木筆雜鈔　　　　　4029

木几冗談　　　　　4056

木天禁語　　　　　6724

木天清氣集　　　　5804

木鍾集　　　　　　2873

木鐘臺集　　　　　4182

目

目營小輯　　　　　2341

牧

牧菴文集　　　　　5355

牧鑑　　　　　　　4128

牧津　　　　　　　2549

牧萊脞語　二稾　　5761

牧民忠告　　　　　2549

牧潛集	5340

墓

墓銘舉例	6696

穆

穆參軍集　遺事	4875
穆天子傳	4459

内

内傳天皇鼇極鎮世神書	3446
内丹九章經	4775
内閣行實	2015
内閣奏題槀	1845
内簡尺牘編註	5059
内省齋文集	6093
内臺集	5852
内外服制通釋	624
内外篇	3949
内外傷辨惑論	3196
内訓	2892
内則衍義	2915

耐

耐俗軒詩集	6169

男

男子雙名記	4322

南

南阿集	3056
南北奉使集	5915
南北十論	3093
南北史鈔	2114
南部新書	4393
南朝史精語	2103
南城召對錄	1747
南滁會景編	6510
南川槀	5846
南船紀	2666
南窗記談	4423
南村詩集	5509
南村隨筆	4093
南渡錄	1715
南渡十將傳	1990
南方草木狀	2287
南皐山人詩集	6277
南陔堂詩集	6249
南耕草堂詩槀	6099
南耕詞歲寒詞	6850
南宮奏牘	1842
南宮奏槀	1816
南海集	6144
南海雜詠	5836
南濠居士詩話	6731
南河志	2404
南湖集	5162
南湖集	5455
南湖紀略槀	2456
南湖詩集	5878
南華本義	4668
南華合璧集	6509
南華簡鈔	4669
南華經副墨	4666
南華摸象記	4669
南華評註	4667

南華通	4668	南臺舊聞	2549
南華真經新傳	4630	南泰紀略	1757
南華真經義海纂微	4631	南唐近事	4388
南畿志	2363	南唐拾遺記	2153
南澗甲乙稾	5164	南唐書	2137
南京都察院志	2545	南唐書　音釋	2138
南京工部志	2545	南塘四六	5753
南京鴻臚寺志	2544	南溪詩話	6728
南京吏部志	2539	南溪書院志	2463
南京太常寺志	2538	南行集	5631
南京太僕寺志	2538	南軒集	5175
南京行人司志	2545	南軒易説	50
南康志	2377	南巡日錄	1747
南來志	2093	南巡盛典	2594
南雷文定	6099	南陽法書表	3548
南雷文約	6099	南陽集	4872
南泠集	5880	南陽集	4930
南内記	2085	南陽名畫表	3548
南齊書	1474	南野文選	5900
南齊文紀	6419	南夷書	2500
南遷錄	1724	南雍誠勗淺言	2994
南遷日記	2082	南廱志	2536
南曲入聲客問	6866	南原集	5860
南沙文集	6140	南園後五子詩集	6636
南史	1488	南園漫錄	3875
南史識小錄	2102	南園詩鈔	6214
南宋補遺	1725	南園五先生集	6584
南宋館閣錄　續錄	2518	南嶽倡酬集	6332
南宋名臣言行錄	1996	南嶽小錄	2262
南宋書	1662	南畇文集	6183
南宋元明僧寶傳	4610	南齋摘稾	5800
南宋院畫錄	3558	南漳子	2488
南宋雜事詩	6456	南詔事略	2149
南臺備要	2535	南詔野史	2152

南征紀程　2097

南征紀略　2092

南征錄　1737

南中志　2496

南沚集　5689

難

難經本義　3144

難經經釋　3238

難經懸解　3239

難字直音　1402

訥

訥溪奏疏　1816

能

能改齋漫錄　3743

妮

妮古錄　4105

倪

倪城風雅　6632

倪石陵書　5124

倪文僖集　5560

倪文貞集　續編　奏疏　講編　詩集
5670

倪小野集　5859

倪雲林詩集　5777

擬

擬故宮詞　6125

擬漢樂府　5867

擬詩外傳　3939

擬學小記　續錄　2974

擬涯翁擬古樂府　5867

年

年號韻編　2633

廿

廿二史紀事提要　1671

廿一史獨斷　2803

廿一史識餘　2117

念

念菴集　5627

念初堂槀　續集　5951

念初堂集　2540

念西堂詩集　6279

念貽贐紀　2097

釀

釀川集　6213

鳥

鳥鼠山人集　5867

寧

寧波府簡要志　2346

寧藩書目　2725

寧海將軍固山貝子保越平閩實績　1980

寧海將軍固山貝子功績錄　1878

寧極齋槀　5300

寧遠堂詩集　6257

凝

凝齋筆語　4035
凝齋遺集　6274

牛

牛戒續鈔　4166
牛首山志　2426

農

農桑輯要　3130
農桑撮要　3130
農書　3131
農書附蠶書　3128
農説　3138
農田餘話　4516
農務集　5771
農丈人詩集　6027
農丈人文集　6027
農政全書　3133

女

女紅餘志　4116
女教經傳通纂　3054
女教書　4114
女孝經　2931
女學　3052

虐

虐政集　1776

歐

歐陽恭簡集　5869

歐陽南野集　5900
歐陽文粹　4934
歐陽行周集　4806
歐陽修撰集　5068
歐陽遺粹　5735
歐餘漫錄　4068

甌

甌江逸志　2481

鷗

鷗汀長古集　前集　別集　續集 5877

偶

偶存草　6243
偶存草詩集　6282
偶得紺珠　4150
偶然云集　6166
偶詠草續集　6751

藕

藕居士詩話　6741
藕灣全集　6106

排

排韻增廣事類氏族大全　4254

潘

潘司空奏疏　1818
潘象安詩集　6061
潘中丞集　6210

盤

盤山志　2266
盤洲集　5148

頖

頖宮禮樂全書　2635
頖宮禮樂疏　2589

龐

龐眉生集　6004

匏

匏菴遺集　6178

培

培壘居雜錄　4150

佩

佩韋齋輯聞　3853
佩韋齋文集　5287
佩文韻府　4268
佩文齋書畫譜　3550
佩文齋詠物詩選　6435
佩觿　1268
佩玉齋類槀　5456

彭

彭比部集　5954
彭城集　4908
彭惠安集　5565
彭椒巖詩槀　6184
彭省廬詩集　6110
彭省廬文集　6110
彭文思集　5818
彭文憲集　5815

蓬

蓬窗日錄　4067
蓬窗類記　4582
蓬萊觀海亭集　6525
蓬莊詩集　6229

批

批點考工記　681
批點檀弓　713

披

披肝露膽經　3450

皮

皮子文藪　4841

毘

毘陵集　4781
毘陵集　5024
毘陵人品記　2009
毘陵人品記　2041
毘陵正學編　2009
毘陵志　2347
毘陵忠義祠錄　2008

坤

坤雅　1243

埤雅廣要　　　　　　　4581

脾

脾胃論　　　　　　　3197

否

否泰録　　　　　　　1736

毬

毱餘集　　　　　　　5894

片

片玉詞　補遺　　　　6768
片玉集　　　　　　　6024

篇

篇海類編　　　　　　1358
篇韻貫珠集　　　　　1409

駢

駢雅　　　　　　　　1245
駢語雕龍　　　　　　4305
駢語類鑑　　　　　　4361
駢志　　　　　　　　4262
駢字類編　　　　　　4266
駢字憑霄　　　　　　4327

縹

縹緗對類　　　　　　4319

瓢

瓢泉吟槀　　　　　　5407

貧

貧士傳　　　　　　　2022

頻

頻陽四先生集　　　　6550

品

品茶要録　　　　　　3634

平

平播全書　　　　　　1766
平播始末　　　　　　1766
平巢事蹟考　　　　　1722
平巢事蹟考　　　　　1780
平定金川方略　　　　1600
平定兩金川方略　　　1603
平定三逆方略　　　　1598
平定準噶爾方略前編　正編　續編
　　　　　　　　　　1601
平番始末　　　　　　1747
平海疏議　　　　　　1857
平海諮文　　　　　　1857
平漢録　　　　　　　1750
平濠記　　　　　　　1756
平江紀事　　　　　　2306
平寇志　　　　　　　1785
平涼府通志　　　　　2363
平蠻録　　　　　　　1740
平閩記　　　　　　　1787
平叛記　　　　　　　1784
平叛録　　　　　　　1719
平黔三記　　　　　　1764

平橋槀	5564		**評**	
平泉題跋	3579			
平山詩集	5958	評鑑闡要		2769
平山文集	5958	評史心見		2799
平蜀記	1729	評註八代文宗		6551
平宋錄	1698			
平臺紀略	1613		**憑**	
平田詩集	5873			
平倭錄	1760	憑几集　續集		5598
平倭四疏	1841			
平吳凱旋錄	6521		**蘋**	
平吳錄	1742			
平猺記	1725	蘋村類槀		6182
平夷功次錄	1763			
平岳疏議	1857		**坡**	
平齋詞	6797			
平齋文集	5203	坡門酬唱集		6328

苹

			鄱	
苹野纂聞	4525			
		鄱陽集		4927

屏

鄱陽集		5049
鄱陽五家集		6455
屏居集	5974	鄱陽遺事錄	1952
屏山集	5055		
屏巖小槀	5330	**破**

破山興福寺志　2464

瓶

莆

		莆風清籟集		6635
瓶花譜	3691	莆陽科第錄		2020
瓶花齋雜錄	4063	莆陽文獻　列傳		2001

萍

蒲

		蒲江詞　6796
萍洲可談	4425	蒲室集　5368

璞

璞岡集 5928
璞堂文鈔 6280

濮

濮川詩鈔 6638

浦

浦集 5085
浦江志略 2360
浦陽人物記 1902

普

普濟方 3208
普門醫品 3259
普陀山志 2430
普陀山志 2450

樸

樸庭詩槀 6262
樸學齋詩集 6223

曝

曝書亭集 5690

七

七國考 2568
七經孟子考文補遺 1008
七經同異考 1043
七經圖 1034
七經小傳 987

七克 3973
七人聯句詩記 2080
七十二峯足徵集 6634
七十二候詩 6082
七頌堂集 6145
七頌堂識小錄 3893
七星詩文存 5831
七星巖志 2444
七雄策纂 1704
七修類稿 4041
七元六甲天書 3480
七政推步 3285

栖

栖雲閣詩　拾遺 6095
栖雲閣詩略 6095
栖真志 2033

期

期齋集 5928

棲

棲老堂集 6070

漆

漆園厄言 6053

奇

奇疾方 3179
奇經八脈考 3217
奇門遁甲賦 3461
奇門説要 3484
奇門要略 3480

奇器圖説	3618
奇姓通	4321
奇遊漫記	2085
奇字韻	1290

祈

祈嗣真詮	3961

耆

耆舊續聞	4441

畦

畦樂詩集	5519

棋

棋訣	3568

綦

綦崇禮年譜	1949

齊

齊乘	2203
齊東野語	3855
齊家寶要	771
齊民要術	3126
齊山詩集	6490
齊雲山志	2429

騎

騎省集	4864

屺

屺思臺詩集	6126

屺思臺文集	6126

杞

杞紀	2385

起

起廢疾	781

啓

啓雋類函	6572
啓劄錦繡	6470
啓劄錦語	4291
啓劄青錢	4292
啓劄淵海	4291
啓劄雲錦裳	4290

綺

綺樹閣槀	6205
綺詠	6070
綺詠續集	6070

契

契丹國志	1634

千

千古辨疑	4001
千古功名鏡　拾遺	3919
千家姓文	4350
千金隄志	2402
千金要方	3155
千慮策	5748
千頃堂書目	2683

千秋金鑑錄　　　　2932
千叟宴詩　　　　　6438
千叟宴詩　　　　　6443

謙

謙光堂詩集　　　　5864
謙齋詩槀補遺　　　6251
謙齋文錄　　　　　5568

籤

籤易　　　　　　　3464

前

前川奏疏　　　　　1840
前定錄　　　　　　4566
前定錄　續錄　　　4477
前聞記　　　　　　4521
前溪集　　　　　　6244

虔

虔臺續志　　　　　2537
虔臺志　　　　　　2536

乾

乾道槀　　　　　　5135
乾道臨安志　　　　2179
乾坤清氣集　　　　6389
乾坤體義　　　　　3289
乾坤鑿度　　　　　174

鈐

鈐山堂集　　　　　5855

錢

錢法纂要　　　　　2645
錢錄　　　　　　　2659
錢錄　　　　　　　3627
錢氏私志　　　　　4403
錢塘集　　　　　　4914
錢塘先賢傳贊　　　1891
錢塘遺事　　　　　1697
錢通　　　　　　　2603
錢永州集　　　　　5939
錢仲文集　　　　　4784
錢子測語　　　　　3933

黔

黔草　　　　　　　6011
黔類　　　　　　　4318
黔書　　　　　　　5702
黔志　　　　　　　2491

灊

灊山集　　　　　　5053

潛

潛滄集　　　　　　6123
潛夫論　　　　　　2830
潛邱劄記　　　　　3786
潛山集　　　　　　5251
潛室劄記　　　　　3016
潛書　　　　　　　3988
潛虛　　　　　　　3360
潛虛發微論　　　　3360
潛學槀　　　　　　5973

潛齋處語　　　　3984
潛齋文集　　　　5282

強

強恕堂詩集　　　6171
強恕齋文鈔　　　6275
強齋集　　　　　5516

牆

牆東類槀　　　　5325
牆東雜著　　　　6243

敲

敲空遺響　　　　6265

喬

喬氏易俟　　　　146

僑

僑吳集　　　　　5432

樵

樵川二家詩　　　6607
樵談　　　　　　3918
樵香小記　　　　3790
樵隱詞　　　　　6794
樵雲獨唱　　　　5449

橋

橋門聽雨詩　　　6486

切

切韻指掌圖附檢例　1310

且

且亭詩集　　　　6120
且園近集　　　　6092
且園近詩　　　　6092

篋

篋中集　　　　　6295

竊

竊憤錄　　　　　1715

親

親征朔漠方略　　1599

秦

秦邊紀略　　　　2420
秦漢鴻文　　　　6568
秦漢文鈔　　　　6575
秦漢文膾　　　　6574
秦漢文尤　　　　6578
秦錄　　　　　　2474
秦氏閨訓新編　　4171
秦氏七政全書　　3351
秦蜀驛程後記　　2093
秦璽始末　　　　2633
秦張詩餘合璧　　6854

琴

琴譜大全　　　　3594
琴譜合璧　　　　3562
琴譜正傳　　　　3593

琴瑟譜 1209
琴史 3561
琴談 3597
琴堂諭俗編 3847
琴溪集 5876
琴學内篇 外篇 3597
琴學心聲 3597
琴旨 1199

禽

禽蟲述 3699
禽遁七元成局書 3485
禽經 3654
禽星易見 3414
禽總法 3479

勤

勤王記 2077
勤有堂隨錄 3863
勤齋集 5377

青

青城山人集 5548
青村遺槀 5441
青峯存集 5941
青湖文集 5885
青郊雜著 1413
青藜館集 6033
青蓮舫琴雅 3595
青林雜錄 4050
青羅曆 3343
青蘿館詩 5961
青蘿文集 5886

青門簏稾 6188
青門旅稾 6188
青門賸稾 6188
青囊奧語 3382
青囊序 3382
青泥蓮花記 4587
青山集 5326
青山集 續集 4967
青瑣高議前集 後集 4555
青瑣盍言 1849
青棠詩集 6028
青溪寇軌 1705
青溪詩偶存 6230
青溪暇筆 4065
青谿詩集 6534
青谿先正詩集 6623
青谿遺稾 6090
青霞集 年譜 5634
青箱堂詩集 6096
青箱堂文集 6096
青箱雜記 4402
青崖集 5346
青巖叢錄 3923
青陽集 5411
青要集 6231
青油史漫 2800
青嶼稾存 6246
青原志略 2466

清

清閟閣集 5456
清波雜志 別志 4432
清端集 6220
清芬堂存槀 6186

清風亭槀	5565
清河書畫表	3548
清河書畫舫	3544
清暉館集	6040
清江碧嶂集	5770
清江二家詩	6535
清江三孔集	6323
清江詩集	5488
清江文集	5488
清江縣志	2382
清類天文分野之書	3438
清祕藏	3891
清泉精舍小志	6521
清容居士集	5364
清賞錄	4145
清微仙譜	4686
清文鑑　補編　總綱　補總綱	1297
清寤齋心賞編	4144
清溪弄兵錄	1706
清谿漫槀	5573
清獻集	4902
清獻集	5206
清夜錄	4512
清異錄	4501
清異續錄	4585
清源文獻	6557
清苑齋集	5192
清正存槀	5227
清忠堂奏疏	1855

情

情採編	6571
情田詞	6850

晴

晴川蟹錄　後錄	3698

菁

菁菴遺槀	6205
菁齋讀書錄	3999

慶

慶湖遺老集	4996
慶元黨禁	1893

穹

穹窿山志	2447

筇

筇竹杖	4545

瓊

瓊花譜	3687
瓊林雅韻	6865
瓊臺詩話	6729

邱

邱〔丘〕海二公文集合編	6624
邱〔丘〕陵學山	4183

秋

秋塍文鈔	6240
秋谷雜編	4547
秋笳集	6147
秋潤集	5354

秋江詩集　　　　　　6224
秋錦山房集　　　　　6192
秋澗筆乘　　　　　　4068
秋聲集　　　　　　　5277
秋聲集　　　　　　　5401
秋水閣文鈔　　　　　6196
秋水集　　　　　　　6166
秋水齋詩集　　　　　6257
秋堂集　　　　　　　5276
秋仙遺譜　　　　　　3602
秋崖集　　　　　　　5246
秋葉軒詩　　　　　　6225

求

求古錄　　　　　　　2714
求仁錄　　　　　　　3008
求志齋言草　　　　　5929

裘

裘尊臍槖　　　　　　6180

曲

曲阜集　　　　　　　4928
曲洧遺槀　　　　　　6071
曲江集　　　　　　　4753
曲譜　　　　　　　　6835
曲洧舊聞　　　　　　3821
曲徙錄　　　　　　　1855

屈

屈騷心印　　　　　　4719
屈宋古音義　　　　　1333

祛

祛疑説　　　　　　　3847

渠

渠風集略　　　　　　6633

蘧

蘧廬草　　　　　　　6187
蘧廬詩　　　　　　　6111
蘧園集　　　　　　　6055

臞

臞軒集　　　　　　　5223
臞軒四六　　　　　　5757

去

去偽齋文集　　　　　6019

全

全芳備祖前集　後集　4240
全金詩　　　　　　　6433
全閩詩話　　　　　　6707
全陝政要略　　　　　2361
全生指迷方　　　　　3175
全史論贊　　　　　　2112
全史日至源流　　　　3312
全室外集　續集　　　5530
全蜀藝文志　　　　　6405
全唐詩　　　　　　　6431
全唐詩話　　　　　　6720
全唐詩錄　　　　　　6452

全唐詩評 6733
全唐詩説 6733
全吳水略 2398
全易十有八變成卦定議 263

泉

泉刀彙纂 2659
泉河史 2404
泉南雜志 2475
泉志 3668

拳

拳拳錄 3985

痊

痊驥集 3275

詮

詮敘管子成書 3118

銓

銓政論略 2548

權

權衡一書 4175
權文公集 4787

勸

勸善書 4117
勸世恒言 3986

却

却金傳 2084

却埽編 3829

闕

闕里廣志 1942
闕里書 1938
闕里誌 1932

羣

羣芳譜 3694
羣芳清玩 4196
羣經辨疑錄 1029
羣經補義 1020
羣經輔易説 255
羣經音辨 1241
羣史品藻 2789
羣書備數 4297
羣書鉤元〔玄〕 4294
羣書歸正集 2988
羣書會元截江網 4238
羣書集事淵海 4300
羣書類句 4287
羣書拾唾 4297
羣書摘草 4134
羣書纂粹 4311
羣書纂類 4298
羣碎錄 4154
羣仙珠玉集成 4693
羣忠備遺錄 2018
羣忠錄 2006

群

群公四六續集 6470
群公小簡 6500

群賢梅苑　　　　　　6854

群雅集　　　　　　　6614

群玉樓集　　　　　　5893

然

然疑錄　　　　　　　4094

然脂集例　　　　　　6749

燃

燃犀集　　　　　　　4565

瀼

瀼谿草堂稾　　　　　5617

讓

讓谿甲集　乙集　　　5941

饒

饒雙峯年譜　　　　　1954

熱

熱河志　　　　　　　2212

人

人臣儆心錄　　　　　2533

人代紀要　　　　　　1579

人道譜　　　　　　　4172

人倫大統賦　　　　　3409

人倫外史　　　　　　2967

人模樣　　　　　　　3002

人譜　　　　　　　　2909

人譜類記　　　　　　2909

人瑞錄　　　　　　　2070

人瑞翁集　　　　　　5882

人物論　　　　　　　2795

人物志　　　　　　　3715

仁

仁端錄　　　　　　　3210

仁峯文集　外集　　　5845

仁節遺稾　　　　　　6082

仁山集　　　　　　　5301

仁齋直指　　　　　　3190

壬

壬午功賞別錄　　　　1746

忍

忍經　　　　　　　　4115

任

任菴語略　　　　　　4091

認

認字測　　　　　　　4070

日

日本東夷朝貢考　　　2623

日本考　　　　　　　2507

日本考略　　　　　　2502

日本圖纂　　　　　　2503

日懷堂奏疏　　　　　6122

日畿訪勝錄　　　　　2492

日講春秋解義　　　　862

日講禮記解義　　　　　639
日講書經解義　　　　　382
日講四書解義　　　　　1109
日講易經解義　　　　　135
日進直講　　　　　　　1134
日涉編　　　　　　　　2161
日涉園集　　　　　　　4993
日省編　　　　　　　　3051
日損齋筆記　　　　　　3770
日聞錄　　　　　　　　3862
日下舊聞考　　　　　　2211
日新錄　　　　　　　　3916
日言　　　　　　　　　2986
日知薈説　　　　　　　2914
日知錄　　　　　　　　3783
日知堂文集　　　　　　6151

戎

戎事類占　　　　　　　3437

容

容菴詩集　辛卯集　　　6130
容春堂前集　後集　續集　別集　5587
容臺別集　　　　　　　6032
容臺詩集　　　　　　　6032
容臺文集　　　　　　　6032
容膝居集雜錄　　　　　3991
容齋詩話　　　　　　　6714
容齋四六叢談　　　　　6715
容齋隨筆　續筆　三筆　四筆　五筆
　　　　　　　　　　　3748

蓉

蓉槎蠡説　　　　　　　4090

蓉川集　　　　　　　　5874
蓉山集　　　　　　　　5920
蓉谿書屋集　續集　　　6506

榕

榕城詩話　　　　　　　6753
榕村集　　　　　　　　5703
榕村講授　　　　　　　6614
榕村語錄　　　　　　　2924
榕壇問業　　　　　　　2910
榕陰新檢　　　　　　　2043

榮

榮進集　　　　　　　　5523

融

融堂書解　　　　　　　357
融堂四書管見　　　　　994

如

如宜方　　　　　　　　3245

茹

茹古略集　　　　　　　4338

儒

儒函數類　　　　　　　4333
儒林公議　　　　　　　4395
儒林全傳　　　　　　　2025
儒林宗派　　　　　　　1918
儒門法語　　　　　　　3035
儒門事親　　　　　　　3195

儒行集傳　　638

儒言　　2853

儒志編　　2840

儒宗理要　　3023

汝

汝南圖史　　3694

汝南遺事　　1697

汝南遺事　　4535

汝水巾譜　　3675

入

入蜀記　　1924

蕊

蕊雲集晚唱　　6114

薬

薬閣集　　5749

瑞

瑞陽阿集　　6025

瑞竹堂經驗方　　3201

瑞竹亭合槀　　6615

睿

睿養圖説　　3978

潤

潤州先賢錄　　1994

若

若菴集　　6236

若金集　　5801

若谿集　　6197

塞

塞北小鈔　　2096

塞程別記　　2095

塞語　　3095

三

三才彙編　　4350

三才考略　　4318

三才圖會　　4314

三才藻異　　4349

三場通用引易活法　　4290

三朝北盟會編　　1593

三朝聖諭錄　　1735

三朝野史　　1721

三朝野史　　4514

三楚新錄　　2133

三傳三禮字疑　　1046

三傳折諸　　877

三洞羣仙錄　　4681

三藩紀事本末　　1616

三輔黃圖　　2165

三國紀年　　2775

三國六朝五代紀年總辨　　2776

三國史瑜　　2116

三國雜事　　2756

三國志　　1464

三國志辨誤　　1466

三國志補注　　1468

三國志文類　　6360

三華集　　6234

三華集　　6394

三家宮詞	6429
三家詩拾遺	508
三家世典	2011
三經附義	1049
三經見聖編	1144
三郡圖説	2370
三禮編繹	746
三禮合纂	749
三禮會通	756
三禮考	740
三禮考註	741
三禮圖	655
三禮圖集注	654
三禮約編	756
三禮纂註	745
三立編	3061
三劉家集	6324
三略直解	3071
三命通會	3405
三命指迷賦	3401
三難軒質正	2970
三遷志	1939
三遷志	1942
三儒類要	2985
三僧詩	6576
三詩合編	6633
三事溯真	3942
三事忠告	2532
三蘇年表	1948
三蘇談	6598
三蘇文粹	6593
三蘇文範	6508
三臺文獻錄	6529
三體唐詩	6351

三體摭韻	4357
三通政典	4315
三畏齋集	5789
三吳水考	2248
三吳水利錄	2246
三吳水利論	2394
三賢集	6520
三續奇賞	6576
三一子	3960
三易備遺	79
三易大傳	264
三易洞璣	3373
三異人集	6526
三因極一病證方論	3184
三魚堂賸言	2922
三魚堂四書大全	1150
三魚堂文集　外集	5703
三餘集	5044
三餘贅筆	4033
三元參贊延壽書	4685
三原縣志	2351
三正考	892
三忠集	6544
三忠文選	6552
三忠文選	6585
三重賦	6256
三州詩鈔	6240
三洲詩膾	5953
三子定論	3035

散

散花菴詞	6807

桑

桑榆集	6097

桑子庸言　　　　　3927

桑敬甫集　　　　　6256

喪

喪禮吾説篇　　　　706

騷

騷略　　　　　　　5754

騷苑　　　　　　　4304

掃

掃餘之餘　　　　　6050

瑟

瑟譜　　　　　　　1176

僧

僧寶傳　　　　　　4597

沙

沙溪集　　　　　　5602

山

山薑花埂長短句　　6137

山川地理圖　　　　344

山窻餘藁　　　　　5447

山村遺集　　　　　5339

山村遺詩雜著　　　6487

山帶閣集　　　　　5945

山帶閣註楚辭　　　4711

山東考古錄　　　　2479

山東全河備考　　　2407

山東通志　　　　　2223

山東通志　　　　　2360

山東鹽法志　　　　2651

山法全書　　　　　3454

山房集　　　　　　5179

山房隨筆　　　　　4448

山谷禪喜集　　　　5742

山谷詞　　　　　　6760

山谷刀筆　　　　　5740

山谷内集　外集　別集　詞　簡尺
　　年譜　　　　　4952

山谷内集註　外集註　別集註　4954

山海經　　　　　　4457

山海經廣註　　　　4458

山海經釋義　　　　4550

山海漫談　　　　　5636

山河兩戒考　　　　2344

山居代麐　　　　　4077

山居集　　　　　　5985

山居清賞　　　　　4186

山居新語　　　　　4449

山林清氣集　續集　5771

山樵暇語　　　　　4159

山水純全集　　　　3519

山水訣　　　　　　3572

山水松石格　　　　3570

山堂萃藁　　　　　5853

山堂考索前集　後集　續集　別集
　　　　　　　　4242

山堂肆考　補遺　　4263

山堂瑣語　　　　　4036

山圃堂集　　　　　6094

山西通志　　　　　2224

山曉閣詩　　　　　6195

山行雜記	2493
山陰集	6271
山齋集	5597
山志	4086
山中白雲詞	6810
山中集	5598
山中集	5631
山舟堂集	6222
山左筆談	2478
山左明詩鈔	6636

刪

刪補頤生微論	3257

珊

珊瑚鉤詩話	6663
珊瑚木難	3535
珊瑚網	3549

樿

樿谿居士集	5036

陝

陝西通志	2224
陝西行都司志	2367
陝西鎮考	2418
陝西志	2349

剡

剡錄	2185
剡源集	5323
剡源文鈔	5769

善

善卷堂四六	6211
善行錄　續錄	2016
善誘文	3918

商

商略	2358
商文毅公集	5814
商文毅公遺行集	1963
商文毅年譜	1963
商文毅疏槀略	1807
商子	3111

傷

傷寒標本心法類萃	3193
傷寒分經	3271
傷寒兼證析義	3230
傷寒類方	3233
傷寒類書活人總括	3190
傷寒論條辨	3218
傷寒論條辨續註	3272
傷寒論註	3148
傷寒明理論　論方	3148
傷寒舌鑑	3229
傷寒說意	3240
傷寒微旨	3169
傷寒心鏡	3244
傷寒心要	3245
傷寒懸解	3239
傷寒醫鑒	3246
傷寒直格方	3193
傷寒指掌	3256

傷寒治例 3247

傷寒總病論附音訓　修治藥法 3171

傷寒纘論　緒論 3264

觴

觴政 3682

上

上蔡語錄 2856

上池雜說 3256

上生集 6070

上天竺山志 2438

尚

尚絅小語 3977

尚絅齋集 5495

尚論編 2787

尚論編 2803

尚論持平 4087

尚論篇 3227

尚史 1648

尚書砭蔡編 378

尚書辨解 419

尚書表注 362

尚書傳翼 423

尚書大傳　補遺 396

尚書地理今釋 394

尚書讀記 444

尚書故實 3801

尚書廣聽錄 388

尚書集傳或問 360

尚書集傳纂疏 365

尚書集解 427

尚書輯錄纂注 367

尚書講義 346

尚書講義 426

尚書解意 426

尚書解義 392

尚書近指 428

尚書精義 355

尚書舉隅 437

尚書句解 372

尚書考異 376

尚書口義 432

尚書揆一 423

尚書旁注 406

尚書埤傳 389

尚書譜 412

尚書全解 341

尚書日記 377

尚書剩義 445

尚書疏衍 380

尚書說 350

尚書說要 411

尚書私學 445

尚書體要 429

尚書天地圖說 3454

尚書通典略 439

尚書通考 368

尚書通義 437

尚書晚訂 423

尚書葦籥 424

尚書惜陰錄 431

尚書詳解 347

尚書詳解 356

尚書詳解 362

尚書小疏 442

尚書要義　序説	359	少華集	5890
尚書要旨	418	少林古今錄	6534
尚書疑義	376	少陵詩格	6715
尚書義疏	434	少岷拾存稾	5868
尚書引義	428	少泉集	5911
尚書約旨	438	少石集	5890
尚書正義	337	少室山房筆叢正集　續集	3909
尚書直指	408	少室山房類稾	5652
尚書質疑	439	少室山房續稾	6022
尚書質疑	440	少微通鑑節要	1574
尚書註解纂要	445	少陽集	5067
尚書註考	379	少儀外傳	2868
尚書纂傳	371	少嶽集	5991
尚友錄	4336		
尚友堂集	6041		

邵

尚友齋論古	2795	邵康節外紀	1976
尚元草	5990	邵氏家錄	6188
尚元齋三世詩	6570	邵子加一倍法	3455
尚約居士集	5809		

茗

紹

茗西問答	3991	紹陶錄	1873
茗谿集	5041	紹熙州縣釋奠儀圖	2583
茗谿漁隱叢話前集　後集	6676	紹興府志	2372
		紹興甲寅通和錄	1714
		紹興內府古器評	3662

韶

| | | 紹興十八年同年小錄 | 1886 |
| 韶舞九成樂補 | 1178 | 紹興正論 | 1989 |

少

舌

| 少峯草堂詩集 | 5927 | 舌華錄 | 4147 |
| 少廣補遺 | 3339 | | |

佘

| 少鶴詩集 | 5898 | | |
| 少湖文集 | 5900 | 佘山人詩集 | 5896 |

佘山詩話　　　6741

蛇

蛇譜　　　3699

射

射林　　　4065
射書　　　3603
射堂詩鈔　　　6079
射易淡詠　　　266
射義新書　　　3604

涉

涉江詩選　　　5989
涉覽屬比　　　4300
涉史隨筆　　　2757
涉世雄談　　　2793
涉齋集　　　5132

攝

攝生消息論　　　4685
攝生要語　　　4697
攝生衆妙方　　　3252

申

申鑒　　　2832
申齋集　　　5365
申忠愍詩集　　　5673

伸

伸蒙子　　　2838

身

身易實義　　　285

呻

呻吟語　　　2988
呻吟語摘　　　2908

深

深秀亭近草　　　6189
深雪偶談　　　6721
深衣考　　　640
深衣考誤　　　648

神

神機相字法　　　3486
神農本草經百種錄　　　3231
神農本草經疏　　　3220
神僧傳　　　4606
神樞鬼藏經　　　3439
神仙傳　　　4645
神仙感遇傳　　　4677
神異經　　　4461
神隱志　　　4690
神應經　　　3250
神州古史考　　　2485

沈

沈鳳岡集　　　5935
沈氏樂府指迷　　　6829
沈氏農書　　　3139
沈氏學弢　　　4137
沈下賢集　　　4816

審

審齋詞　　　　　　　　6787

慎

慎獨叟遺稾　　　　　　5300
慎獨軒文集　　　　　　6260
慎修堂詩集　　　　　　6178
慎言　　　　　　　　　2963
慎言集訓　　　　　　　2973
慎齋遺集　　　　　　　6122
慎子　　　　　　　　　3707

升

升菴集　　　　　　　　5615
升菴新語　　　　　　　4005

聲

聲調譜　　　　　　　　6705
聲畫集　　　　　　　　6334
聲律發蒙　　　　　　　4294
聲音發源圖解　　　　　1437
聲音文字通　　　　　　1399
聲韻叢說　　　　　　　1417
聲韻會通韻要粗釋　　　1363
聲韻圖譜　　　　　　　1429
聲韻源流考　　　　　　1421

澠

澠水燕談錄　　　　　　4398

繩

繩武編　　　　　　　　1771

省

省中稾　　　　　　　　5936

盛

盛京通志　　　　　　　2216
盛明百家詩　　　　　　6522

剩

剩言　　　　　　　　　3966
剩語　　　　　　　　　5323

勝

勝朝彤史拾遺記　　　　2063
勝朝殉節諸臣錄　　　　1913
勝飲編　　　　　　　　4167

聖

聖典　　　　　　　　　1768
聖濟總錄纂要　　　　　3172
聖經學規纂　　　　　　3040
聖門傳詩嫡冢　　　　　 533
聖門禮樂統　　　　　　2640
聖門人物志　　　　　　2028
聖門事業圖　　　　　　2948
聖門釋非錄　　　　　　1154
聖門志　　　　　　　　1938
聖門志考略　　　　　　1942
聖求詞　　　　　　　　6773
聖壽萬年曆　　　　　　3287
聖賢羣輔錄　　　　　　4275
聖賢圖贊　　　　　　　1936
聖賢語論　　　　　　　2953

聖學大成　　　　　3984
聖學嫡派　　　　　2040
聖學範圍圖　　　　2994
聖學逢源錄　　　　3993
聖學輯要　　　　　3051
聖學啟關臆説　　　2996
聖學入門書　　　　3013
聖學心傳　　　　　1148
聖學心法　　　　　2953
聖學真語　　　　　3984
聖學知統錄　　　　2058
聖學知統翼錄　　　2059
聖學宗傳　　　　　2031
聖學宗要　　　　　2908
聖諭廣訓　　　　　2913
聖諭樂本解説　　　1193
聖宗集要　　　　　2066
聖祖仁皇帝聖訓　　1793
聖祖仁皇帝御製文集　5675

賸

賸草　　　　　　　6272

施

施註蘇詩　　　　　4946

師

師經堂集　　　　　6233
師山文集遺文　　　5436
師暇哀言　　　　　5948
師友詩傳錄　續錄　6702
師友談記　　　　　3816
師中紀績　　　　　1787

師中小札　　　　　1857
師子林紀勝　　　　6575
師宗州志　　　　　2387

獅

獅山掌錄　　　　　4326

詩

詩本音　　　　　　1339
詩辨坻　　　　　　6748
詩辨説　　　　　　482
詩補傳　　　　　　461
詩補遺　　　　　　899
詩觸　　　　　　　540
詩傳　　　　　　　522
詩傳闡　闡餘　　　532
詩傳名物集覽　　　502
詩傳旁通　　　　　480
詩傳詩説駁義　　　500
詩傳通釋　　　　　479
詩傳叶音考　　　　1432
詩傳遺説　　　　　474
詩傳纂義　　　　　524
詩地理考　　　　　476
詩法家數　　　　　6724
詩法源流　　　　　6712
詩故　　　　　　　487
詩觀　別集　　　　6618
詩貫　　　　　　　553
詩歸　　　　　　　6562
詩話　　　　　　　6722
詩話　　　　　　　6729
詩話　　　　　　　6747
詩話補遺　　　　　6698

詩話類編	6743	詩經疏義	481
詩話總龜前集　後集	6659	詩經説通	528
詩緝	474	詩經提要錄	554
詩集傳	458	詩經通義	497
詩集傳	463	詩經圖史合考	530
詩集傳名物鈔	478	詩經微言合參	536
詩紀匡謬	6404	詩經惜陰錄	544
詩家鼎臠	6363	詩經詳説	546
詩家直説	6733	詩經序傳合參	550
詩教外傳	5815	詩經叶音辨譌	1431
詩解頤	484	詩經疑問	489
詩經稗疏	495	詩經劄記	504
詩經備考	535	詩經正解	557
詩經比興全義	544	詩經正義	525
詩經測義	547	詩經朱傳翼	542
詩經傳説彙纂	192	詩經注疏大全合纂	537
詩經傳説取裁	543	詩雋類函	4330
詩經存固	525	詩考	475
詩經大全	485	詩膾	6743
詩經副墨	538	詩林廣記前集　後集	6690
詩經廣大全	549	詩律武庫前後集	4282
詩經彙詁	557	詩論	516
詩經集成	546	詩逆	534
詩經精意	541	詩女史　拾遺	6541
詩經考	536	詩品	6646
詩經樂譜	1189	詩品	6651
詩經類考	527	詩人玉屑	6680
詩經六帖重訂	529	詩如例	899
詩經脈	533	詩深	556
詩經偶箋	538	詩瀋	509
詩經旁參	548	詩識名解	502
詩經拾遺	555	詩史	2797
詩經世本古義	489	詩史	2809
詩經疏略	544	詩式	6711

詩説	503	詩義記講	554
詩説	515	詩義折中	493
詩説	523	詩翼	6468
詩説簡正錄	542	詩牖	535
詩説解頤	486	詩餘圖譜	6860
詩藪	6739	詩原	6602
詩宿	6546	詩苑天聲	6608
詩所	499	詩蘊	546
詩所	6547	詩韻辯略	1414
詩談	6732	詩韻更定	1421
詩譚	6740	詩札	500
詩通	532	詩志	538
詩童子問	472	詩準	6468
詩統説	547	詩總聞	462
詩文軌範	6726	詩纘緒	483
詩文原始	6734		
詩問	543		

十

詩問略	539	十八史略	1651
詩心珠會	6738	十處士傳	4581
詩序	447	十二先生詩宗集韻	4287
詩序補義	511	十峯集	6229
詩序解頤	526	十國春秋	2141
詩學彙選	4336	十家易象集説	323
詩學禁臠	6725	十可篇	4145
詩學權輿	6488	十六策	3087
詩學事類	4306	十六國春秋	2125
詩學正宗	6515	十六國考鏡	2146
詩演義	483	十六國年表	2154
詩疑	517	十六國年表	2155
詩疑辨證	507	十六名家小品	6587
詩疑問	482	十七朝史論一得	2812
詩意	541	十七史論年表	2811
詩義斷法	519	十七史詳節	2104
詩義固説	6190	十七史纂古今通要	2764

十三經解詁	1031	石湖詩集	5152
十三經類語	4335	石湖志略　文略	2459
十三經義疑	1013	石蹟記	2746
十三經註疏正字	1018	石經考	2717
十三經字辨	1052	石經考	2717
十五家詞	6826	石經考異	2723
十先生奧論	6361	石居漫興稾	5882
十一經問對	1000	石刻鋪敍	2699
十願齋易説	254	石林詞	6774
十岳山人詩集	5899	石林居士建康集	5033
十種唐詩選	6605	石林詩話	6663
		石林燕語　考異	3825

礑

礑菴槧	3428	石龍菴詩草　附刻	5945
		石樓臆編	4355

石

		石閭詩	6277
		石門集	5470
石比部集	5903	石門詩集	5999
石伯成詩稾	6039	石門文字禪	4967
石倉歷代詩選	6413	石墨鐫華	2712
石初集	5446	石品	3676
石川集　附集	5857	石屏詞	6806
石川詩鈔	6232	石屏集	5169
石淙稾	5828	石屏新語	4112
石村畫訣	3591	石渠寶笈	3551
石洞集	5643	石渠意見　拾遺　補闕	1030
石洞遺芳	6511	石泉山房集	5970
石峯堡紀略	1606	石山醫案　附案	3214
石峯奏疏	1836	石室祕鈔	5946
石鼓論語問答	1081	石室祕錄	3266
石鼓書院志	2459	石潭存稾	5801
石鼓書院志	2461	石潭易傳撮要	196
石鼓文定本	1383	石堂遺集	5759
石鼓文音釋	1361	石田集	5378
石鼓文正誤	1363	石田詩選	5570

石田雜記　4519

石頭菴集　6065

石屋山居詩　6085

石屋詩鈔　補鈔　6178

石西集　5999

石溪史話　2812

石溪文集　5803

石秀齋集　6059

石隱園藏槀　5658

石盂集　5999

石語齋集　6017

石雲居文集　6095

石雲居詩集　6095

石鍾山志　6491

石柱記箋釋　2286

拾

拾遺記　4467

拾遺錄　3781

拾遺書　2004

食

食色紳言　4122

時

時令彙紀　2163

時物典彙　4324

時習新知　3963

時一吟詩　6155

時用集　6210

實

實賓錄　4224

實地論　4691

實嬾齋詩集　6259

識

識大錄　1667

識仁編　3947

識仁定性解註　2979

識小編　3792

識遺　3766

史

史砭　2798

史裁　2113

史乘考誤　2791

史復齋文集　6271

史綱疑辨　4001

史漢方駕　1516

史漢文統　6584

史懷　2797

史記　1443

史記鈔　2110

史記法語　2103

史記集解　1446

史記索隱　1448

史記瑣瑣　1515

史記疑問　1455

史記正義　1450

史紏　2766

史觶　2114

史略詳注補遺大成　1654

史論初集　2809

史品赤函　2115

史評　2785

史評辨正　2806

史取	2792
史詮	1515
史拾載補	2798
史氏菊譜	3644
史書	2116
史書纂略	2113
史說萱蘇	4329
史談補	2794
史通	2749
史通會要	2771
史通評釋	2771
史通通釋	2751
史通訓故	2772
史通訓故補	2773
史緯	2117
史觿	2113
史學璧珠	4331
史學提要	2778
史學正藏	2811
史要編	2110
史疑	2800
史異編	2117
史異纂	4572
史義拾遺	2779
史餘	1743
史韻	2793
史折　續	2807
史傳三編	1920
史纂左編	2109

使

使轄日錄	1720
使東日錄	5827
使規	4119

使交錄	2080
使金錄	1718
使琉球記	2094
使琉球錄	1765
使琉球錄	1769
使西日記	2082
使西域記	2079

始

始豐稾	5491

士

士林詩選	6486
士翼	2901
士齋集	5862

氏

氏族博考	4257
氏族箋釋	4347

世

世德堂集	6152
世恩堂集	6188
世經堂集	5899
世廟識餘錄	1761
世穆兩朝編年史	1585
世譜增定	2788
世史積疑	2784
世史正綱	1577
世說新語	4364
世說新語補	4530
世緯	2907
世醫得效方	3201

世玉集選　　　　　　　6552

世宗憲皇帝上諭八旗　上諭旗務議覆
　　諭行旗務奏議　　　1796

世宗憲皇帝上諭内閣　　1795

世宗憲皇帝聖訓　　　　1794

世宗憲皇帝御製文集　　5676

世宗憲皇帝硃批諭旨　　1795

世祖章皇帝聖訓　　　　1792

仕

仕學規範　　　　　　　3900

仕學全書　　　　　　　2550

市

市隱園詩文　　　　　　6542

示

示兒編　　　　　　　　3840

式

式古堂書畫彙考　　　　3555

事

事編内篇　　　　　　　2039

事詞類奇　　　　　　　4320

事辭輯餘　　　　　　　1778

事典考略　　　　　　　4332

事定錄　　　　　　　　5656

事類賦　　　　　　　　4218

事類通考　　　　　　　4341

事偶韻語　　　　　　　2780

事實類苑　　　　　　　3898

事始　　　　　　　　　3994

事文標異　　　　　　　4087

事文類聚前集　後集　續集　別集
　　新集　外集　遺集　　4234

事文玉屑　　　　　　　4328

事物初略　　　　　　　4010

事物紺珠　　　　　　　4323

事物紀原　　　　　　　4223

事物考　　　　　　　　4339

事物考辨　　　　　　　4015

事行紀略　　　　　　　3942

事言要元〔玄〕　　　　4326

侍

侍兒小名錄拾遺　　　　4286

是

是菴日記　　　　　　　4361

視

視履類編　　　　　　　2088

嗜

嗜泉詩存　　　　　　　5895

嗜退菴語存　　　　　　4167

嗜退山房槀　　　　　　6236

筮

筮宗　　　　　　　　　　73

試

試筆　　　　　　　　　4021

適

適情錄	3602
適適齋鑑鬚集	6047

諡

諡法	2582
諡法通考	2626
諡法纂	2632
諡苑	2628

釋

釋常談	3995
釋宮	702
釋骨	3268
釋名	1238
釋氏稽古略	4602
釋文紀	6423

守

守汴日志	1782
守城錄	3078
守鄖紀略	1777
守令懿范	2020

受

受祺堂詩集	6188

授

授經圖	2681
授時通考	3135

壽

壽親養老新書	3165
壽世祕典	4168
壽域詞	6839

抒

抒懷操	3562

書

書蔡傳旁通	369
書疇彝訓	412
書傳大全	375
書傳洪範考疑	410
書傳會選	373
書傳會衷	421
書傳通釋	408
書斷	3494
書法鉤元〔玄〕	3576
書法離鉤	3541
書法雅言	3540
書法正傳	3555
書古文訓	400
書畫跋跋　續	3538
書畫史	3587
書集傳	353
書輯	3578
書記洞詮	6582
書蕉	4073
書經稗疏	383
書經參義	440
書經傳說彙纂	382
書經集意	424

書經講義會編 416
書經疏略 430
書經説意 415
書經提要 409
書經提要 442
書經詳説 434
書經疑問 418
書經劄記 438
書經直解 415
書經旨略 411
書經衷論 393
書訣 3538
書林外集 5775
書錄　外篇 3527
書品 3490
書譜 3493
書山遺集 5778
書史 3514
書史會要　補遺　續編 3534
書説 349
書肆説鈴 4067
書帷別記 418
書文音義便考私編 1402
書系 1666
書小史 3526
書敘指南 4226
書學彙編 3589
書學會編 3577
書學正韻 1396
書疑 403
書儀 666
書義斷法 371
書義矜式 398
書義卓躍 407

書繹 425
書隱叢説 4094
書苑補益 3581
書苑菁華 3526
書齋夜話 3854
書舟詞 6763
書纂 3578
書纂言 364

淑

淑艾錄 3056

菽

菽園雜記 4452

疏

疏稾 1855
疏寮小集 5185
疏食譜 3684

舒

舒文靖集 5143
舒曉齋存稾 6258

蔬

蔬齋厞語 3979

秫

秫坡詩稾 5787

暑

暑窻臆説 4082

鼠

鼠璞　　3763

蜀

蜀碧　　2072
蜀草　　6010
蜀道驛程記　　2093
蜀都碎事　　2487
蜀都雜鈔　　2472
蜀國春秋　　1781
蜀漢本末　　1650
蜀鑑　　1594
蜀錦譜　　2305
蜀檮杌　　2136
蜀藻幽勝集　　6560
蜀中草　　6084
蜀中廣記　　2309
蜀中名勝記　　2432

述

述本堂詩集　　6623
述古堂書目　　2731
述書賦　　3495
述異記　　4498
述異記　　4574

恕

恕谷後集　續刻　　6216
恕齋偶存　　6168

庶

庶物異名疏　　4336

庶

庶齋老學叢談　　3865

墅

墅談　　4040

漱

漱玉詞　　6780

數

數度衍　　3337
數理精蘊　　3334
數馬堂答問　　4096
數術記遺　　3318
數學九章　　3326
數學鑰　　3336

樹

樹人堂詩　　6248

霜

霜巖集　　5895

雙

雙峯存稾　　5743
雙桂集　　6488
雙槐歲鈔　　4518
雙江文集　　5884
雙陸譜　　3605
雙橋隨筆　　2921
雙樹軒詩鈔　　6264
雙溪集　　5136
雙溪雜記　　4519

雙谿草堂詩集　　6198
雙谿集　　5066
雙谿集　　5603
雙谿醉隱集　　5349
雙雲堂詩槀　　6208
雙雲堂文槀　　6208

水

水部備考　　2667
水村易鏡　　188
水道提綱　　2257
水東日記　　4452
水鑑　　2412
水經注　　2231
水經注碑目　　2736
水經注集釋訂譌　　2233
水經注釋　刊誤　　2234
水鏡集　　5770
水明樓集　　6039
水南槀　　5853
水牛經　　3274
水品　　3680
水田居文集　　6105
水西居士集　　5904
水心集　　5161
水雲詞　　6851
水雲邨槀　　5328
水雲邨泯槀　　5767
水雲集　　5279
水雲錄　　4101
水洲文集　　5905

舜

舜典補亡　　433

順

順昌戰勝錄　　1714
順天府志　　2378
順則集　　6549

説

説疇　　3427
説儲二集　　4066
説郛　　3904
説經劄記　　1031
説桔　　4075
説類　　4138
説理會編　　2971
説禮約　　724
説略　　4260
説詩樂趣　　6751
説書偶筆　　1054
説書隨筆　　3960
説嵩　　2449
説唐詩　　6610
説文長箋　　1376
説文廣義　　1387
説文繫傳　　1256
説文繫傳考異　　1258
説文解字　　1252
説文解字五音韻譜　　1353
説文解字篆韻譜　　1260
説文字原　　1287
説學齋槀　　5481
説頤　　4056
説易　　258
説原　　4061
説苑　　2828

碩

碩輔寶鑑要覽	2019

司

司空表聖文集	4846
司馬法	3069
司牧馬經痊驥通元〔玄〕論	3275
司徒大事記	5868
司勳文集	5919
司勳五種集	6135
司業詩集	6251
司業文集	6251

思

思辨錄輯要	2920
思誠堂集	6152
思聰錄	3002
思復堂集	6193
思古堂集	6113
思通集	3058
思賢錄續錄	1956
思元〔玄〕集	5825

斯

斯文正統	6597

絲

絲綸捷要便覽	1830

四

四本堂座右編	4170
四朝人物略	2057
四朝詩	6433
四朝聞見錄	4441
四川通志	2226
四川土夷考	2507
四侯傳	2034
四家詩鈔	6620
四家詩選	6561
四禮初稿	763
四禮輯宜	767
四禮寧儉編	770
四禮疑	765
四禮翼	766
四禮約言	767
四六標準	5215
四六叢珠彙選	4294
四六叢珠彙選	6546
四六法海	6414
四六膏馥	4284
四六話	6662
四六金鍼	6746
四六談塵	6673
四六霞肆	4340
四明風雅	6516
四明龍薈	4570
四明山古蹟記	2446
四明山志	2446
四明它山水利備覽	2237
四明文獻集	5272
四明文獻錄	1994
四明尊堯集	2774
四溟集	5650
四然齋集	6048
四如集	5283

四如講稿	995	四書經疑貫通	1098
四聲等子	1323	四書就正錄	1166
四聲篇海	1355	四書句讀釋義	1167
四聲切韻表	1433	四書考	1143
四聖心源	3272	四書考異	1143
四聖懸樞	3273	四書留書	1108
四聖一心錄	229	四書錄疑	1163
四時氣候集解	2160	四書蒙引	1103
四時宜忌	2159	四書窮鈔	1167
四史鴻裁	2111	四書人物考　補考	1133
四書本義匯參	1163	四書賸言補	1115
四書辨疑	1094	四書釋地	1116
四書參註	1162	四書釋地三續	1116
四書測	1141	四書釋地續	1116
四書鈔	1151	四書釋地又續	1116
四書初學易知解	1151	四書述	1151
四書大全	1102	四書順義解	1166
四書大全辯	1146	四書説叢	1141
四書大全纂要	1149	四書説約	1142
四書讀	1145	四書説註巵詞	1166
四書反身錄　續補	1155	四書索解	1152
四書管窺	1100	四書通	1095
四書貫一解	1152	四書通義	1129
四書湖南講	1139	四書通義	1143
四書會解	1139	四書通證	1096
四書或問	1076	四書通旨	1099
四書集編	1083	四書文	6442
四書集説	1145	四書問目	1126
四書集義精要	1093	四書惜陰錄	1149
四書講義	1133	四書晰疑	1166
四書講義困勉錄	1111	四書疑節	1097
四書講義尊聞錄	1167	四書疑問	1135
四書近指	1109	四書翊註	1148
四書經學考　補遺　續考	1145	四書逸箋	1121

四書因問	1104		松風餘韻	6622
四書約旨	1165		松岡集	5811
四書則	1145		松桂讀書堂集	6257
四書剳記	1117		松桂堂全集	5689
四書正學淵源	1140		松江府志	2352
四書酌言	1142		松菊堂集	6001
四書纂箋	1098		松陵集	6303
四書纂疏	1089		松門稾	6026
四書纂言	1160		松漠紀聞　續	1691
四思堂文集	6121		松臞集	5804
四香樓詞鈔	6851		松泉詩集	6269
四香樓集	6213		松泉文集　詩集	5712
四焉齋詩集	6255		松亭行紀	1928
四焉齋文集	6255		松溪集	5913
四言史徵	2809		松絃館琴譜	3561
四易通義	260		松鄉文集	5334
四譯館考	2641		松雪齋集　外集	5335
四遊稾	6004		松陽鈔存	2923
四友齋叢說	4047		松陽講義	1112
四州文獻摘鈔	2481		松蔭堂學易	240
			松隱文集	5032
俟			松垣集	5756
			松源集	6254
俟菴集	5408		松源經說	1051
俟後編　補錄	4059		松月集	5794
			松韻堂集	5988
肆			**崧**	
肆獻祼饋食禮	616		崧菴集	5060
松			**淞**	
松籌堂集	5834		淞故述	2473
松牕雜錄	4376		**嵩**	
松風閣琴譜	3562			
松風軒藏稾	5938		嵩菴集	6151

嵩山居士集 5088
嵩少集 6551
嵩書 2431
嵩陽集 5934
嵩陽石刻集記 2718
嵩厓學凡 3042
嵩嶽廟史 2450
嵩渚集 5881

宋

宋百家詩存 6456
宋稗類鈔 4274
宋本古文孝經 963
宋布衣集 5668
宋朝名畫評 3505
宋朝事實 2557
宋東京考 2470
宋高僧傳 4594
宋季三朝政要 1558
宋紀受終考 2783
宋金元詩永　補遺 6603
宋景濂未刻集 5474
宋景文集　補遺 4882
宋九朝編年備要 1551
宋論 2781
宋名臣獻壽集 6469
宋名家詞 6853
宋詩鈔 6449
宋詩紀事 6706
宋詩刪 6612
宋十五家詩選 6630
宋史 1499
宋史筆斷 2803
宋史闡幽 2784

宋史存 2115
宋史紀事本末 1596
宋史全文 1559
宋史新編 1653
宋史質 1652
宋史纂要 2112
宋書 1472
宋四家詩 6469
宋四家外紀 1978
宋四名家詩 6607
宋文鈔 6530
宋文歸 6565
宋文紀 6418
宋文鑑 6336
宋文選 6326
宋五先生郡邑政績 2019
宋先賢讀書法 2999
宋賢事彙 4138
宋學商求 3934
宋學士全集 5474
宋遺民錄 1993
宋遺民錄 1997
宋遺民錄 6471
宋藝圃集 6408
宋元春秋解提要 940
宋元詩會 6450
宋元憲集 4881
宋元周易解提要 288
宋元資治通鑑 1581
宋宰輔編年錄 2519

搜

搜神後記 4470
搜神記 4468

搜遺稾　　　　　　　6090
搜玉小集　　　　　　6309
搜採異聞錄　　　　　3997

蘇

蘇材小纂　　　　　　2001
蘇門集　　　　　　　5624
蘇門六君子文粹　　　6359
蘇米譚史　　　　　　1971
蘇米譚史廣　　　　　1971
蘇米志林　　　　　　1974
蘇平仲集　　　　　　5490
蘇評孟子　　　　　　1123
蘇山集　　　　　　　5963
蘇山選集　　　　　　5963
蘇沈良方　　　　　　3164
蘇詩續補遺　　　　　4946
蘇詩摘律　　　　　　5739
蘇氏演義　　　　　　3736
蘇松浮賦議　　　　　2652
蘇松歷代財賦考　　　2658
蘇魏公集　　　　　　4897
蘇文奇賞　　　　　　5738
蘇學士集　　　　　　4895
蘇州府纂修識略　　　1744

俗

俗書刊誤　　　　　　1294
俗語　　　　　　　　4010

涑

涑水編　　　　　　　6118
涑水記聞　　　　　　4396

涑水司馬氏源流集略　1968
涑亭詩略　　　　　　6137

素

素靈微蘊　　　　　　3273
素履子　　　　　　　2839
素書　　　　　　　　3072
素王記事　　　　　　1933
素問鈔補正　　　　　3235
素問入式運氣論奧　　3169
素問懸解　　　　　　3236
素問元機原病式　　　3192
素問運氣圖括定局立成　3235
素問註證發微　　　　3236
素巖文稾　　　　　　6201
素園存稾　　　　　　5959
素園石譜　　　　　　3676

溯

溯洄集　　　　　　　6600
溯流史學鈔　　　　　3025

肅

肅皇外史　　　　　　1768
肅雝集　　　　　　　5775

算

算法統宗　　　　　　3353
算學續　　　　　　　3312

隋

隋書　　　　　　　　1485
隋文紀　　　　　　　6422

綏

綏廣記事	1759
綏寇紀略	1608

隨

隨村遺集	6245
隨手雜錄	4407
隨意吟	3058
隨隱漫錄	4443
隨園詩集	6269
隨志	2359

遂

遂昌雜錄	4450
遂初堂別集	6189
遂初堂詩集	6189
遂初堂書目	2675
遂初堂文集	6132
遂初堂文集	6189
遂生集	4170

歲

歲寒集	5802
歲寒居答問	3015
歲寒堂存槀	6281
歲寒堂詩話	6666
歲華紀麗	4277
歲華紀麗譜	2305
歲時廣記	2157

碎

碎金集	6280

邃

邃古記	1659
邃谷集	5868

孫

孫白谷集	5666
孫公談圃	4405
孫可之集	4838
孫明復小集	4889
孫清簡公集	5828
孫氏醫案	3260
孫威敏征南錄	1921
孫文恪集	5929
孫毅菴奏議	1815
孫月峰評經	1034
孫子	3067
孫子參同	3086
孫子彙徵	3087
孫子算經	3316

蓀

蓀堂集	6061

筍

筍梅譜	3692
筍譜	3651

損

損齋備忘錄	4034

譔

譔書	6112

梭

梭山農譜　　　　　3140

所

所安遺集　　　　　5395

索

索易臆說　　　　　300

悤

悤泉手學　　　　　536

他

他山字學　　　　　1382

胎

胎息經　　　　　4679

台

台學源流　　　　　2004

苔

苔譜　　　　　3693

臺

臺槀　　　　　5936
臺海使槎錄　　　　2312
臺省疏槀　　　　　1841
臺灣紀略　　　　　1607
臺灣紀略　　　　　2386

臺灣記略　　　　　2484
臺灣隨筆　　　　　2485

太

太白樓集　　　　　6500
太白山人漫槀　　　5612
太白陰經　　　　　3074
太倉十子詩選　　　6596
太倉稊米集　　　　5100
太常紀要　　　　　2641
太常續考　　　　　2523
太常沿革　　　　　2534
太常總覽　　　　　2627
太公兵法　　　　　3086
太古堂集　　　　　6051
太古遺音　　　　　3596
太函集　　　　　5955
太和堂集　　　　　5827
太湖備考　　　　　2411
太極辨　　　　　2952
太極集註　　　　　2935
太極解拾遺　　　　2938
太極圖分解　　　　2933
太極圖說論　　　　2935
太極圖說述解　　　2843
太極圖說遺議　　　3034
太極圖說註解　　　2936
太極繹義　　　　　2937
太姥志　　　　　2431
太廟敕議　　　　　2625
太平廣記　　　　　4487
太平寰宇記　　　　2169
太平惠民和劑局方　指南總論　3177
太平金鏡策　　　　5770

太平經國之書	567	泰泉鄉禮	671
太平清話	4538	泰山道里記	2455
太平三書	2440	泰山紀勝	2494
太平御覽	4220	泰山紀事	2433
太平治蹟統類前集	1694	泰山蒐玉	6528
太僕寺志	2539	泰西水法	3134
太清神鑑	3408	泰州志	2381
太史華句	2111		
太史史例	2790	**談**	
太藪外史	3939	談兵髓	3104
太素脈法	3486	談經	1036
太微經	3426	談龍錄	6705
太學典祀彙考	2073	談藪	4511
太陽太陰通軌	3346	談往	1784
太醫局程文	3183	談諧	4578
太乙成書	3478	談藝錄	5610
太乙遁甲專征賦	3480	談資	4126
太乙金鏡式經	3410	談纂	4560
太乙詩集	5949		
太乙統宗寶鑑	3477	**檀**	
太元本旨	3358	檀弓叢訓	714
太元別訓	3418	檀弓輯註	719
太元經	3356	檀弓論文	735
太岳集	5951	檀弓評	726
太岳太和山志	2430	檀弓述註	719
太岳雜著	4045	檀弓通	723
太嶽太和山紀略	2454	檀弓疑問	645
太宗文皇帝聖訓	1792	檀弓原	721
太祖高皇帝聖訓	1791	檀几叢書	4200
		檀雪齋集	6066
泰		檀園集	5664
泰昌日錄	1776	**譚**	
泰定養生主論	3246		
泰泉集	5621	譚藏用詩集　集外詩	5731

譚概　　　　　　　4142

譚樵海集　　　　　5895

譚襄敏奏議　　　　1817

譚友夏合集　　　　6067

譚苑醍醐　　　　　3772

譚子雕蟲　　　　　4075

譚子詩歸　　　　　6068

坦

坦菴詞　　　　　　6776

坦菴文集　　　　　5793

坦齋通編　　　　　3767

坦齋文集　　　　　5786

湯

湯品　　　　　　　3681

湯潛菴文集節要　　6128

湯液本草　　　　　3200

湯子遺書　　　　　5681

唐

唐百家詩選　　　　6321

唐碑帖跋　　　　　2738

唐才子傳　　　　　1900

唐昌玉蘂辨證　　　3687

唐朝名畫錄　　　　3499

唐詞紀　　　　　　6853

唐大詔令集　　　　1797

唐風集　　　　　　4851

唐宮閨詩　　　　　6597

唐國史補　　　　　4367

唐會要　　　　　　2555

唐集輯要　　　　　3937

唐紀　　　　　　　1664

唐鑑　　　　　　　2751

唐鑑偶評　　　　　2812

唐句分韻初集　　二集　　續集　　四集

　　　　　　　　　4360

唐開元占經　　　　3377

唐樂府　　　　　　6571

唐類函　　　　　　4329

唐六典　　　　　　2512

唐律疏義　　　　　2610

唐律文明法會要錄　3122

唐闕史　　　　　　4481

唐人萬首絕句選　　6447

唐僧宏秀集　　　　6346

唐詩鼓吹　　　　　6367

唐詩鼓吹箋註　　　6471

唐詩廣選　　　　　6590

唐詩畫譜　　　　　3587

唐詩紀　　　　　　6540

唐詩紀事　　　　　6670

唐詩解　　　　　　6579

唐詩近體集韻　　　6589

唐詩鏡　　　　　　6426

唐詩叩彈集　　續集　6624

唐詩類苑　　　　　6536

唐詩品彙　　拾遺　　6391

唐詩說　　　　　　6473

唐詩所　　　　　　6548

唐詩談叢　　　　　6743

唐詩選　　　　　　6524

唐詩選脈會通評林　6574

唐詩掞藻　　　　　6619

唐詩韻彙　　　　　6588

唐史論斷　　　　　2752

唐氏三先生集　　　6493
唐氏遺編　　　　　2942
唐書直筆　　　　　2753
唐四家詩　　　　　6626
唐四僧詩　　　　　6305
唐宋八大家文鈔　　6410
唐宋詩醇　　　　　6440
唐宋十大家全集錄　6622
唐宋文醇　　　　　6439
唐宋元名表　　　　6407
唐文粹　　　　　　6316
唐文鑑　　　　　　6502
唐賢三昧集　　　　6446
唐雅　　　　　　　6536
唐音　　　　　　　6380
唐音癸籤　　　　　6699
唐音戊籤　　閏餘　6556
唐英歌詩　　　　　4849
唐愚士詩　　　　　5532
唐餘紀傳　　　　　2148
唐語林　　　　　　4421
唐御覽詩　　　　　6299
唐韻考　　　　　　1344
唐韻正　　　　　　1341
唐摭言　　　　　　4382
唐子西集　　　　　5006
唐子西文錄　　　　6716

棠

棠湖詩槀　　　　　5754
棠陵集　　　　　　5870
棠陰比事　　　　　3116

糖

糖霜譜　　　　　　3640

倘

倘湖樵書　　　　　　4152

韜

韜光菴紀遊集　　　　6632

逃

逃禪詞　　　　　　　6785
逃虛子集　類槀補遺　5795

桃

桃谷遺槀　　　　　　5876
桃花源集　　　　　　6467
桃花源集　　　　　　6533
桃谿淨槀　　　　　　5823

陶

陶菴全集　　　　　　5674
陶山集　　　　　　　4971
陶詩彙註　　　　　　5716
陶詩箋　　　　　　　5716
陶詩析義　　　　　　5715
陶韋合集　　　　　　6566
陶學士集　　　　　　5477
陶淵明集　　　　　　4730
陶朱新錄　　　　　　4490
陶莊敏集　　　　　　5847

滕

滕王閣集　　　　　　6512
滕王閣集　續集　　　6602

滕王閣續集　　　　6581

藤

藤陰劄記　　　　3011

梯

梯青集　　　　6265
梯仙閣餘課　　　　6255

題

題畫詩　　　　6435

體

體獨私鈔　　　　3030

天

天步真原　　　　3305
天池草　　　　5982
天池祕集　　　　4131
天廚禁臠　　　　6714
天廚聚珍妙饌集　　　　3686
天地閒集　　　　5281
天都閣藏書　　　　4192
天都載　　　　4057
天發神讖碑釋文　　　　2741
天方典禮擇要解　　　　3989
天府廣記　　　　2480
天官翼　　　　3350
天漢全占　　　　3442
天華山房祕藏玉杵臼　　　　4344
天潢玉牒　　　　1652
天機素書　　　　3446
天鑒錄　　　　2038

天經或問後集　　　　3350
天經或問前集　　　　3304
天籟集　　　　6562
天籟集　　　　6812
天理主敬圖　　　　3042
天祿閣外史　　　　3915
天祿琳琅書目　　　　2682
天祿識餘　　　　4016
天馬山房遺槀　　　　5623
天門詩集　　　　6281
天門文集　　　　6281
天目山堂集　　　　5960
天目山齋歲編　　　　5939
天目山志　　　　2435
天目游記　　　　2492
天彭牡丹譜　　　　3687
天啟贛州府志　　　　2374
天啟宮中詞　　　　6071
天然窮源字韻　　　　1388
天山草堂存槀　　　　5935
天順日錄　　　　1735
天台前集　前集別編　續集　續集別
　編　　　　6343
天台山方外志　　　　2434
天台山志　　　　2422
天台詩選　　　　6588
天台縣志　　　　2381
天童寺集　　　　2463
天外談　　　　6173
天文大成管窺輯要　　　　3444
天文鬼料竅　　　　3436
天文精義賦　　　　3344
天文祕略　　　　3438
天文書　　　　3441

天文諸占　　　　　3443
天文主管　　　　　3436
天問補註　　　　　4715
天問略　　　　　　3292
天問天對解　　　　4712
天下金石志　　　　2740
天下郡國利病書　　2343
天下名山記鈔　　　2494
天下名山諸勝一覽記　2489
天下同文集　　　　6374
天香閣詩集　　　　6282
天香樓偶得　　　　4013
天心復要　　　　　3345
天學初函　　　　　4187
天學會通　　　　　3306
天延閣詩前集　後集　6135
天隱子　　　　　　4649
天隱子遺槀　　　　5986
天玉經内傳　外編　3383
天玉經外傳　四十八局圖　3447
天原發微　　　　　3371
天遠樓集　　　　　6008
天中記　　　　　　4260
天中景行集　　　　2060
天主實義　　　　　3971

田

田表聖奏議　　　　1830
田間詩學　　　　　494
田間易學　　　　　140
田居槀　　　　　　6022
田居乙記　　　　　4140
田叔禾集　　　　　5910
田子藝集　　　　　5998

恬

恬志堂詩話　　　　6739

甜

甜雪齋集　　　　　6063

填

填詞名解　　　　　6859
填詞圖譜　續集　　6861

蜩

蜩笑偶言　　　　　4035

眺

眺秋樓詩　　　　　6212

鐵

鐵菴集　　　　　　5219
鐵立文起　　　　　6752
鐵廬集　外集　後錄　5700
鐵牛翁遺槀　　　　5282
鐵圍山叢談　　　　4415
鐵崖古樂府　　　　5465
鐵崖樂府補　　　　5465
鐵冶志　　　　　　2646

桯

桯史　　　　　　　4438

聽

聽潮居存業　　　　4083

聽心齋客問　　　3969

聽雨紀談　　　4036

庭

庭幃雜錄　　　3951

庭聞州世說　　　4542

庭訓格言　　　2914

停

停驂錄　續錄　　　4038

梃

梃擊始末　　　1775

通

通漕類編　　　2654

通典　　　2552

通惠河志　　　2394

通鑑博論　　　2781

通鑑答問　　　2762

通鑑大感應錄　　　2808

通鑑地理通釋　　　1533

通鑑綱目　　　2767

通鑑綱目測海　　　1575

通鑑綱目舉要　　　2767

通鑑綱目前編　　　1578

通鑑綱目前編　　　1580

通鑑綱目前編　　　2767

通鑑綱目三編　　　1568

通鑑綱目釋地糾繆　補注　　　1577

通鑑綱目外紀　　　2767

通鑑綱目續編　　　2767

通鑑胡注舉正　　　1532

通鑑輯覽　　　1567

通鑑紀事本末　　　1591

通鑑前編　舉要　　　1560

通鑑釋例　　　1535

通鑑外紀　　　1537

通鑑問疑　　　2754

通鑑續編　　　1562

通鑑總類　　　2101

通鑑總論　　　2777

通書捷徑　　　3483

通書解拾遺　後錄　　　2938

通書述解　　　2843

通書問　　　2936

通書繹義　　　2937

通祀輯略　　　2621

通雅　　　3779

通言　　　2942

通元〔玄〕觀志　　　2468

通占大象曆星經　　　3435

通志　　　1629

通志堂集　　　6185

通州志　　　2375

同

同春堂遺槀　　　5942

同歸集　　　4169

同人傳　　　4355

同人集　　　6596

同時尚論錄　　　6584

同文備考　　　1363

同文館唱和詩　　　6319

同文算指前編　通編　　　3332

同文韻統　　　1334

同姓名錄　　　4353

同姓名錄　錄補　　　4259
同異錄　　　　　　　2964

彤

彤管新編　　　　　　6536

桐

桐村詩　　　　　　　6242
桐江續集　　　　　　5318
桐乳齋詩集　　　　　6246
桐山老農文集　　　　5450
桐山詩集　　　　　　5811
桐彝　　　　　　　　2021
桐陰舊話　　　　　　1990
桐陰書屋集　　　　　6258
桐嶼集　　　　　　　5794

童

童蒙習句　　　　　　1359
童蒙訓　　　　　　　2854
童溪易傳　　　　　　62
童子鳴集　　　　　　5988
童子問　　　　　　　3062

銅

銅劍贊　　　　　　　3660
銅馬編　　　　　　　6053
銅人鍼灸經　　　　　3162

投

投轄錄　　　　　　　4429

突

突星閣詩鈔　　　　　6160

涂

涂水集　　　　　　　5871
涂子一杯水　　　　　6073

圖

圖卦憶言　　　　　　219
圖畫見聞志　　　　　3508
圖繪寶鑒　續編　　　3532
圖書編　　　　　　　4261
圖書辨惑　　　　　　142
圖書合解　　　　　　267
圖書紀愚　　　　　　199
圖書祕典一隅解　　　3987
圖書衍　　　　　　　1146
圖書質疑　　　　　　204
圖易定本　　　　　　280
圖註脈訣　附方　　　3241
圖註難經　　　　　　3238
圖註水陸路程途　　　2341

土

土官底簿　　　　　　2524

兔

兔園草　　　　　　　5987

推

推篷寤語　餘錄　　　3942
推求師意　　　　　　3208
推易始末　　　　　　145

退

退菴集　　　　　　　6124

退菴遺槁　　　　5791

退谷詩集　　　　6230

退谷文集　　　　6230

蛻

蛻菴集　　　　5417

蛻巖詞　　　　6813

託

託素齋集　　　　6138

唾

唾居隨錄　　　　3987

瓦

瓦缶集　　　　6236

襪

襪線集　　　　5803

外

外科精義　　　　3205

外科理例　附方　　　3213

外戚事鑒　　　　4118

外臺祕要　　　　3158

外制集　　　　5943

丸

丸經　　　　3605

完

完菴詩集　　　　5812

完玉堂詩集　　　　6116

玩

玩芳堂摘槁　　　　5910

玩畫齋雜著編　　　6059

玩鹿亭槁　　　　5890

玩梅亭詩集　　　　6072

玩易微言摘鈔　　　233

玩易意見　　　　198

玩齋集拾遺　　　　5426

紈

紈綺集　　　　5981

宛

宛陵集　　　　4919

宛陵群英集　　　　6377

宛邱〔丘〕集　　　4961

宛雅　　　　6582

宛雅三編　　　　6582

晚

晚簾集　　　　6156

晚晴樓詩草　　　　6266

晚樹樓詩槁　　　　6198

晚唐詩鈔　　　　6639

晚聞篇　　　　3986

菀

菀青集　　　　6223

萬

萬古法程　　　　2634

萬卷菁華前集　後集　續集　4290
萬里海防圖説　2416
萬曆德州志　2375
萬曆廣東通志　2370
萬曆衡州府志　2374
萬曆湖廣總志　2369
萬曆濟寧州志　2377
萬曆嘉定縣志　2380
萬曆江都縣志　2373
萬曆開封府志　2368
萬曆饒州府志　2378
萬曆容城縣志　2380
萬曆四川總志　2371
萬曆溫州府志　2382
萬曆襄陽府志　2382
萬曆信陽州志　2378
萬曆嚴州府志　2380
萬曆應天府志　2375
萬曆餘杭縣志　2381
萬柳溪邊舊話　1991
萬年統紀　4343
萬青閣全集　6131
萬青樓詩文殘編　6269
萬青樓圖編　3352
萬山樓詩集　6131
萬氏家鈔濟世良方　3252
萬世太平書　3986
萬世玉衡錄　3034
萬首唐人絕句詩　6334
萬壽盛典　2593
萬壽仙書　4700
萬姓統譜　4256
萬子迂談　5944

汪

汪次公集　5956
汪山人集　5986
汪水雲詩鈔　5761
汪遺民詩　6060
汪禹乂詩集　6015
汪直傳　2099

王

王常宗集　補遺　續補遺　5492
王端毅公奏議　1808
王端毅文集　5816
王奉常集　5977
王鳳林詩集　5905
王鳳林文集　5905
王艮齋集　6252
王恭毅駁稾　3123
王冠九文集　6082
王國典禮　2629
王介菴奏稾　1833
王荊公詩註　4939
王劉異同　3031
王魯公詩鈔　5773
王門宗旨　2990
王山遺響　2495
王舍人詩集　5545
王石和文集　6229
王氏存笥稾　5934
王氏二書選要　3970
王氏家藏集　5852
王氏書苑　3581
王氏談錄　3807
王氏雜記　4568

王世周集	5988	望崖錄	3949	
王侍御集	5926	望雲集	5510	
王司馬集	4815			
王太傅集	5817	**危**		
王天游集	5793			
王魏公集	4922	危學士全集	5785	
王文成集傳本	1982			
王文成全書	5603	**微**		
王文端集	6007	微言	3960	
王文端奏疏	1846			
王文靖集	6121	**薇**		
王文肅集	5817			
王文肅集	5978	薇香集	6266	
王文肅奏草	1844	**為**		
王文正筆錄	4394			
王文正公遺事	1945	為臣不易編	2044	
王文忠集	5375	為善陰騭	4121	
王襄敏集　續集	5817	為政第一編	2550	
王謝世家	2048	**韋**		
王學質疑	3032			
王炎詩	5745	韋蘇州集	4779	
王陽明集	5848	韋弦佩	3968	
王巳山文集　別集	6250	韋弦自佩錄	4159	
王右丞集箋註	4766	韋齋集	5051	
王制考	4302	**唯**		
王忠文公集	5479			
王著作集	5064	唯室集	5091	
王註正譌	4946	**惟**		
王子安集	4746			
網		惟實集　外集	5376	
網山集	5116	**圍**		
望		圍徑真旨	3354	
望溪集	5709	圍鑪詩話	6750	

維

維揚巡幸記　　　　1712
維禎錄　　　　1750

偽

偽豫傳　　　　2098

葦

葦航漫遊橐　　　　5267

緯

緯略　　　　3751
緯略類編　　　　4011
緯譚　　　　3348
緯蕭草堂詩　　　　6140
緯蕭草堂詩　　　　6226

未

未軒文集　補遺　　　　5579
未齋集　　　　5855

畏

畏菴集　　　　5811
畏壘筆記　　　　4017
畏壘山人詩集　　　　6224
畏齋集　　　　5351

尉

尉繚子　　　　3069

渭

渭南文集　逸橐　　　　5156

渭厓文集　　　　5879

衛

衛濟寶書　　　　3180
衛生集　　　　3252
衛生十全方　　　　3179
衛陽集　　　　5979

魏

魏書　　　　1477
魏鄭公諫錄　　　　1869
魏鄭公諫續錄　　　　1876

温

温處海防圖略　　　　2417
温飛卿集箋註　　　　4832
温公年譜　　　　1973
温公易説　　　　24
温恭毅公集　　　　5648
温氏母訓　　　　2910

瘟

瘟疫論　補遺　　　　3222

文

文安策略　　　　4300
文安集　　　　5386
文編　　　　6401
文昌雜錄　　　　3807
文定集　　　　5087
文端集　　　　5693
文房四譜　　　　3618
文府滑稽　　　　6545

文公先生經世大訓	2961	文信公集杜詩	5259
文恭集　補遺	4884	文選補遺	6358
文海披沙	4063	文選錦字	4310
文翰類選大成	6498	文選句圖	6458
文會堂琴譜	3594	文選類林	4280
文潔集	6012	文選雙字類要	4279
文恪集	5953	文選顏鮑謝詩評	6289
文儷	6562	文選音義	6462
文脈	6734	文選尤	6460
文廟從祀先賢先儒考	2635	文選瀹註	6460
文敏遺集	6054	文選章句	6459
文奇豹斑	4337	文選註	6285
文起堂集	5981	文選纂註	6458
文泉子集	4835	文雅社約	3950
文筌附詩小譜	6726	文毅集	5543
文山集	5258	文竿彙雋	4334
文氏五家詩	6408	文淵閣書目	2680
文說	6692	文園漫語	3970
文蕭集	5930	文苑春秋	6504
文太青文集	6052	文苑春秋敘錄	2727
文壇列俎	6572	文苑彙雋	4341
文體明辨	6527	文苑四先生集	3671
文通	6742	文苑英華	6311
文溫州集	5828	文苑英華辨證	6314
文武金鏡律例指南	2548	文苑英華鈔	4111
文嘻堂詩集	6077	文韻考衷六聲會編	1413
文谿詞	6843	文則	6677
文谿存藁	5238	文齋文集	6078
文獻通考	2563	文章鼻祖	6625
文獻通考節貫	4358	文章辨體　外集	6485
文襄公別錄	6125	文章辨體彙選	6424
文襄公奏疏附年譜	1854	文章表錄	6519
文心雕龍	6642	文章軌範	6355
文心雕龍輯註	6644	文章精義	6685

文章類選　6483

文章善戲　4579

文章緒論　6526

文章緣起　6647

文章正論　6526

文章正宗　續集　6341

文章指南　6532

文正集　別集　補編　4887

文致　6583

文忠集　4932

文忠集　5112

文莊集　4878

文子　4633

文子纘義　4634

文字會寶　6588

文字審　1394

文瓊清娛　6558

聞

聞過齋集　5438

聞見後錄　4435

聞見集　4545

聞見近錄　4407

聞見類纂小史　4122

聞見錄　4570

聞見前錄　4431

聞雁齋筆談　4054

聞鐘集　4169

汶

汶陽端平詩雋　5262

問

問辨牘　3957

問辨錄　1104

問奇集　1368

問水集　2393

問羲軒詩鈔　6272

問學錄　3031

甕

甕牖閑評　3751

倭

倭患考原　1769

倭情考略　3099

臥

臥象山房集　6191

臥遊錄　4109

握

握機經　3085

握機經解　3085

握機緯　3085

握奇經　3064

烏

烏臺詩案　2078

烏衣香牒　3699

无

无上祕要　4679

吳

吳草廬文鈔　5769

吳船錄　　　　　　　　1923
吳地記附後集　　　　　2269
吳都法乘　　　　　　　4609
吳都文粹　　　　　　　6353
吳都文粹續集　補遺　　6411
吳季野遺集　　　　　　6160
吳繼疏集　　　　　　　6034
吳江水利考　　　　　　2397
吳郡丹青志　　　　　　3582
吳郡圖經續記　　　　　2178
吳郡志　　　　　　　　2182
吳山鷇音　　　　　　　6149
吳社編　　　　　　　　4529
吳氏詩話　　　　　　　6722
吳侍御奏疏　　　　　　1852
吳疏山集　　　　　　　1965
吳淞甲乙倭變志　　　　1773
吳文端集　　　　　　　5843
吳文肅公摘藁　　　　　5589
吳文正集　　　　　　　5336
吳下冢墓遺文　　　　　2736
吳興備志　　　　　　　2211
吳興絕唱集　續集　　　6513
吳興名賢續錄　　　　　2021
吳興藝文補　　　　　　6587
吳興掌故集　　　　　　2362
吳邑志　　　　　　　　2352
吳園易解　　　　　　　　30
吳越備史　補遺　　　　2139
吳越春秋　　　　　　　2119
吳越紀餘附雜吟　　　　2149
吳越錢氏傳芳集　　　　6538
吳越世家疑辨　　　　　2151
吳越順存集　外集　　　2065

吳越游　　　　　　　　5989
吳越遊藁　　　　　　　6540
吳中故實記　續記　補遺　2000
吳中金石新編　　　　　2709
吳中舊事　　　　　　　2306
吳中人物志　　　　　　2027
吳中水利書　　　　　　2236
吳中水利書　　　　　　2249
吳中水利通志　　　　　2397
吳中往哲記　　　　　　1999
吳竹坡詩集　　　　　　5810
吳竹坡文集　　　　　　5810
吳子　　　　　　　　　3068

吾

吾好遺藁　　　　　　　6162
吾廬遺書　　　　　　　6231
吾汶藁　　　　　　　　5297
吾吾類藁　　　　　　　5448
吾野漫筆　　　　　　　5985
吾野詩集　　　　　　　6062
吾友于齋詩鈔　　　　　6247

梧

梧岡集　　　　　　　　5554
梧江雜詠　　　　　　　6262
梧谿集　　　　　　　　5448

浯

浯溪考　　　　　　　　2443
浯溪詩文集　　　　　　6519

無

無悔齋集　　　　　　　6258

無能子	4650
無甚高論	3957
無聲詩史	3589
無事編	4164
無為集	4921
無聞堂稾	5949
無錫縣志	2205
無欲齋詩鈔	6054
無冤錄	3121
無住詞	6778

蕪

蕪園詩集	6072

五

五百家播芳大全文粹	6339
五百家註音辨昌黎先生文集	4793
五百家註音辨柳先生文集　外集　新編外集	4798
五曹算經	3319
五車霏玉	4303
五車韻瑞	4337
五代春秋	1573
五代會要	2556
五代名畫補遺	3504
五代詩話	6708
五代詩話	6749
五代史補	1689
五代史防截	2810
五代史記纂誤	1498
五代史闕文	1688
五代史志疑	1517
五燈會元	4600
五方元音	1431

五峯集	5078
五峯集	5418
五服集證	710
五誥解	351
五公山人集	6102
五國故事	2135
五侯鯖	4334
五侯鯖字海	1371
五華纂訂四書大全	1160
五經辨譌	1042
五經讀	1039
五經圭約	1039
五經稽疑	1004
五經類編	4355
五經蠡測	1001
五經説	999
五經算術	3322
五經堂文集　語錄	6177
五經圖	1029
五經文字	1265
五經心義	1031
五經異文	1032
五經翼	1041
五經繹	1032
五經字學考	1391
五經總類	4338
五經纂註	1037
五禮通考	666
五倫詩	6482
五倫懿範	3989
五木經	3604
五鵲別集	5948
五色線	4557
五十輔臣編年錄殘本	2056

五十家唐詩　　　　　　　6517
五星考　　　　　　　　　3472
五星要錄　　　　　　　　3467
五行類事占徵驗　　　　　3483
五行類應　　　　　　　　3484
五曜源流　　　　　　　　3471
五音集韻　　　　　　　　1321
五岳游草　　　　　　　　2490
五嶽山人集　　　　　　　5920
五子纂圖互註　　　　　　4179
五總志　　　　　　　　　3830

午

午亭集　　　　　　　　　6149
午亭文編　　　　　　　　5688
午谿集　　　　　　　　　5422

武

武備新書　　　　　　　　3100
武備志略　　　　　　　　3106
武編　　　　　　　　　　3079
武功集　　　　　　　　　5560
武功縣志　　　　　　　　2208
武侯全書　　　　　　　　1969
武經體註大全會解　　　　3089
武經總要　　　　　　　　3075
武林梵志　　　　　　　　2283
武林舊事　　　　　　　　2304
武林西湖高僧事略　　　　4606
武林志餘　　　　　　　　2469
武谿集　　　　　　　　　4885
武夷九曲志　　　　　　　2453
武夷山詩集　　　　　　　6474
武夷山志　　　　　　　　2422

武夷山志略　　　　　　　2428
武夷新集　　　　　　　　4873
武夷遊詠　　　　　　　　6518
武英殿聚珍版程式　　　　2614
武宗外紀　　　　　　　　1788

舞

舞志　　　　　　　　　　1212

兀

兀涯西漢書議　　　　　　2785

勿

勿菴曆算書記　　　　　　3310
勿軒集　　　　　　　　　5285
勿齋集　　　　　　　　　5255

戊

戊申立春考證　　　　　　3347

物

物類相感志　　　　　　　4098
物類相感志　　　　　　　4099
物理小識　　　　　　　　3879
物異考　　　　　　　　　4124
物原　　　　　　　　　　4303

悟

悟真篇註解　　　　　　　4693
悟真篇註疏　　直指詳說　4653

婺

婺賢文軌拾遺　　　　　　6508

西

西菴集	5508
西陂類稾	5699
西北文集	6117
西曹秋思	6576
西槎彙草	2666
西滕集	5250
西疇常言	3919
西疇日鈔	3008
西邨詩集　補遺	5623
西村集	5592
西村省己錄	2956
西瀆大河志	2401
西渡集　補遺	5020
西番事蹟	3094
西方要紀	2508
西峯淡話	4538
西峯字説	4064
西漢會要	2561
西漢年紀	1553
西漢文紀	6417
西河文集	5693
西湖八社詩帖	6531
西湖百詠	5289
西湖繁勝錄	2472
西湖覽勝志	2456
西湖夢尋	2447
西湖遊覽志　志餘	2264
西湖志四	2454
西湖志纂	2267
西澗草堂集	6276
西澗初集	6187
西澗文集	5806

西郊笑端集	5511
西晉文紀	6418
西京雜記	4362
西崑酬唱集	6317
西崑發微	5728
西樓集	6037
西銘解拾遺　後錄	2938
西銘述解	2843
西銘問答	6080
西南紀事	1762
西寧志	2384
西圃叢辨	4019
西遷注	2086
西樵野記	4561
西樵遺稾	5860
西樵語業	6792
西樵志	2453
西琴曲意	3972
西清古鑑	3616
西清硯譜	3623
西儒耳目資	1410
西山集	6124
西山類稾	5823
西山羣仙會真記	4675
西山日記	4533
西山文集	5198
西使記	1926
西事珥	2475
西墅集	5799
西臺集	4988
西臺漫記	4531
西臺慟哭記註	5281
西臺奏議	1855
西塘集	4975

西田語略　續集　　　　　2979
西吳里語　　　　　　　　4529
西溪叢語　　　　　　　　3746
西溪易説　　　　　　　　　64
西谿百詠　　　　　　　　6085
西谿集　　　　　　　　　4912
西夏事略　　　　　　　　2147
西行草　　　　　　　　　3963
西軒效唐集錄　　　　　　5838
西學凡附錄唐大秦寺碑　　3973
西巡類槀　　　　　　　　5839
西巖集　　　　　　　　　5191
西巖集　　　　　　　　　5367
西洋朝貢典錄　　　　　　2504
西洋番國志　　　　　　　2501
西野遺槀　　　　　　　　5930
西隱集　　　　　　　　　5478
西域同文志　　　　　　　1299
西元〔玄〕集　　　　　　5886
西原遺書　　　　　　　　5879
西原遺書　　　　　　　　3932
西園遺槀　　　　　　　　6590
西粤對問　　　　　　　　2486
西嶽神祠事錄　　　　　　2458
西征道里記　　　　　　　2077
西征集　　　　　　　　　5832
西征記　　　　　　　　　2076

希

希澹園詩　　　　　　　　5527
希賢錄　　　　　　　　　2059
希賢錄　　　　　　　　　4166
希姓補　　　　　　　　　4347

析

析酲漫錄　　　　　　　　4008
析疑待正　　　　　　　　4087

奚

奚囊蠹餘　　　　　　　　5931
奚囊手鏡　　　　　　　　4122

息

息廬詩　　　　　　　　　6218
息園存槀詩　文　　　　　5598
息齋藏書　　　　　　　　3981

晞

晞髮集　　　　　　　　　5281
晞髮遺集　遺集補　　　　5281

惜

惜香樂府　　　　　　　　6802
惜陰錄　　　　　　　　　3931

犀

犀崖文集　　　　　　　　6092

溪

溪蠻叢笑　　　　　　　　2324
溪山琴況　　　　　　　　3597
溪山堂草　　　　　　　　6007
溪堂詞　　　　　　　　　6767
溪堂麗宿集　　　　　　　4196

熙

熙朝名臣實錄　　　　　2033

歙

歙硯説　　　　　3620
歙硯志　　　　　3671
歙州硯譜　　　　　3619

羲

羲畫憤參　　　　　270
羲經十一翼　　　　　224

錫

錫山宦賢考略　　　　　2065
錫山景物略　　　　　2439

蟋

蟋蟀軒草　　　　　6047

谿

谿山餘話　　　　　4524
谿堂集　　　　　4991
谿田文集　　補遺　　　　　5879

席

席上腐談　　　　　4656

習

習學記言　　　　　3726

洗

洗海近事　　　　　1755

洗心居雅言集　　　　　2791
洗心齋讀易述　　　　　122
洗冤錄　　　　　3120

璽

璽召錄　　　　　2090

褉

褉帖綜聞　　　　　2740

戲

戲瑕　　　　　4006

狎

狎鷗子摘槀　　　　　5981

峽

峽川志　　　　　2456
峽山神異記　　　　　4557
峽石山水志　　　　　2454
峽雲閣存草　　　　　6048

轄

轄圜窩雜著　　　　　3935

霞

霞城集　　　　　5861
霞海篇　　　　　5921
霞外詩集　　　　　5366
霞外雜俎　　　　　4691
霞外麈談　　　　　4137
霞園詩集　　　　　6150

霞園文集	6151
霞舟易箋	254

下

下陴紀談	4522
下學編	3057
下學堂劄記	3027

夏

夏侯陽算經	3320
夏小正戴氏傳	651
夏小正詁	739
夏小正解	737
夏小正註	738
夏忠靖集	5551
夏忠靖遺事	1964

仙

仙都山志	2426
仙都志	2422
仙佛奇蹤	4566
仙巖志	2427
仙愚館雜帖	4069
仙苑編珠	4676

先

先撥志始	1782
先進遺風	4454
先聖大訓	2880
先天易貫	296
先醒齋廣筆記	3219

弦

弦索辨譌	6865

咸

咸賓錄	2508
咸淳臨安志	2197
咸淳遺事	1695
咸平集	4866
咸齋文鈔	6220

閒

閒博錄	4115
閒窗括異志	4558
閒居草	6146
閒居叢稾	5394
閒居集	5917
閒居錄	3868
閒適劇談	3940
閒雲館集鈔	6008
閒者軒帖考	2741

閑

閑道錄	3000
閑道錄	3026
閑家編	4174
閑家類纂	4177
閑闢錄	2967

賢

賢識錄	4526

顯

顯忠錄	5536

峴

峴泉集	5531

岷山志 2437

現

現果隨錄 4610

憲

憲世編 2988
憲章錄 1582

獻

獻忱集 1843
獻醜集 5757
獻徵錄 2033

相

相山集 5043
相掌金龜卦 3466

香

香案牘 4695
香草居集 6195
香乘 3629
香國 3675
香奩四友傳 4583
香譜 3628
香譜 3629
香山集 5121
香山九老詩 6294
香山詩鈔 5727
香溪集 5094
香屑集 5710
香雪林集 3689
香域内外集 6264

香祖筆記 3882

鄉

鄉黨圖考 1118
鄉射禮儀節 764

湘

湘臯集 5837
湘湖水利志 2409
湘山野錄 續錄 4409
湘山志 2451
湘煙錄 4151

襄

襄陵集 4999
襄敏集 5876
襄陽守城錄 1718
襄陽外編 1972
襄陽遺集 5742
襄毅文集 5561

祥

祥符文獻志 2012
祥符鄉賢傳 2012
祥刑要覽 3123

詳

詳注東萊左氏博議 815

象

象山集 外集 語錄 5140
象臺首末 1874

象緯彙編　　　　　　3346
象緯全書　　　　　　3440

項

項氏家説　　　　　　2879

像

像鈔　　　　　　　　229
像象管見　　　　　　123

橡

橡村集　　　　　　　6247

宵

宵練匣　　　　　　　3954

消

消閒錄　　　　　　　3006

逍

逍遙集　　　　　　　4867
逍遙園集　　　　　　5980

銷

銷夏　　　　　　　　4154
銷夏補　　　　　　　4155
銷夏再　　　　　　　4155

蕭

蕭茂挺文集　　　　　4782
蕭山水利書初集　續集　三集　附集
　　　　　　　　　　2411

蕭山縣志刊誤　　　　2386
蕭氏世集　　　　　　6595
蕭亭詩選　　　　　　6161

蟂

蟂磯山志　　　　　　2448

瀟

瀟湘聽雨錄　　　　　4094

簫

簫韶考逸　　　　　　1210

洨

洨濱集　　　　　　　5919
洨濱語錄　　　　　　2977

小

小辨齋偶存　　　　　5656
小草齋槀　　　　　　6038
小窗自紀　豔紀　清紀　別紀　4586
小兒衛生總微論方　　3175
小爾雅　　　　　　　1348
小孤山詩集　　　　　6553
小海存槀　　　　　　5948
小亨集　　　　　　　5341
小匡文鈔　　　　　　6113
小蘭陔集　　　　　　6242
小名錄　　　　　　　4216
小鳴槀　　　　　　　5593
小山草　　　　　　　6033
小山詞　　　　　　　6764
小山畫譜　　　　　　3559

小山類稾	5619
小山全稾	6254
小史摘鈔	1734
小司馬奏草	1845
小心齋劄記	2992
小畜集	4871
小畜外集	4871
小學分節	2944
小學紺珠	4247
小學稽業	3041
小學集解	2943
小學集解	2943
小學集解	2944
小學集註	2863
小學句讀記	2945
小學史斷　續集	2777
小學纂註	2944
小瀛洲社詩	6585
小漁遺稾	5964
小字錄	4240

曉

曉菴新法	3302

孝

孝紀	1994
孝經	979
孝經本義	980
孝經大義	969
孝經定本	970
孝經集傳	972
孝經集講	976
孝經集解	977
孝經集解	979

孝經集靈	4565
孝經句解	975
孝經刊誤	968
孝經類解	978
孝經三本管窺	979
孝經述註	971
孝經通釋	981
孝經通義	980
孝經問	974
孝經詳説	978
孝經疑問	976
孝經章句	980
孝經正文　內傳　外傳	978
孝經正誤	975
孝經正義	964
孝經註義	977
孝經宗旨	976
孝詩	5253
孝史	2074
孝史類編	4172
孝友傳	2050

效

效顰集	4559

校

校補春秋集解緒餘	935
校補禮記纂言	733
校正淳化閣帖釋文	2714

笑

笑海叢珠	4576
笑門詩集	6282

笑苑千金	4579
笑拙墅橐	6060

嘯

嘯臺集	5804
嘯堂集古錄	3612
嘯餘譜	6860

邪

邪氛集	1776

協

協紀辨方書	3415

斜

斜川集	5742

絜

絜齋集	5142
絜齋家塾書鈔	352
絜齋毛詩經筵講義	471

諧

諧聲品字箋	1423
諧聲指南	1376
諧史	4578
諧史集	4585

謝

謝程山集	6107
謝耳伯詩集	6064
謝耳伯文集	6064
謝皋羽年譜	1979
謝華啟秀	4301
謝山存橐	5982
謝宣城集	4734

蟹

蟹略	3657
蟹譜	3656

心

心傳錄	3916
心經	2877
心經附註	2950
心鏡編	4178
心泉集	5976
心泉學詩橐	5303
心史	5763
心書	3088
心性書	2965
心學錄	2969
心學宗	2986
心易	298
心印紺珠經	3253
心印正說	3043
心園書經知新	443
心園說	1051
心遠堂集	6077
心遠堂詩集	6119
心齋類編	1975
心齋約言	2975

辛

辛巳泣蘄錄	1720

欣

欣然堂集　　6158
欣賞編　　4124

新

新安文粹　　6492
新安文獻志　　6399
新安學系錄　　2004
新安志　　2183
新本白石山房槀　　5789
新本鄭氏周易　　5
新定九域志　　2338
新法算書　　3293
新婦譜　　3982
新河成疏　　2399
新河初議　　2394
新舊唐書雜論　　2783
新濬海鹽内河圖説　　2399
新劉河志　　2407
新書　　2824
新唐書　　1492
新唐書糾謬　　1493
新五代史記　　1496
新序　　2827
新儀象法要　　3280
新語　　2822

薪

薪櫨集　　6280
薪齋集　　6093

鐔

鐔津集　　4894

信

信古餘論　　2990
信天巢遺槀　　5185
信陽子卓錄　　3032
信徵錄　　4575

星

星經　　3341
星曆考原　　3414
星曆釋義　　3347
星命溯源　　3397
星命總括　　3402
星平會海　　3472
星象考　　3344
星學大成　　3403
星餘筆記　　2482
星占　　3441

惺

惺堂文集　　5967

興

興觀集　　6487
興善寺歷代名賢留題集　　6632

刑

刑法敘略　　3120
刑統賦　　3119

行

行邊紀聞　　1754

行年錄	4354
行水金鑑	2256
行素堂詩集	6152
行遠集	5860
行遠外集	5860

省

省括編	4140
省愆稾	5865
省愆集	5550
省心雜言	2855
省軒文鈔	6111
省齋集	5174

醒

醒後集　續集	6006

杏

杏村詩集	6160
杏東集	5878
杏花村志	2465
杏亭摘稾	5404

姓

姓彙	4306
姓氏急就篇	4248
姓氏譜	4351
姓氏譜纂	4323
姓觿	4306
姓源珠璣	4298

幸

幸趺草	6212

幸魯盛典	2592

性

性理備要	2954
性理辨義	3045
性理標題彙要	3004
性理鈔	2987
性理大全書	2894
性理大中	3029
性理會通　續編	3007
性理精義	2917
性理譜	3027
性理羣書集覽	2970
性理羣書句解	2883
性理三書圖解	3425
性理圖說	2987
性理析疑	3061
性理要解	2960
性理吟	5896
性理正宗	3037
性理字訓	2947
性理綜要	3003
性理纂要	3042
性靈稾	6059
性情集	5461
性善堂稾	5187
性圖	3017
性學吟	6157
性影集	6232

雄

雄雉齋選集	6230

熊

熊峯集	5590

熊南沙文集　　　　　　5917

熊學士詩文集　　　　　6126

修

修辭鑑衡　　　　　　　6693

修辭指南　　　　　　　4303

修潔齋閒筆　　　　　　4012

修齡要指　　　　　　　4690

修攘通考　　　　　　　2415

修史試筆　　　　　　　2070

修真捷徑　　　　　　　4686

秀

秀巖集　　　　　　　　6089

袖

袖珍小兒方　　　　　　3247

袖中錦　　　　　　　　4031

繡

繡佛齋草　　　　　　　6083

繡斧西征錄　　　　　　2089

盱

盱江集　年譜　外集　　4904

胥

胥臺集　　　　　　　　5908

虛

虛谷遺書　　　　　　　3050

虛籟集　　　　　　　　5969

虛齋集　　　　　　　　5586

虛齋三書　　　　　　　2961

虛齋先生遺集　　　　　5833

虛舟集　　　　　　　　5544

須

須谿集　　　　　　　　5265

須谿記鈔　　　　　　　5761

須谿四景詩集　　　　　5266

徐

徐都講詩　　　　　　　6194

徐海本末　　　　　　　2099

徐花潭集　　　　　　　6002

徐氏海隅集　　　　　　5964

徐氏珞琭子賦註　　　　3398

徐太拙詩槀　　　　　　6110

徐文長集　　　　　　　5992

徐文長逸槀　　　　　　5994

徐霞客遊記　　　　　　2318

徐仙翰藻　　　　　　　4689

徐孝穆集箋註　　　　　4742

徐陽溪集　　　　　　　5936

徐正字詩賦　　　　　　4852

許

許靈長集　　　　　　　6053

許魯齋考歲略　　　　　1955

許水部槀　　　　　　　5928

許鍾斗集　　　　　　　6044

旭

旭華堂文集　補遺　續編　6185

旭山集 6038

序

序芳園橐 5922

畜

畜德錄 2010
畜德錄 4170

敘

敘古頌 2779
敘天齋講義 3058

緒

緒山會語 2975

續

續安邱志 2384
續編兩朝綱目備要 1555
續表忠記 2060
續博物志 4502
續補侍兒小名錄 4285
續藏書 1656
續茶經 3636
續朝邑縣志 2370
續垂棘編三集 6613
續垂棘編四集 6613
續方言 1247
續高士傳 2062
續古今考 3759
續古今考 3998
續觀感錄 4123
續國雅 6542

續河南通志 2389
續後漢書 1639
續後漢書 1640
續畫品 3491
續畫品錄 3571
續畫腃 3585
續箋山房集略 3992
續金石錄 2745
續近思錄 3021
續近思錄 3036
續考古圖　釋文 3609
續刻麻姑山志 2431
續狂夫之言 3978
續困勉錄 1150
續列女傳 1880
續列女傳 2046
續呂氏家塾讀詩記 470
續孟子 2838
續閩小紀 2487
續名醫類案 3231
續奇賞 6576
續齊諧記 4473
續千文 1355
續三體唐詩 6619
續詩傳鳥名 501
續詩話 6653
續世說 4508
續書譜 3523
續說郛 4142
續宋編年資治通鑑 1552
續宋編年資治通鑑 1574
續宋宰輔編年錄 2544
續素問鈔 3236
續通典 2574

續通志 1644
續宛雅 6582
續韋齋易義虛裁 228
續文獻通考 2571
續文獻通考 4312
續文選 6558
續問辨牘 3957
續吳先賢贊 2018
續吳中往哲記 1999
續吳中往哲記補遺 1999
續仙傳 4651
續小學 3043
續刑法敘略 3125
續軒渠集 5369
續演繁露 3750
續姚江逸詩 6631
續夷堅志 4558
續幽怪錄 4550
續玉臺文苑 6586
續元〔玄〕怪錄 4551
續資治通鑑長編 1541
續自警編 4127

宣

宣德鼎彝譜 3615
宣和北苑貢茶錄 3635
宣和博古圖 3613
宣和奉使高麗圖經 2321
宣和畫譜 3517
宣和集古印史 3598
宣和論畫雜評 3573
宣和書譜 3519
宣明方論 3193
宣室志　補遺 4480

宣夜經 3348

璇

璇璣碎錦 6171
璇璣圖詩讀法 4731
璇璣遺述 3350

選

選聲集 6855
選詩定論 6461
選詩約註 6459
選擇集要 3483

薛

薛方山紀述 2980
薛氏醫案 3211
薛濤李冶詩集 6306
薛文介公文集 6047
薛文清集 5555
薛文清年譜 1971
薛文清行實錄 1962
薛子道論 2958
薛子庸語 2980

學

學案 3017
學蔀通辨 2981
學春秋隨筆 928
學道記言 3942
學典 2634
學笵 4120
學舫 3048
學宮備考 2640

學宮輯略 2074
學古編 3563
學古適用編 4143
學古堂詩集 6205
學古緒言 5662
學規類編 3037
學海類篇 4197
學記 769
學稼餘譚 6753
學科考略 2630
學孔精舍彙稾 5969
學禮闕疑 735
學禮質疑 656
學林 3747
學林就正 4005
學脈正編 3007
學圃蕙蘇 4126
學圃雜疏 3694
學詩闕疑 552
學史 2765
學仕要箴 4171
學術辨 3031
學統 2067
學統存 4175
學文堂集 6176
學問要編 3922
學校問 755
學言 2908
學言 3013
學言詩稾 5438
學易闡微 304
學易大象要參 307
學易集 4985
學易記 99

學易居筆錄 4032
學易舉隅 192
學易舉隅 222
學易述談 234
學易堂筆記 二筆 三筆 四筆 五
筆 4192
學易象數舉隅 198
學庸切己錄 1147
學庸正説 1106
學餘堂文集 詩集 外集 5682
學園集續編 6114
學源堂文集 6134
學約續編 3011
學齋佔畢 3763

雪

雪菴清史 4072
雪菴詩存 6172
雪窗詩 5861
雪牕集 5236
雪舫詩鈔 6257
雪航膚見 2782
雪鴻堂文集 6146
雪鴻堂文集 6221
雪鴻堂文集 6228
雪磯叢稾 5248
雪浪集 6065
雪樓集 5356
雪履齋筆記 3869
雪坡文集 5256
雪山集 5113
雪石堂詩草 6193
雪堂墨品 3673
雪溪集 5073

雪園詩集　　　　　　　6175
雪園易義　圖説　　　　251
雪洲文集　　　　　　　5833

塤

塤篪音　　　　　　　　6549

巡

巡城條約　　　　　　　3124

荀

荀子　　　　　　　　　2818

尋

尋墊外言　　　　　　　6170
尋樂編　　　　　　　　3979
尋樂堂集　　　　　　　5863
尋樂文集　　　　　　　5803
尋門餘論　　　　　　　142

循

循滄集　　　　　　　　2492
循寄堂詩橐　　　　　　6129
循良前傳約編　　　　　2073

詢

詢芻錄　　　　　　　　4039

潯

潯陽蹠醢　　　　　　　2486

訓

訓女蒙求　　　　　　　4288

訓俗遺規　　　　　　　4174

巽

巽川集　　　　　　　　5821
巽峯集　　　　　　　　5873
巽隱集　　　　　　　　5539
巽齋四六　　　　　　　5759
巽齋文集　　　　　　　5255

遜

遜代陽秋　　　　　　　1789
遜國君記鈔　　　　　　1775
遜國逸書　　　　　　　1776
遜國正氣紀　　　　　　1779
遜國忠記　　　　　　　2050
遜志齋集　　　　　　　5535
遜志齋外紀　續集　　　1976

雅

雅樂發微　　　　　　　1202
雅樂考　　　　　　　　1214
雅倫　　　　　　　　　6744
雅尚齋詩草二集　　　　6058
雅述　　　　　　　　　3930
雅説集　　　　　　　　4165
雅似堂詩集　　　　　　6076
雅似堂文集　　　　　　6076
雅頌正音　　　　　　　6391
雅俗稽言　　　　　　　4009
雅宜集　　　　　　　　5897
雅音會編　　　　　　　6493

煙

煙波漁隱詞　　　　　　6847

煙霞小説　4128

煙雲手鏡　2435

鄢

鄢署雜鈔　4574

閹

閹黨逆案　1776

延

延陵書塾合璧　6623

延露詞　5689

延平答問　2858

延平文集　5746

延壽第一紳言　4682

延壽寺紀略　2462

延綏鎮志　2419

延休堂漫錄　4522

延祐四明志　2202

言

言鯖　4014

言詩翼　534

言行龜鑑　3902

言行彙纂　4177

言行拾遺事錄　1952

言子　2949

炎

炎徼紀聞　1595

研

研北雜志　3866

研幾錄　2972

研幾圖　2951

研山山人漫集　6014

研山齋墨蹟集覽　3589

研山齋圖繪集覽　3591

研山齋雜記　3894

研山齋珍玩集覽　4107

顏

顏魯公集　補遺　年譜　4773

顏山雜記　2310

顏氏家訓　3719

顏巷錄　3985

顏子鼎編　2955

顏子繹　3007

嚴

嚴陵集　6331

嚴文靖公集　5942

巖

巖棲幽事　4105

巖下放言　3827

鹽

鹽法考　2657

鹽法考略　2645

鹽梅志　2032

鹽鐵論　2826

鹽邑志林　4189

鹽政志　2647

弇

弇山堂別集　1699

弇州棄選　5952

弇州山人四部棄　續棄　5638

弇州山人題跋　3581

弇州史料　2045

衍

衍範　3429

衍極　3531

衍約説　4031

偃

偃曝談餘　4073

演

演繁露　3750

演極圖説　3431

演禽通纂　3403

演禽圖訣　3469

演山集　4981

儼

儼山集　續集　5609

儼山外集　3908

儼山外紀　4123

彦

彦周詩話　6660

晏

晏元獻遺文　4877

晏子春秋　1868

硯

硯北叢錄　4547

硯北易鈔　287

硯北雜錄　4172

硯箋　3622

硯譜　3620

硯史　3619

雁

雁山圖志　2455

雁山志　2424

雁山志勝　2433

厭

厭次瑣談　4050

鴈

鴈湖釣叟自在吟　5898

鴈門集　集外詩　5401

燕

燕川集　6273

燕川漁唱詩　6121

燕丹子　4504

燕對錄　1742

燕峰文鈔　6108

燕几圖　3669

燕京賦　6256

燕居答述　2972

燕居功課　4068

燕山八景圖詩　6484

燕山叢錄　4568

燕石集	5400
燕臺筆錄	2485
燕堂詩鈔	6215
燕堂詩槀	5104
燕香二集	6266
燕香集	6266
燕香齋詩集	6087
燕香齋文集	6087
燕詒錄	5915
燕翼詒謀錄	1693
燕雲錄	1713

膚

膚齋考工記解	570
膚齋續集	5263

豔

豔雪齋詞曲評	6745
豔雪齋詩評	6745
豔雪齋書品　畫苑　筆墨紙硯譜	3593

陽

陽峯家藏集	5872
陽明保甲法	2646
陽明全集	5849
陽明文鈔	5848
陽明先生浮海傳	1961
陽明鄉約法	2646
陽明要書	5847
陽明語錄	5849
陽山詩集	6170

揚

揚州府志	2388
揚州芍藥譜	3642
揚子雲集	4721

楊

楊道行集	6028
楊端潔集	5984
楊公筆錄	3817
楊公政績記	1980
楊黃門奏疏	1856
楊全甫諫草	1850
楊氏塾訓	4160
楊氏五家文鈔	6608
楊氏易傳	51
楊文靖年譜	1981
楊文敏集	5549
楊文懿集	6025
楊文忠公三錄	1810
楊園全書	4197
楊忠介集	5628
楊忠愍集	5637
楊仲宏〔弘〕集	5383
楊子折衷	2965

煬

煬王江上錄	1718

仰

仰節堂集	5659

養

養疴漫筆	4512
養蒙集	5325
養生膚語	4695

養生弗佛二論　　　3980
養生類要　　　3254
養生類纂　　　4112
養吾齋集　　　5347
養餘月令　　　2161
養知錄　　　4176

姚

姚東泉文集　　　5844
姚江逸詩　　　6615
姚少監詩集　　　4827
姚文敏集　　　5813

堯

堯峯文鈔　　　5686
堯山堂偶雋　　　6743
堯山堂外紀　　　4153

瑤

瑤光閣集　　　6073
瑤石山人槀　　　5630

嶢

嶢山詩集　　　6209
嶢山文集　　　6209

葯

葯房樵唱　　　5423

藥

藥地炮莊　　　4666
藥鏡　　　3251

藥亭詩集　　　6206

冶

冶城客論　　　4563
冶古堂文集　　　6221

野

野菴文集　　　5818
野菜博錄　　　3134
野菜譜　　　3138
野處集　　　5419
野處類槀　　　5147
野服考　　　4286
野古集　　　5541
野谷詩槀　　　5202
野航詩槀　　　5575
野航文槀　　　5575
野獲園集　　　6077
野記　　　4520
野客叢書　　　3755
野老記聞　　　3755
野趣有聲畫　　　5321
野香亭集　　　6197
野志　　　4058
野莊集　　　5784

叶

叶韻彙輯　　　1336

夜

夜燈管測　　　3938
夜行燭　　　2957

掖

掖垣諫草 1849

掖垣人鑑 2542

掖垣題橐 1846

葉

葉海峯文 5904

葉書 4164

葉文莊奏疏 1833

葉玉成全集 6035

葉忠節遺橐 6153

葉子詩言志 6045

業

業儒臆說 3059

鄴

鄴中記 2124

饐

饐堂考故 2631

一

一菴遺集 2975

一菴語錄 3936

一菴雜問錄 3934

一峯集 5577

一漑堂詩集 6169

一貫編 3945

一山文集 5444

一書增刪 2987

一齋集 5787

一齋詩集 6044

一枝軒吟草 6057

伊

伊濱集 5388

伊川粹言 2939

伊洛淵源續錄 1996

伊洛淵源續錄 2069

伊雒淵源錄 1887

猗

猗覺寮雜記 3742

醫

醫方選要 3247

醫貫砭 3271

醫津筏 3272

醫經溯洄集 3207

醫開 3250

醫壘元戎 3198

醫閭集 5580

醫門法律 3228

醫品補遺 3259

醫史 3251

醫說 3181

醫學管見 3248

醫學彙纂指南 3266

醫學六要 3257

醫學求真錄總論 3270

醫學源流論 3234

醫學正傳 3252

醫旨緒餘 3215

醫宗金鑑 3225

夷

夷白齋藁　外集 5468
夷白齋詩話 6740
夷堅支志 4492
夷門廣牘 4189
夷齊考疑 1935
夷齊錄 1934
夷齊志 1936
夷俗記 2505

宜

宜齋野乘 4028

怡

怡雲堂集 5975

羑

羑言 6049

貽

貽安堂集 5950
貽清堂集　補遺 6130
貽清堂日鈔 4534

疑

疑龍經 3381
疑仙傳 4679
疑耀 3775
疑誼偶述 3934
疑獄集 3115

疑獄箋 3125

儀

儀禮集編 623
儀禮集釋 594
儀禮集説 601
儀禮監本正誤 605
儀禮節解 703
儀禮節要 759
儀禮經傳内編　外編 760
儀禮經傳通解　續 663
儀禮旁通圖 597
儀禮商 606
儀禮石經正誤 605
儀禮識誤 593
儀禮釋宮 596
儀禮釋宮增注 619
儀禮釋例 708
儀禮述注 608
儀禮圖 597
儀禮析疑 610
儀禮惜陰錄 704
儀禮小疏 620
儀禮訓義 707
儀禮要義 598
儀禮易讀 710
儀禮逸經傳 599
儀禮義疏 604
儀禮章句 611
儀禮鄭註句讀 605
儀禮注疏 591
儀象考成 3299

遺

遺論九事 16

遺山集　　　　　5310
遺山詩集　　　　5767

頤

頤菴居士集　　　5160
頤菴文選　　　　5547
頤菴心言　　　　3993
頤山詩話　　　　6698
頤山私稾　　　　5880

彝

彝齋文編　　　　5239

乙

乙巳泗州錄　　　2076
乙巳占略例　　　3432
乙未私志　　　　1770

已

已畦集　　　　　6180

倚

倚松老人集　　　4973
倚雲閣詩集　　　6203
倚雉集　　　　　6121

亦

亦廬詩集　　　　6259
亦為堂集　　　　6029
亦玉堂稾　　　　5647

抑

抑菴集　後集　　5552

易

易本義附錄纂疏　　85
易禪傳　　　　　　60
易辨　　　　　　210
易變體義　　　　　40
易參　　　　　　261
易測　　　　　　227
易辰　　　　　　255
易傳　　　　　　27
易傳辨異　　　　2735
易傳闡庸　　　　222
易傳燈　　　　　59
易傳義　　　　　267
易存　　　　　　272
易大象說錄　　　278
易盪　　　　　　293
易鼎三然　　　　253
易讀　　　　　　318
易發　　　　　　260
易範同宗錄　　　3423
易宮　　　　　　290
易卦劄記　　　　302
易觀　　　　　　316
易觀　　　　　　317
易貫　　　　　　310
易漢學　　　　　168
易互　　　　　　299
易會　　　　　　228
易或　　　　　　283
易箋　　　　　　162
易見　　　　　　328
易解別錄　　　　288
易解拾遺　　　　326

易芥	239	易經增注	247
易經本義翼	333	易經中説	212
易經辨疑	283	易經衷論	152
易經辨疑	331	易經纂言	297
易經補義	264	易精蘊大義	102
易經粹言	299	易鏡	298
易經存疑	114	易就	244
易經大旨	200	易窺	242
易經澹窩因指	236	易例	170
易經兒説	228	易例舉要	323
易經告蒙　圖註	332	易林	3388
易經觀玩篇	325	易林疑説	239
易經貫一	317	易領	231
易經會通	238	易律通解	1224
易經會意解	330	易略	240
易經輯疏	329	易論	281
易經講義	321	易冒	3466
易經理解	306	易筌　附論	230
易經蒙引	111	易深	320
易經淺説	205	易蓍圖説	314
易經勺解	239	易十三傳	3424
易經釋義	298	易史參錄	273
易經述	280	易史象解	249
易經説意	254	易筮通變	83
易經頌	247	易疏	252
易經提要錄	318	易數鉤隱圖	16
易經通論	235	易數總斷	3465
易經通註	134	易説	53
易經圖釋	196	易説	160
易經詳説	289	易説	296
易經小傳	249	易説	313
易經一説	313	易説辨正	303
易經疑問	226	易説存悔	321
易經淵旨	215	易説通旨略	312

易説要旨	294	易象援古	313
易思圖解	248	易象約言	318
易通	66	易象正	127
易通	235	易小傳	34
易通變	3364	易小帖	146
易圖明辨	153	易修墨守	210
易圖親見	257	易序叢書	189
易圖識漏	199	易序圖説	256
易圖疏義	328	易璿璣	39
易圖説	57	易學	218
易圖通變	83	易學	243
易外別傳	4655	易學	3368
易韋	292	易學辨惑	28
易緯辨終備	178	易學變通	103
易緯稽覽圖	176	易學參説	290
易緯坤靈圖	180	易學殘本	242
易緯乾元序制記	179	易學古經正義	265
易緯是類謀	179	易學管見	243
易緯通卦驗	178	易學濫觴	91
易問箋	202	易學啓蒙訂疑	191
易憲	258	易學啓蒙通釋	77
易象	290	易學啓蒙小傳	72
易象鈔	116	易學啓蒙意見	112
易象大意存解	171	易學啓蒙翼傳	85
易象大旨	211	易學識遺	226
易象鉤解	119	易學筮貞	269
易象管窺	221	易學四同　別錄	203
易象會旨	220	易學統此集	249
易象解	205	易學圖説會通	311
易象數鉤深圖	294	易學圖説續聞	312
易象圖説	329	易學象數論	141
易象圖説内篇　外篇	3372	易學飲河	231
易象意言	67	易牙遺意	3685
易象與知編	267	易雅	73

易衍	3467
易疑	217
易疑	234
易義便覽	322
易義古象通	125
易義隨記	302
易翼述信	164
易臆	240
易音	1340
易引	234
易備	248
易用	126
易原	43
易原	283
易原奧義	89
易原就正	151
易韻	1343
易齋集	5540
易占經緯	3463
易旨一覽	262
易指要繹	234
易贅	278
易準	327
易酌	139
易宗集注	285
易纂言	86
易纂言外翼	88

奕

奕世文集	6569
奕世增光錄	1962

弈

弈律	3602
弈史	3602

挹

挹奎樓文集	6149
挹青軒詩稾	6237

益

益部方物略記	2293
益部談資	2309
益古演段	3329
益齋存稾	6064
益智編	4148
益智錄	2057
益州名畫錄	3505

異

異林	4565
異林	4057
異聞總錄	4559
異物彙苑	4308
異物彙苑	4321
異魚圖贊	3657
異魚圖贊補　閏集	3659
異魚圖贊箋	3658
異域錄	2334
異域圖志	2499
異域志	2498
異苑	4471

翊

翊聖保德傳	4680
翊學詩	6515
翊運錄	1958

逸

逸講箋	1153
逸民傳	2017
逸民史	2046
逸史蒐奇	4570
逸語	3058
逸園新詩	6054
逸周書	1618

意

意見	3955
意林	3895

義

義豐集	5131
義府	3784
義門讀書記	3789
義門鄭氏奕葉集	6630
義門鄭氏奕葉吟集	6629
義烏人物志	2016
義莊規矩	1948

蓺

蓺菊志	3690

毅

毅齋詩文集	5547

瘞

瘞鶴銘辨	2743
瘞鶴銘考	2737

瘞鶴銘考	2743

翼

翼學編	4125
翼藝典略	1165
翼元〔玄〕	3418
翼正錄	2786

臆

臆言	3023

藝

藝彀　彀補	3776
藝活甲編	6742
藝林彙考	3785
藝林縶	4335
藝林剩語	4060
藝圃萃盤錄	4317
藝圃琳琅	3956
藝圃蒐奇　補闕	4180
藝圃擷餘	6699
藝藪談宗	6738
藝文類聚	4206
藝苑雌黃	6718
藝祖受禪錄	1704

繹

繹史	1612

議

議處安南事宜	1758
議史摘要	2776

懿

懿行編　　　　　　　　　　　　4163
懿言日錄　二錄　續錄　別錄　3990

因

因話錄　　　　　　　　　　　4372
因領錄　　　　　　　　　　　3937
因明子　　　　　　　　　　　3959
因園集　　　　　　　　　　　5704

音

音律節略考　　　　　　　　　1226
音論　　　　　　　　　　　　1338
音聲紀元　　　　　　　　　　1405
音韻闡微　　　　　　　　　　1333
音韻清濁鑑　　　　　　　　　1437
音韻日月燈　　　　　　　　　1407
音韻述微　　　　　　　　　　1337
音韻源流　　　　　　　　　　1435

陰

陰符經集解　　　　　　　　　4660
陰符經講義　　　　　　　　　4615
陰符經解　　　　　　　　　　4613
陰符經解　　　　　　　　　　4661
陰符經考異　　　　　　　　　4614
陰符經三皇玉訣　　　　　　　4660
陰符經質劑　　　　　　　　　4662
陰符經註　　　　　　　　　　4623
陰符經註　　　　　　　　　　4660
陰符經註　　　　　　　　　　4660
陰符經註　　　　　　　　　　4661

陰符經註　　　　　　　　　　4661
陰符經註　　　　　　　　　　4662

吟

吟窻雜錄　　　　　　　　　　6719
吟槀　　　　　　　　　　　　5940
吟堂博笑集　　　　　　　　　6592

寅

寅菴集　外集　　　　　　　　5799
寅陽十二論　　　　　　　　　3965

銀

銀海精微　　　　　　　　　　3157
銀鹿春秋　　　　　　　　　　2049

蟫

蟫精雋　　　　　　　　　　　3873
蟫史　　　　　　　　　　　　4333

尹

尹和靖年譜　　　　　　　　　1950
尹訥菴遺槀　　　　　　　　　5791
尹文子　　　　　　　　　　　3706

引

引年錄　　　　　　　　　　　4696

蚓

蚓菴瑣語　　　　　　　　　　4571
蚓竅集　　　　　　　　　　　5511

飲

飲和堂集　　6136
飲河集　　6065
飲膳正要　　3684
飲食須知　　3685

隱

隱居通議　　3858
隱山鄙事　　3353
隱拙齋集　　6270

印

印存初集　　3601
印存元〔玄〕覽　　3601
印典　　3564
印史　　3600
印藪　　3600
印正稿　　3001

愁

愁齋存槀　　6134

榮

榮陽外史集　　5529

應

應菴任意錄　　4052
應齋雜著　　5149
應詔集　　4950

盈

盈川集　　4747

營

營平二州地名記　　2284
營造法式　　2613

螢

螢雪叢説　　4028

瀛

瀛艖談苑　　1763
瀛奎律髓　　6369
瀛涯勝覽　　2501

郢

郢埕集　　6022

潁

潁川語小　　3760

邕

邕歈集　　5962
邕州小集　　4910

庸

庸菴集　　5468
庸書　　6148
庸行篇　　4171
庸言　　2948
庸言　　2973
庸言錄　　4084
庸齋集　　5237
庸齋日記　　2991

傭

傭吹錄首集　次集　　　4340

雍

雍大記　　　　　　　2353
雍錄　　　　　　　　2277
雍熙樂府　　　　　　6864
雍益集　　　　　　　6144
雍音　　　　　　　　6490

墉

墉城集仙錄　　　　　4678

麕

麕略　　　　　　　　1978

永

永昌二芳記　　　　　3691
永徽法經　　　　　　2661
永嘉八面鋒　　　　　4232
永鑑錄　　　　　　　4118
永樂大典　　　　　　4295
永陵傳信錄　　　　　1615
永平府志　　　　　　2384
永思齋文集　　　　　6032

甬

甬東山人稾　　　　　6058
甬上耆舊詩　　　　　6452

湧

湧幢小品　　　　　　4059

詠

詠懷詩　　　　　　　6054
詠史集解　　　　　　6493
詠史六言　　　　　　6272
詠史詩　　　　　　　4844
詠物詩　　　　　　　5432
詠物詩　　　　　　　5990

用

用六集　　　　　　　6088
用易詳解　　　　　　　74

幽

幽谷集　　　　　　　5895
幽怪錄　　　　　　　4550
幽閒鼓吹　　　　　　4375
幽居錄　　　　　　　4514
幽溪別志　　　　　　2434
幽貞集　　　　　　　5962

優

優古堂詩話　　　　　6657

由

由拳集　　　　　　　6046

疣

疣贅錄　續錄　　　　5902

逌

逌旃璅言　　　　　　4043

游

游城南記	2316
游鶴堂墨藪	3587
游宦紀聞	3841
游宦餘談	4055
游具雅編	4104
游燕集	6038
游鷹山集	4987

遊

遊峨集	6524
遊西山詩	6198

友

友柏堂遺詩選	6196
友古詞	6771
友林乙稿	5217
友慶堂合稾	5952
友聲集	6640
友石山人遺稾	5437
友于小傳	2035

有

有官龜鑑	4115
有懷堂詩文稾	6182
有懷堂詩文集	6245
有蘭書屋存稾	6280
有明異叢	4572

酉

酉陽雜俎　續集	4500

牖

牖景錄	4058

又

又尚集	2066

右

右編	1860
右編補	1863

祐

祐山詩集	5922
祐山文集	5922
祐山雜説	4564

迂

迂億	3964
迂議	3964

于

于湖詞	6786
于湖集	5099
于山奏牘附詩詞	1857
于野集	6621
于忠肅集	5557

余

余德甫集	5961

於

於陵子	3914

俞

俞仲蔚集　5986

禹

禹山詩集　5865
禹山文集　5865

娛

娛書堂詩話　6681

隅

隅園集　6019

愚

愚菴小集　5691
愚谷集　5625
愚齋反經錄　3060

榆

榆墩集選文詩　6115

瑜

瑜齋詩草　6271

虞

虞伯生詩續編　5772
虞東學詩　511
虞精集　3969
虞書箋　421

漁

漁父詞集句　5758

漁樵對問　2932
漁樵閒話　4577
漁石集　5871
漁墅類稿　5211
漁嘯集　5877
漁洋詩話　6701
漁洋詩集　續集　6143
漁洋文略　6143

餘

餘菴雜錄　4079
餘冬詩話　6730
餘冬序錄　4035
餘力稾　5820
餘清堂稾　5951
餘日事文　2163
餘山遺書　3050
餘師錄　6679
餘言　2793
餘姚海隄集　6480

輿

輿地碑記目　2705
輿地廣記　2172
輿地名勝志　2342
輿識隨筆　4326
輿圖記敍　2339

羽

羽庭集　5428
羽王先生集略　5966

雨

雨村集　5834

雨航雜錄　　　　　3876

禹

禹貢備遺增注　　　419
禹貢長箋　　　　　390
禹貢方域考　　　　438
禹貢廣覽　　　　　426
禹貢合注　　　　　425
禹貢匯疏　　　　　422
禹貢會箋　　　　　395
禹貢解　　　　　　436
禹貢論　後論　　　344
禹貢譜　　　　　　435
禹貢山川郡邑考　　416
禹貢説　　　　　　412
禹貢説斷　　　　　349
禹貢通解　　　　　426
禹貢圖説　　　　　412
禹貢圖注　　　　　424
禹貢詳略　　　　　410
禹貢臆參　　　　　435
禹貢元〔玄〕珠　　416
禹貢約義　　　　　439
禹貢正義　　　　　432
禹貢指南　　　　　343
禹貢錐指　圖　　　391
禹門集　　　　　　6281
禹門寺志　　　　　2463

庾

庾開府集箋註　　　4738
庾子山集註　　　　4741

與

與梅堂遺集　　　　6243

玉

玉尺經　　　　　　3448
玉楮集　　　　　　5243
玉川子詩集註　　　5727
玉洞藏書　　　　　4693
玉斗山人集　　　　5331
玉恩堂集　　　　　6006
玉峯詩纂　　　　　6520
玉管照神局　　　　3407
玉海　　　　　　　4245
玉海纂　　　　　　4288
玉壺詩話　　　　　6714
玉壺野史　　　　　4410
玉華洞志　　　　　2451
玉機微義　　　　　3209
玉劍尊聞　　　　　4543
玉井樵唱　　　　　5363
玉瀾集　　　　　　5051
玉曆通政經　　　　3433
玉靈聚義　　　　　3458
玉茗堂集　　　　　6046
玉坡奏議　　　　　1815
玉楸藥解　　　　　3273
玉泉子　　　　　　4379
玉山詞　　　　　　6849
玉山紀遊　　　　　6384
玉山名勝集　外集　6383
玉山璞稾　　　　　5457
玉笥集　　　　　　5440
玉笥集　　　　　　5472
玉笥詩談　　　　　6737
玉臺文苑　　　　　6586
玉臺新詠　　　　　6290

玉臺新詠箋註	6465
玉臺新詠考異	6292
玉堂叢語	4534
玉堂橐	5358
玉堂公草	5943
玉堂薈記	4541
玉堂嘉話	3864
玉堂漫筆	4523
玉堂日鈔	6737
玉堂詩話	4580
玉堂遺橐	6029
玉堂雜記	2519
玉唾壺	4006
玉溪師傳錄	2946
玉霄仙明珠集	6848
玉笑零音	4056
玉屑齋百家論鈔	6570
玉巖集	5858
玉巖詩集	6180
玉照定真經	3396
玉照新志	4428
玉芝山房橐	5940
玉芝堂集	6273
玉芝堂談薈	3906

聿

聿修堂集	6119

郁

郁離子	3923
郁氏書畫題跋記　續題跋記	3543

欲

欲從錄	3022

喻

喻林	4257

寓

寓簡	3833
寓圃雜記	4520
寓意編	3536
寓意草	3228

御

御定孝經衍義	2916
御覽經史講義	2919
御龍子集	6021
御侮錄	1716
御選唐詩	6437
御製回文詩	5782
御製詩初集　二集　三集　四集	5679
御製文初集　二集	5678
御註道德經	4622
御註孝經	972
御纂孝經集註	973

馭

馭倭錄	1770

豫

豫章今古記	2471
豫章詩話	6737
豫章書	2028
豫章文集	5063
豫志	2491

諭

諭對錄　　　1829

鬻

鬻子　　　3701

鬱

鬱岡齋筆麈　　　4063
鬱儀樓集　　　6017
鬱洲遺稾　　　5584

淵

淵鑑類函　　　4265
淵穎集　　　5390

元

元〔玄〕真子　　　4649
元〔玄〕蓋副草　　　6056
元〔玄〕綱論　　　4775
元〔玄〕居集　　　6042
元〔玄〕品錄　　　4688
元〔玄〕學正宗　　　4683
元〔玄〕晏齋困思鈔　　　1138
元〔玄〕英集　　　4850
元〔玄〕羽外編　　　2797
元包　　　3358
元包數總義　　　3358
元朝典故編年考　　　2578
元朝名臣事略　　　1901
元朝野詩集　　　6474
元城語錄　行錄　　　3822
元典章前集　新集　　　2616

元風雅前集　後集　　　6379
元豐九域志　　　2170
元豐類稾　　　4916
元宮詞　　　5782
元光漫稾　　　5928
元海運志　　　2645
元和郡縣志　　　2167
元和姓纂　　　4212
元壺雜俎　　　4147
元畫紀　　　3576
元經　　　1526
元凱集　　　6045
元明事類鈔　　　3907
元內府宮殿制作　　　2665
元女經　　　3473
元儒考略　　　1908
元詩體要　　　6395
元詩選　　　6451
元史　　　1508
元史闡幽　　　2784
元史紀事本末　　　1597
元史節要　　　2107
元史續編　　　1564
元氏長慶集　補遺　　　4820
元釋集　　　5785
元四家詩　　　6587
元文類　　　6378
元相臣傳　　　2025
元藝圃集　　　6409
元音　　　6390
元音統韻　　　1413
元音遺響　　　6385
元祐黨人碑考　　　2018
元元〔玄玄〕棋經　　　3567

元韻譜　1412

元珠密語　3434

原

原本革象新書　3283

原本韓文考異　4791

原本五行類事占徵驗　3482

原本周易本義　45

原詩　6180

原詩　6751

原始祕書　4297

原易　267

袁

袁氏世範　2858

袁文榮詩略　5936

袁中郎集　6037

源

源流至論前集　後集　續集　別集
　4245

緣

緣督集　5138

圜

圜容較義　3296

遠

遠壬文　4047

苑

苑洛集　5613

苑洛易學疏　253

苑洛語錄　2968

苑洛志樂　1180

掾

掾曹名臣錄　續集　2000

願

願豐堂漫書　4525

願學編　2968

願學集　5660

願學堂集　6130

樂

樂典　1208

樂府　6081

樂府補題　6822

樂府古題要解　6710

樂府廣序　6598

樂府詩集　6329

樂府雅詞　補遺　6818

樂府遺音　6847

樂府英華　6596

樂府原　6516

樂府雜錄　3566

樂府指迷　6857

樂經集註　1218

樂經內編　1223

樂經以俟錄　1217

樂經元義　1208

樂律表微　1195

樂律古義　1224

樂律舉要　1208

樂律全書	1183	岳廟集	1965
樂律正俗	1189	岳武穆遺文	5071
樂律纂要	1206	岳陽風土記	2294
樂書	1172	岳陽紀勝彙編	6541
樂章集	6755	岳雲石集	5912

約

約言	3932	越草	5991
約言錄	3021	越嶠書	2150
約園詩鈔	6235	越絕書	2121

月

		越史略	2143
		越望亭詩集	6522
月波洞中記	3406	越語肯綮錄	1352
月川語錄	2957
月洞吟	5294

粵

月河所聞集	4512
月湖讀畫錄	3593	粵草	6010
月湖集	5839	粵東鹽政考	2654
月湖賸稿	6265	粵風續	6855
月覽	4112	粵述	2481
月令廣義	2160	粵臺稿	5922
月令輯要　圖説	2158	粵西叢載	6450
月令解	629	粵西偶記	2094
月令明義	634	粵西詩載	6450
月令七十二候集解	714	粵西疏稿	1843
月令通考	2160	粵西文載	6450
月坡詩集	6272	粵游草	6091
月泉吟社	6356	粵游日記	2094
月屋漫稿	5322

閩

月下偶談	4031
月巖集	6130	閩耕餘錄	4066

岳

		閩古隨筆續	4129
		閩史津逮	2343
岳郡圖説	2379	閩史約書	1662

嶽

嶽歸堂集	6067
嶽麓志	2449

芸

芸菴類稿	5150
芸窗詞	6846
芸暉館稿	5987
芸心識餘續	4128
芸隱倦遊稿	5247
芸隱舟稿	5247

郹

郹臺志略	2537
郹谿集	4913

雲

雲巢編	4976
雲川文集	5810
雲邨文集	5619
雲東拾草	6005
雲峯集	5353
雲岡選稿	5909
雲谷臥餘　續	4081
雲谷雜記	3745
雲湖堂集	6092
雲笈七籤	4651
雲閒雜記	4539
雲龕遺稿	6104
雲蕅淡墨	4151
雲林集	5372
雲林集	5481

雲林石譜	3630
雲林遺事	1964
雲麓漫鈔	3838
雲門志略	2428
雲南機務鈔黄	1729
雲南通志	2228
雲樵文集	6078
雲泉詩	5269
雲山堂集	5959
雲松巢集	5459
雲臺編	4845
雲溪集	5053
雲溪友議	4377
雲谿居士集	4980
雲谿文集	6238
雲仙雜記	4381
雲煙過眼錄　續錄	3887
雲陽集	5453
雲在詩鈔	6241
雲齋廣錄　後集	4556
雲中紀變	1753
雲莊集	5096
雲莊集	5144
雲莊禮記集説	632

篔

篔窻集	5216

運

運籌綱目	3098
運甓漫稿	5553
運氣定論	3261
運氣易覽	3254

蘊

蘊亭詩槀　6261

韻

韻白　1419
韻表　1406
韻補　1313
韻補正　1342
韻粹　4351
韻府羣玉　4249
韻府拾遺　4269
韻府續編　4298
韻會小補　1409
韻經　1395
韻略易通　1401
韻譜本義　1408
韻岐　1436
韻石齋筆談　3892
韻統圖説　1419
韻問　1417
韻學　1430
韻學大成　1401
韻學集成　1400
韻學事類　4306
韻學通指　1417
韻學要指　1424
韻學臆説　1430
韻學淵海　4306
韻雅　1424
韻語陽秋　6669
韻原表　1383
韻總持　1408
韻藃　1420

雜

雜病治例　3247
雜誡　2957
雜説　1157
雜説　1168
雜學辨附記疑　2862
雜爼　4310

宰

宰相守令合宙　2041

載

載道集　3051
載書圖詩　6606

再

再廣曆子品粹　4141

在

在陸草堂集　6217
在亭叢槀　6262
在軒集　5298
在園雜志　4088

簪

簪雲樓雜説　4576

攢

攢眉集　5835

贊

贊靈集　4689

葬

葬法倒杖 3381
葬經 3445
葬書 3379

棗

棗林藝簣 6748
棗林雜俎 4077

澡

澡修堂集 6150

藻

藻軒閒錄補續詞叢類採 4326

造

造甎圖説 2665

則

則堂集 5290

責

責備餘談 2785

擇

擇執錄 4168

曾

曾樂軒集 5733
曾子 2870

曾子全書 2930
曾子問講錄 731

增

增補武林舊事 2476
增定史韻附讀史小論 2811
增定玉壺冰 4145
增訂廣興記 2343
增訂論語外篇 2995
增廣註釋音辯柳集 4797
增節音注資治通鑑 1575
增修復古編 1357
增修互註禮部韻略 1317
增修詩學集成押韻淵海 4293
增修校正押韻釋疑 1318
增修雲林寺志 2470
增註唐策 6361

贈

贈言集 6135
贈言小集 6476

乍

乍浦九山補志 2441

齋

齋中拙咏 5835

宅

宅經 3379

詹

詹養貞集 6024

占

占候書　　　　　　　　　3443
占星堂集　　　　　　　　6030

湛

湛然居士集　　　　　　　5311
湛然堂詩橐　　　　　　　5998
湛淵集　　　　　　　　　5339
湛淵靜語　　　　　　　　3859
湛園集　　　　　　　　　5701
湛園集　　　　　　　　　6050
湛園未定橐　　　　　　　6222
湛園雜詠　　　　　　　　6555
湛園札記　　　　　　　　3787

戰

戰國策去毒　　　　　　　1704
戰國策談棷　　　　　　　1703
戰國策校注　　　　　　　1684
戰國策注　　　　　　　　1679
戰國人才言行錄　　　　　2029

張

張邦昌事略　　　　　　　2098
張抱初年譜　　　　　　　1975
張遍可集　　　　　　　　6194
張乖崖事文錄　　　　　　1960
張滸東集　　　　　　　　5976
張伐陵集　　　　　　　　5849
張界軒集　　　　　　　　3016
張靜思文集　　　　　　　5918
張康侯詩草　　　　　　　6133

張考夫遺書　　　　　　　4198
張秦亭詩集　　　　　　　6111
張邱〔丘〕建算經　　　　3324
張氏藏書　　　　　　　　4190
張氏可書　　　　　　　　4430
張氏說詩　　　　　　　　 524
張氏醫通　　　　　　　　3264
張氏拙軒集　　　　　　　5240
張水南集　　　　　　　　5892
張司業集　　　　　　　　4801
張太初集　　　　　　　　6062
張文僖公詩集　　　　　　5826
張文僖公文集　　　　　　5826
張文貞集　　　　　　　　5698
張文貞外集　　　　　　　6153
張文忠集　　　　　　　　5892
張襄壯奏疏　　　　　　　1820
張小山小令　　　　　　　6863
張燕公集　　　　　　　　4752
張莊僖文集　　　　　　　5633
張子鈔釋　　　　　　　　2903
張子全書　　　　　　　　2844
張子淵源錄　　　　　　　3053

章

章格菴遺書　　　　　　　6075
章江集　　　　　　　　　6173
章介菴集　　　　　　　　5901
章泉橐　　　　　　　　　5135
章申公九事　　　　　　　4022

彰

彰德府志　　　　　　　　2354

漳

漳埜文集　　　5906

掌

掌錄　　　4149
掌錄　　　4019
掌銓題槀　　　1842

昭

昭代叢書　　　4199
昭代典則　　　1583
昭德新編　　　3724
昭鑒錄　　　4118
昭陵六駿贊辨　　　2742
昭明太子集　　　4735
昭明文選越裁　　　6460
昭忠錄　　　1897

召

召對錄　　　1763

趙

趙恭毅剩槀　　　6180
趙浚谷集　　　5908
趙全讞牘　　　1752
趙氏連城　　　4060
趙氏鐵網珊瑚　　　3535
趙仲穆遺槀　　　5769

折

折肱漫錄　　　3260

折

折腰漫草　　　6039
折獄龜鑑　　　3116
折獄巵言　　　3124
折衷曆法　　　3347

哲

哲匠金桴　　　4302

蟄

蟄菴日錄　　　6042

謫

謫仙樓集　　　6556

赭

赭留集　　　6067

柘

柘坡居士集　　　6274
柘軒集　　　5485

浙

浙江通志　　　2220
浙省分署紀事本末　　　2539
浙西六家詞　　　6857
浙西水利書　　　2244
浙西水利書　　　2395
浙西水利議答錄　　　2391
浙學宗傳　　　2043
浙元三會錄　　　6496

蔗

蔗山筆塵　　　2782

蔗尾詩集　6248

蔗尾文集　6248

珍

珍席放談　4415

珍珠船　4154

珍珠囊指掌補遺藥性賦　3244

貞

貞白遺槀　5536

貞觀公私畫史　3492

貞觀政要　1685

貞素齋集　5443

貞翁淨槀　5850

貞元子詩草　6070

真

真定奏疏　附刻　1854

真誥　4646

真蹟日錄　二集　三集　3546

真臘風土記　2325

真靈位業圖　4673

真詮　4698

真如子醒言　3980

真儒一脈　2999

真山民集　5292

真意堂文槀　6222

真珠船　4039

箴

箴膏肓　781

鍼

鍼灸大全　3256

鍼灸節要　3262

鍼灸聚英　3261

鍼灸問對　3212

鍼灸資生經　3182

枕

枕函小史　4156

枕流日劄　3981

枕上語　3918

枕談　4073

枕中祕　4161

枕中書　4672

診

診宗三昧　3265

陣

陣紀　3080

振

振鷺集　6497

震

震川文集　別集　5649

震川文集初本　5982

震堂集　5972

震澤編　2423

震澤長語　3874

震澤集　5583

鎮

鎮平世系記　2030

征

征南草　　　6018

徵

徵古堂類槀　　　6084
徵吾錄　　　1654

拯

拯荒事略　　　2643

整

整菴存槀　　　5595

正

正德大同府志　　　2357
正宏集　　　4609
正孔子祀典説　　　2622
正隆事迹記　　　1717
正蒙初義　　　2846
正蒙集解　　　2938
正蒙釋　　　2937
正朔考　　　3996
正思齋雜記　　　4037
正統臨戎錄　　　1741
正修錄齊治錄　　　3036
正學編　　　2971
正學隅見述　　　2920
正楊　　　3774
正易心法　　　3417
正誼堂集　　　6202
正音攟言　　　4314
正韻彙編　　　1369

正韻箋　　　1399
正字通　　　1379

政

政典彙編　　　4356
政府書答　　　5944
政府奏議　　　1800
政和五禮新儀　　　2583
政監　　　2782
政經　　　2878
政譜　　　4360
政書　　　5691
政刑類要　　　3122
政學合一集　　　4200
政學錄　　　2550
政訓　　　4121

鄭

鄭端簡年譜　　　1966
鄭敷文書説　　　342
鄭京兆集　外集　　　6001
鄭開陽雜著　　　2260
鄭少谷集　　　5611
鄭氏家儀　　　761
鄭思齋文集　　　5888
鄭志　補遺　　　984
鄭忠肅奏議遺集　　　5095

證

證類本草　　　3173
證人社約言　　　2997
證山堂集　　　6155
證學編　　　3958

證學論策　　3958
證語　　3965
證治大還　　3262
證治準繩　　3216

支

支離子集　　5739
支談　　3961
支子餘集　　6020

厄

厄林補遺　　3780
厄壇對問　　4091
厄言餘錄　　4038

芝

芝壇集　　6260
芝壇史案　　2811
芝堂遺草　　6004
芝園定集　　別集　　5901
芝在堂集　　6106

枝

枝語　　4093

知

知白堂稾　　5918
知非錄　　3049
知非錄　　4142
知非堂稾　　5371
知稼翁詞　　6795
知稼翁集　　5090
知命錄　　4524

知新錄　　4019
知言　　2866

織

織齋集鈔　　6107

直

直道編　　1958
直隸河渠志　　2255
直木堂詩集　　6099
直齋書錄解題　　2678

執

執中成憲　　2918

植

植齋文集　　6121

摭

摭古遺文　　補遺　　1370

職

職方外紀　　2329
職官分紀　　4230
職官志　　2542

止

止泉文集　　6157
止堂集　　5138
止啼集　　6065
止齋論祖　　5753
止齋文集　　5118

止止堂集 5995

沚

沚亭文集 6093

至

至大金陵新志 2204
至聖編年世紀 1943
至游子 4691
至元嘉禾志 2199
至正集 5396
至正條格 2662
至正直記 4514

志

志道集 5747
志怪錄 4560
志壑堂詩 6127
志略 2340
志雅堂雜鈔 4030
志齋醫論 3254

制

制科雜錄 2637

治

治禾紀略 2094
治河管見 2400
治河前策　後策 2412
治河圖略 2243
治河總考 2393
治河奏續書 2254
治河奏疏 1847

治河奏疏 1853
治平言 3967
治世龜鑑 2891
治世餘聞 1745
治河或問 2398
治水要議 2410
治齋集 5859

致

致知格物解 3020

智

智囊 4142
智囊補 4142
智品 4140

質

質菴文集 5800
質園詩集 6268

中

中菴集 5374
中朝故事 4384
中川遺槀 5905
中都四子集 4185
中都志 2348
中和集　後集 4685
中華古今註 3731
中麓畫品 3582
中論 2833
中祕草 6031
中詮 2989
中山傳信錄 2511

中山詩話	6654	中州啟劄	6473
中山沿革志	2154	中州人物考	1916
中說	2835	中州雜俎	2482

忠

中說	3921		
中吳紀聞	2298		
中西經星同異考	3311	忠傳	1992
中星譜	3304	忠惠集	5031
中興閒氣集	6301	忠諫遺槀	6041
中興小紀	1540	忠節錄	2026
中巖集	6156	忠介燼餘集	5664
中庸本文	1158	忠經	2931
中庸本旨	1158	忠烈編	1966
中庸傳註	1155	忠愍集	5011
中庸點綴	1138	忠穆集	5039
中庸分章	1088	忠肅集	4921
中庸管窺	1131	忠肅集	5012
中庸合註	1127	忠肅集	5669
中庸輯略	1078	忠武誌	1981
中庸講義	1157	忠宣文集　奏議　遺文　附錄　補編	
中庸解	1163		4935
中庸困學錄	1159	忠義存襃什	2046
中庸說	1154	忠義集	6376
中庸衍義	2906	忠義錄	1995
中庸餘論	1113	忠貞集	5683
中庸章段	1113	忠貞錄	1877
中庸章句	1074	忠正德文集	5029
中庸指歸	1088		
中原文獻	6552		

終

中原音韻	6836		
中州道學編　補編	2061	終南山說經臺歷代仙真碑記	4687
中州集	6366	終南山祖庭仙真內傳	4687

鍾

中州金石考	2745		
中州樂府	6366		
中州名賢文表	6397	鍾筠谿家藏集	5870

鍾律陳數　　　1222

鍾律通考　　　1182

鍾評左傳　　　919

鍾水堂詩　　　6246

鐘

鐘鼎逸事　　　1958

鐘鼎字源　　　1388

鐘臺集　　　6009

冢

冢宰文集　　　5792

仲

仲氏易　　　144

仲志　　　1935

衆

衆妙集　　　6347

州

州縣提綱　　　2529

舟

舟車初集　　　6214

周

周髀算經　音義　　　3277

周程張朱正脈　　　3020

周顚仙傳　　　4689

周恭肅集　　　5854

周官辨　　　696

周官辨非　　　690

周官集傳　　　573

周官集注　　　584

周官祿田考　　　586

周官析疑　　　693

周官新義　　　561

周官義疏　　　580

周官翼疏　　　697

周官總義　　　568

周廣菴全集　　　6201

周漢中集　　　5915

周禮補亡　　　675

周禮傳　圖說　翼傳　　　576

周禮定本　　　677

周禮訂釋古本　　　687

周禮訂義　　　569

周禮發明　　　680

周禮復古編　　　564

周禮古本訂註　　　682

周禮會要　　　697

周禮集傳　　　696

周禮集說　　　572

周禮集注　　　676

周禮輯義　　　698

周禮節訓　　　692

周禮井田譜　　　700

周禮句解　　　571

周禮全經釋原　　　578

周禮三註粹鈔　　　700

周禮拾義　　　699

周禮述注　　　581

周禮述注　　　680

周禮說　　　681

周禮說略　　　685

周禮完解	682	周易參同契分章註	4641
周禮文物大全	686	周易參同契解	4640
周禮問	691	周易參同契考異	4639
周禮惜陰錄	690	周易參同契通真義	4638
周禮詳解	563	周易參同契註解	4670
周禮訓雋	679	周易參義	108
周禮訓纂	582	周易闡理	292
周禮沿革傳	702	周易程朱傳義折衷	90
周禮疑義舉要	588	周易傳義	76
周禮因論	679	周易傳義補疑	214
周禮質疑	698	周易傳義合訂	157
周禮注疏	558	周易傳義約說	199
周禮注疏刪翼	579	周易傳註	156
周禮註疏合解	684	周易粹義	314
周秦刻石釋音	1285	周易存義錄	279
周氏遺芳集	1977	周易大全	110
周叔夜集	5952	周易滴露集	274
周書	1483	周易訂疑　序例	191
周文歸	6565	周易獨坐談	250
周易稗疏附考異	138	周易讀翼揆方	319
周易本義集成	95	周易對卦數變合參	263
周易本義拾遺	297	周易蛾術	312
周易本義述蘊	286	周易感義	269
周易本義通釋	93	周易古本	246
周易本義晰	296	周易古今文全書	216
周易本義原本	191	周易古經	206
周易辨	284	周易古文鈔	236
周易辨畫	172	周易古占法	44
周易辨錄	115	周易卦變圖傳	211
周易辨疑	271	周易觀瀾	325
周易辨正	262	周易觀象	149
周易撥易堂解	306	周易觀象疑問	335
周易不我解	207	周易廣義	253
周易參同契發揮　釋疑	4641	周易廣義	281

周易函書約存　約註　別集	160	周易乾鑿度	175
周易後天歸圖	329	周易淺解	288
周易彙解衷翼	313	周易淺釋	164
周易會緝	304	周易淺述	150
周易會通	104	周易清解	286
周易集傳	99	周易去疑	259
周易集解	11	周易上下經解殘本	189
周易集解增釋	322	周易尚占	3457
周易集説	79	周易生生真傳	264
周易集註	120	周易剩義	332
周易集註　圖説	326	周易剩義	311
周易輯説存正	312	周易時論合編	244
周易輯説明解	187	周易時義注	261
周易輯聞	73	周易筮考	156
周易輯要	319	周易筮述	143
周易繫辭精義	186	周易疏略	275
周易解翼	308	周易述	167
周易經傳集解	41	周易述義	136
周易經傳訓解	67	周易説略	273
周易井觀	324	周易説統	259
周易舉正	14	周易説翼	200
周易句讀讀本	326	周易私錄	213
周易可説	236	周易頌	234
周易孔義集説	163	周易鐵笛子	235
周易口訣義	13	周易通	283
周易口義	22	周易通論	148
周易窺餘	37	周易通義	296
周易揆	243	周易圖書質疑	172
周易錄疑	301	周易圖説	105
周易明善錄	270	周易玩辭	52
周易冥冥篇	227	周易玩辭集解	159
周易旁注會通	231	周易玩辭困學記	132
周易旁註圖説	193	周易緯史	310
周易起元	277	周易文詮	109

周易析疑	321	周易蘊義圖考	287
周易惜陰錄	279	周易贊義	202
周易惜陰詩集	279	周易劄記	124
周易洗心	165	周易劄記	157
周易詳説	305	周易摘鈔	307
周易象辭	142	周易章句證異	173
周易象通	225	周易折中	135
周易象訓	331	周易正解	230
周易象義	81	周易正義	8
周易象義	219	周易鄭康成註	4
周易象義	237	周易塵談	273
周易象義合參	294	周易註	7
周易象旨決錄	117	周易宗義	237
周易像象述	125	周易總義	63
周易小疏	317	周易纂	249
周易曉義	323	周易纂解正宗	273
周易新講義	31	周易纂註	273
周易懸鏡	3464	周禹川集	5966
周易懸象	332	周元公集	1977
周易衍義	90	周元公集	4929
周易爻變義蘊	107	周張全書	2938
周易爻物當名	250	周中丞疏稾	1848
周易要義	68	周忠介公遺事	1982
周易易簡編	241	周忠愍奏疏	1819
周易易簡説	124	周子鈔釋	2903
周易義參	284	周子年譜	1950
周易義叢	209	周子疏解	2938
周易義海撮要	48		
周易翼簡捷解	255	**洲**	
周易議卦	200		
周易應氏集解	282	洲課條例	2649
周易郁溪記	276		
周易原始	306	**肘**	
周易原旨	89	肘後備急方	3150
		肘後神經大全	3481

宙

宙合編 4057

畫

畫簾緒論 2531

籀

籀史 2694

朱

朱邦憲集 5994
朱秉器集 6004
朱福州集 5887
朱少師奏疏 1851
朱文公易説 71
朱文懿文集 6006
朱襄毅疏草 1850
朱翼 4329
朱圍山人集 6234
朱子鈔釋 2905
朱子大同集 5750
朱子讀書法 2887
朱子禮纂 672
朱子論定文鈔 6618
朱子年譜 1951
朱子年譜 1983
朱子年譜 考異 附錄 1879
朱子全書 2917
朱子聖學考略 3021
朱子實紀 1961
朱子書要 3062
朱子四書語類 1126

朱子晚年全論 3046
朱子為學考 3054
朱子文公傳道經世言行錄 1985
朱子文集大全類編 5751
朱子文語纂編 2946
朱子五經語類 1019
朱子學的 2959
朱子學歸 3025
朱子語類 2864
朱子語類纂 2946
朱子奏議 1832

洙

洙泗源流 1944

珠

珠玉詞 6754

誅

誅吳錄 1719

諸

諸臣奏議 1823
諸蕃志 2323
諸葛丞相集 5714
諸葛忠武書 1878
諸經紀數 4325
諸經品節 4136
諸經纂註 4327
諸器圖説 3618
諸儒檢身錄 4178
諸儒文要 6594
諸儒性理文錦 6467

諸儒學案　　　　　　　2987
諸儒要語　　　　　　　2999
諸儒語要　　　　　　　2977
諸史偶論　　　　　　　4289
諸史品節　　　　　　　2109
諸史然疑　　　　　　　1468
諸史提要　　　　　　　2106
諸書考錄　　　　　　　4324
諸書字考　　　　　　　1371
諸真元〔玄〕奧集成　　4692
諸子拔萃　　　　　　　4152
諸子褒異　　　　　　　4162
諸子彙函　　　　　　　4129
諸子品節　　　　　　　4125
諸子纂要　　　　　　　4123

竹

竹垞文類　　　　　　　6188
竹窻詩文辨正叢説　　　6723
竹村雜記　　　　　　　4086
竹澗集　　　　　　　　5606
竹澗奏議　　　　　　　5606
竹居集　　　　　　　　5788
竹嬾畫賸　　　　　　　3585
竹坡詞　　　　　　　　6779
竹坡詩話　　　　　　　6675
竹譜　　　　　　　　　3528
竹譜　　　　　　　　　3649
竹譜　　　　　　　　　3693
竹譜詳錄　　　　　　　3576
竹山詞　　　　　　　　6811
竹書紀年　　　　　　　1520
竹書統箋　　　　　　　1522
竹素山房詩集　　　　　5332

竹素堂藏稾　　　　　　6033
竹屋癡語　　　　　　　6804
竹下寱言　　　　　　　3933
竹香詩集　　　　　　　6268
竹軒雜著　　　　　　　5097
竹巌詩集　文集　補遺　5564
竹隱畸士集　　　　　　5004
竹友集　　　　　　　　4992
竹嶼山房雜部　　　　　3889
竹裕園筆語　　　　　　4199
竹雲題跋　　　　　　　2722
竹齋集　續集　　　　　5519
竹齋詩集　　　　　　　5183
竹齋詩餘　　　　　　　6805
竹洲集　　　　　　　　5106
竹莊詩話　　　　　　　6687

燭

燭湖集　附編　　　　　5172

渚

渚宮舊事　補遺　　　　1686
渚山堂詞話　　　　　　6829
渚山堂詩話　　　　　　6732

煮

煮泉小品　　　　　　　3681

塵

塵史　　　　　　　　　3808

杼

杼山集　　　　　　　　4776

苧

苧菴二集　　　　　　　6104

祝

祝氏事偶　　　　　　　4319
祝子遺書　　　　　　　6083
祝子罪知　　　　　　　3927

著

著疑錄　　　　　　　　4160

註

註解祥異賦　　　　　　3442
註解正蒙　　　　　　　2845
註釋啟蒙對偶續編　　　4315

轉

轉註古音略　　　　　　1331

傳

傳註問　　　　　　　　1155

篆

篆隸考異　　　　　　　1300
篆文纂要　　　　　　　1386
篆韻　　　　　　　　　1380
篆字彙　　　　　　　　1387

饌

饌史　　　　　　　　　3686

莊

莊定山集　　　　　　　5579
莊簡集　　　　　　　　5027
莊靖集　　　　　　　　5309
莊屈合詁　　　　　　　4197
莊渠遺書　　　　　　　5608
莊氏算學　　　　　　　3340
莊元仲集　　　　　　　6239
莊子解　　　　　　　　4668
莊子口義　　　　　　　4631
莊子闕誤　　　　　　　4632
莊子通義　　　　　　　4665
莊子翼　　　　　　　　4632
莊子註　　　　　　　　4628

壯

壯遊編　　　　　　　　5989

追

追昔遊集　　　　　　　4817

準

準齋雜說　　　　　　　2882

卓

卓菴心書　　　　　　　3009
卓澂甫詩續集　　　　　6015
卓光祿集　　　　　　　6015
卓山詩集　　　　　　　6272
卓氏藻林　　　　　　　4331
卓行錄　　　　　　　　2067
卓異記　　　　　　　　1884

拙

拙存堂經質　　　　1037
拙存堂史括　　　　2801
拙軒集　　　　　　5305
拙齋集　　　　　　6194
拙齋集　　　　　　6278
拙齋文集　　　　　5098

灼

灼艾集　　　　　　4130
灼薪劇談　　　　　4000

濯

濯舊稿　　　　　　3930
濯纓亭筆記　　　　4044

孜

孜堂文集　　　　　6180

咨

咨言　　　　　　　3936

滋

滋蘭堂詩集　　　　6227
滋溪文稿　　　　　5410

資

資暇集　　　　　　3733
資政要覽　後序　　2912
資治通鑑　　　　　1529
資治通鑑後編　　　1569

資治通鑑考異　　　1533
資治通鑑目錄　　　1534
資治通鑑釋文辨誤　1531
資治通鑑述　　　　2808
資塵新聞　　　　　4166

緇

緇衣集傳　　　　　638

子

子華子　　　　　　3705
子家子　　　　　　2949
子略　　　　　　　2676
子平三命淵源註　　3468
子史彙纂　　　　　4342
子史精華　　　　　4268
子史碎語　　　　　4152
子思子　　　　　　2872
子威集　　　　　　5958
子夏易傳　　　　　3
子相文選　　　　　5967
子淵詩集　　　　　5421
子苑　　　　　　　4178

紫

紫峯集　　　　　　5885
紫峯集　　　　　　6100
紫山大全集　　　　5333
紫桃軒雜綴　又綴　4063
紫微集　　　　　　5040
紫微詩話　　　　　6661
紫微雜說　　　　　3831
紫巖詩選　　　　　5299

紫巖易傳	32	宗藩訓典	4144
紫陽大旨	3028	宗譜纂要	2030
紫陽通志錄	3013	宗聖譜	2051
紫陽宗旨	2945	宗聖志	1939
		宗室王公功績表傳	1910

字

		宗一聖論	3960
字辨	1386	宗元〔玄〕集	4775
字詁	1246	宗忠簡集	5014
字鑑	1286	宗子相集	5644
字考	1373		
字考啟蒙	1365		

縱

字孿	1295		
字通	1279	縱釣居文集	6178
字溪集	5254		

鄒

字學訂譌	1373		
字學同文	1393	鄒孚如集	6028
字學新書摘鈔	3576	鄒聚所文集　外集	6013
字學元元	1405	鄒南皋語義合編	2991
字學正本	1392		
字學指南	1372		

奏

字義總略	1366		
字韻合璧	1380	奏對橐	1839
		奏對錄	1832

自

		奏疏輯略	1843
		奏疏遺橐	1848
自警編	3901	奏議	1846
自鳴集	5165	奏議橐	1857
自堂存橐	5302	奏議稽詢	1864
自怡集	5525		
自娛齋詩集	6070		

祖

自愉堂集	6041		
自知堂集	5925	祖英集	4895

宗

最

宗伯集	5653	最古園二編	6240

醉

醉翁滑稽風月笑談　　　4579

檇(欈)

檇李詩繫　　　6453
檇李往哲前編　　　2020
檇李往哲續編　　　2058

尊

尊白堂集　　　5129
尊道集　　　3043
尊孟辨　續辨　別錄　　　1073
尊前集　　　6816
尊聖集　　　1934
尊鄉錄節要　　　1997
尊拙堂文集　　　6031

遵

遵道錄　　　2966
遵生八牋　　　3890
遵巖集　　　5625

昨

昨非齋日纂　　　4157
昨夢錄　　　4510

左

左傳補注　　　886
左傳杜解補正　　　865
左傳杜林合注　　　860
左傳杜註補義　　　944

左傳附注　　　849
左傳國語國策評苑　　　4185
左傳紀事本末　　　1612
左傳節文　　　898
左傳評　　　959
左傳拾遺　　　943
左傳事緯　　　871
左傳統箋　　　925
左傳姓名考　　　945
左傳屬事　　　855
左傳註解辨誤　　　908
左粹類纂　　　4304
左國腴詞　　　2110
左略　　　3104
左史諫草　　　1806
左氏兵法測要　　　3105
左氏兵略　　　3102
左氏春秋鐫　　　907
左氏君子例　　　899
左氏論　　　908
左氏釋　　　856
左氏討　　　908
左司筆記　　　2659
左觿　　　904
左繡　　　947
左逸　　　1703
左忠毅年譜　　　1984

佐

佐同錄　　　1417
佐元直指圖解　　　3480

作

作師編　　　3002

作義要訣　　　　　6695

厝

厝堂集　　　　　　6241

嶧

嶧崓山人集　　　　6276

碧

碧谿詩話　　　　　6669

著者姓名索引

1. 人名次序，按人名第一字的漢語拼音順序排列；第一字相同者，按第二字的漢語拼音為序，以此類推。

2. 同姓名者按頁碼順序排列。

3. 以別名、廟號等著錄者，加圓括號附於姓名之後。

4. 不著撰者姓氏的，其經《總目》或今人考定者，從之。此外概著"無名氏"。

5. 帝王敕撰的書，以奉敕人為著者，《總目》未列奉敕人者，概著"奉敕撰"，後括注帝王廟號。

6. 著者係明代藩王，以其姓名著錄，而以封號附注于後。

7. 朱子、張子著錄為朱熹（朱子）、張載（張子），餘同。

8. 著者姓名因避諱改字或闕筆者，闕筆的逕改正；改字的不變，而以正字括注於後。

9. 著者但有姓氏或僅有名字或別號的，按原題列名。

10. 著者姓名誤題或有誤字者，以考訂校改所定為準。

阿

阿桂　1603,2598
阿思喀　2389

艾

艾南英　424
艾儒略　2329,3973
艾性夫　5323
艾元英　3245

愛

愛新覺羅·福臨（世祖章皇帝）　972,
2912,2915,4622
愛新覺羅·弘曆　493,580,604,639,
1006, 1794, 2714, 2770, 2914,
5677－5679
愛新覺羅·玄燁（聖祖仁皇帝）　135,
382,492,862,1109,1186,1296,
1643,1791,1792,2158,2767,
2913, 2917, 3297, 3334, 3414,
3550,3653,4265 － 4269,5675,
6431, 6433, 6435, 6437, 6824,
6831
愛新覺羅·胤禛（世宗憲皇帝）　862,
973, 1793, 1795, 1796, 2609,

2914,2918,5676

安

安箕　6205
安磐　6698
安世鼎　6173
安世鳳　4068,4104
安文思　2508
安熙　5352
安致遠　6116

敖

敖繼公　601
敖陶孫　6469
敖英　2973,4040
敖刹　3921

白

白居易　4214,4821
白乃貞　6134
白樸　6812
白珽　3859,5339
白瑜　1936
白悦　5923
白雲霽　4657
白允〔胤〕謙　3013,6097

班

班固　1456,1621,3729,4463
班昭　1456

包

包大中　5996

包衡同　4146
包恢　5226
包節　2367,5924
包儀　151
包瑜　4298
包拯　1802

葆

葆真子　4698

寶

寶巴(保八)　89

鮑

鮑彪　1682
鮑溶　4824
鮑山　3134
鮑泰　3345
鮑恂　192
鮑應鼇　2589
鮑楹　6623
鮑雲龍　3371
鮑照　4733

貝

貝琳　3285
貝瓊　5488

畢

畢方濟　3976
畢沅　2286
畢曰澟　2096,2496
畢振姬　2481,6117

畢仲游　4988
畢自嚴　5658

邊

邊貢　5599,5847
邊連寶　6269
邊韶　1621
邊習　5899

卞

卞管勾　3275
卞袞　1366
卞榮　5814
卞永譽　3555

伯

伯益　4457

卜

卜大同　3096
卜世昌　1585
卜子夏　3

布

布粟子　4160

步

步履常　4690

蔡

蔡璨　2977,5919
蔡保禎　1994

蔡卞　459
蔡琛　2587
蔡傳　6716
蔡德晉　614
蔡方炳　2343,2548,3030
蔡逢時　2417
蔡復賞　1934
蔡國熙　2020
蔡國珍　5975
蔡含生　4091
蔡節　1087
蔡戡　5145
蔡克廉　5918
蔡鵾　6569
蔡鍊　6500
蔡洛　3061
蔡夢弼　6684
蔡模　1085
蔡清　111,1103,2960,2961,5586,
　　5833
蔡汝柟　5925
蔡汝楠　1031,6518
蔡汝賢　2506
蔡善繼　4566
蔡伸　6771
蔡沈　353,3369
蔡昇　2423
蔡士順　6584
蔡士英　6602
蔡世遠　5706,6454
蔡條　4415
蔡烽　1710
蔡悉　412,1133
蔡憲陞　4545

蔡襄　3633,3647,4891

蔡以封　6275

蔡邕　1621,3730,4723

蔡羽　3939

蔡淵　67

蔡元定　1174,3386,4614

蔡雲程　5916

蔡璋　426

蔡正孫　6690

蔡宗兗　1207

滄

滄州樵叟　1893

曹

曹安　3873

曹本榮　134,1864,6601

曹彬　1704

曹炳曾　6245

曹伯啟　5357

曹參芳　1779

曹昌言　4176

曹臣　4147

曹大章　5968

曹端　2843,2957,5555

曹爾成　432

曹璜　6031

曹金　2368

曹亮武　6099,6850

曹履吉　6055

曹乾學　5987

曹溶　2055,2099,2657,2741,3696,
　　4197,6091

曹士冕　2700

曹壽　1621

曹素功　3674

曹庭棟　327,771,981,3058,3597,
　　4107,6276,6456

曹庭樞　6251

曹無極　4700

曹熙衡　2445

曹錫淑　6266

曹學佺　235,236,421,912,2309,
　　2342,2432,4064,6413,6554

曹勛　1691,5032

曹勳　6638

曹彥約　2757,5174

曹鄴　4839

曹一士　6255

曹寅　3686,6210

曹熿曾　6245

曹于汴　3964,5659

曹煜　2976

曹煜曾　6244

曹允〔胤〕儒　3085

曹昭　3888

曹貞吉　6174,6814

曹植　4726

曹志　5780

岑

岑安卿　5423

察

察罕　1577

柴

柴奇　5873

柴紹炳　1415,4346,6111
柴升　6607
柴隨亨　6365
柴望　3475,5276,6365
柴惟道　6072
柴元彪　6365
柴元亨　6365

羈

羈然子(元懷)　4580

長

長谷真逸　4516

常

常達　6305
常德　3244
常建　4770
常倫　5877
常璩　2122,2496
常棠　2193
常挺　6467

莨

莨仕周　321

晁

晁補之　4977,6765
晁公遡　5088
晁公武　2673
晁季一　3624
晁迥　3724,4596,4605,6317
晁瑮　2727

晁說之　2853,3815,4976

巢

巢元方　3153

朝

朝鮮國所刊　6514

車

車垓　624
車若水　3851
車璽　2393

陳

陳阿平　6206
陳昂　6062
陳翱　1884
陳柏　5963
陳邦俊　4585
陳邦科　6024
陳邦彥　3699
陳邦儀　6081
陳邦瞻　1596,1597
陳葆光　4681
陳璸　6220
陳炳　6170
陳伯友　3965
陳采　4686
陳燦　2537
陳策　1386
陳昌積　5938
陳長方　4436,5091
陳焯　6450

陳朝用 2429

陳琛 205,2971,5885

陳臣忠 6559

陳忱 4540

陳誠 2079,5790

陳椿 2603

陳淳 2881,5179,5994

陳綽 301,1163

陳次升 1805

陳悰 6071

陳達叟 3684

陳大科 6013

陳大綬 2378

陳大猷 360

陳大章 502

陳道 6274

陳德文 4051

陳第 245,380,1332,1333,6044

陳棣 5123

陳鼎 1917,2063,2495,3693,3699

陳東 1711,5067

陳斗 6519

陳鄂 4487

陳法 162

陳芳生 2605,3125

陳棐 5936

陳勇 3128

陳孚 5358,5768

陳傅良 812,2180,2606,5118,5753

陳高 5429

陳鎬 1932,6497

陳鵠 4441

陳瑾 29,2774

陳光裕 6638

陳規 3078

陳翰 1884

陳瀚 5929

陳澔 632

陳鶴 5907,6522

陳鶴齡 1052

陳衡 5803

陳宏〔弘〕謀 2388

陳宏謀 2951,2989,4174

陳宏緒 2284,6098

陳洪謨 5844

陳鋐 1166

陳鴻恩 723

陳厚耀 881,882,1647

陳瑚 3013

陳寰 5876

陳會 3250

陳基 5468

陳泪 5734

陳際泰 254,255,1039,1145

陳濟 4295

陳繼儒 1777, 1976, 2046, 2799,
3587, 3698, 3978, 4073, 4105,
4153-4155, 4193, 4337, 4538,
4695,6554,6573,6574,6741

陳嘉謨 5951

陳建 2981

陳薦夫 6039

陳講 2660

陳絳 3941

陳堦 2161

陳杰 5302

陳薝謨 1412,1413,3428

陳經 356,6399

陳景沂　4240

陳景元　6277

陳景雲　1466,1532,1546,2641,4795

陳樫　1562,6479

陳敬　3629

陳敬宗　5798

陳九川　5883

陳桷　3214

陳均　1551,3698

陳塏　6520

陳康伯　5747

陳克　2414

陳克昌　6518

陳恪　6553

陳騤　2518,6677

陳樂　6638

陳利用　5750

陳櫟　365,2764,3863,5370

陳良謨　4562

陳良珍　2373

陳亮　2775,4934,5195,6792

陳鎏　5938

陳龍正　2655,2939

陳錄　3918

陳旅　5405

陳履中　2388

陳倫炯　2335

陳懋仁　2475,2633,4008,4336,6741

陳懋學　4326

陳夢雷　150

陳盟　2047

陳名夏　6095

陳鳴鶴　2047,2475

陳模　2885

陳謨　5517

陳楠　2399

陳念先　1978

陳珮　6269

陳彭年　1307,2130,2621

陳鵬年　6218

陳鵬霄　1145

陳普　5759

陳其德　3977

陳其力　4128

陳其愫　6578

陳耆卿　2189,5216

陳起　6348,6350

陳啟源　498

陳器　5882

陳樵　5434

陳翹卿　2463

陳秋巖（陳義高）　5360

陳全之　4067

陳讓　2365

陳仁錫　247,683,1143,2115,3004,
　　　5738,6576,6577

陳仁玉　3652

陳仁子　5761,6358

陳如綸　5924

陳汝瑒　5998

陳汝錡　3951

陳善　4023

陳尚古　4576

陳紹儒　5940

陳深　679,828,1031,2109,4125,
　　　5300

陳詵　280,1151,2808

陳師　4048,4049

陳師道　4405，4956，4957，5742，
　6655，6839
陳師凱　369
陳師文　3177
陳詩教　3696
陳實　4607
陳士鐸　3266
陳士芳　915
陳士槐　3427
陳士鑛　2409，3124
陳士元　119，1032，1105，1106，1364，
　1655，3488，4255，4306
陳氏　6083
陳世寶　4308，4585
陳世崇（陳隨隱）　4443
陳世濬　1040
陳世隆　3868，6363
陳世仁　3339
陳仕賢　3254
陳軾　6094
陳壽　1464
陳叔方　3760
陳束　5915
陳恕可　6822
陳澍　6855
陳舜俞　2263，4910
陳思　2703，3526，3647，4240，6363
陳所蘊　6033
陳泰　5395
陳泰交　379，6071
陳天麟　1951
陳廷敬　5688，6149，6441
陳霆　2148，4000，4036，5853，6732，
　6829

陳圖　277
陳摶　3455，4681
陳完　6049
陳萬策　6238
陳維崧　2118，5695，6746
陳維一　4102
陳維岳　6196
陳暐　2709
陳煒　5819
陳文煥　6545
陳文濤　6084
陳文蔚　5188
陳文在　2451
陳文藻　6636
陳文燭　5983
陳吾德　5982
陳武　2413
陳錫　4001
陳錫嘏　6186
陳遑　6534
陳顯微　4640
陳憲　5875
陳獻章　5562，5815
陳相　3933
陳襄　2529，4899
陳祥道　661，1070
陳祥裔　2487，4355
陳性定　2422
陳秀民　6727
陳訏　3338，3353，6210，6630
陳許廷　915
陳璿　2450
陳選　2863，6638
陳勳　6045

陳恂　4079

陳循　5802

陳雅言　407

陳言　217,3184

陳巖　5300

陳巖肖　6668

陳暘　1172

陳堯　5932

陳堯道　1934

陳耀文　1005，3774，4005，4126，
　　4260,6823

陳曄　4578,6723

陳沂　1750,2010,2359,3933,4039

陳宜　5813

陳怡　1958

陳貽範　1952

陳儀　2255

陳以蘊　530

陳奕禧　2744

陳益　5806

陳翼飛　6052,6562

陳鎰　5422

陳繹曾　6692,6726

陳懿典　911,2794

陳益祥　6084

陳應芳　2247

陳應麐　4360

陳應潤　107

陳應行　6719

陳應選　3485

陳永　3124

陳友仁　572

陳有守　6530

陳櫟　3887

陳于陛　3955

陳于鼎　916

陳虞岳　1963

陳禹謨　1136，1137，3102，4066，
　　4262,4584

陳與郊　719,1352,1848,4319,5722,
　　6019,6459

陳與義　5034,6778

陳玉輝　6047

陳玉璂　6176

陳郁　3852

陳淵　5089

陳元晉　5211

陳元靚　2157

陳元亮　541

陳元龍　4270,6202

陳悅道　371

陳越　6317

陳雲式　6743

陳允衡　2056,6612

陳允錫　2117

陳瓚　5975

陳藻　5124

陳造　5171

陳則通（鐵山先生）　830

陳曾同　549

陳曾祉　6638

陳增新　6599

陳兆成　2936,4671

陳真晟　5823

陳箴　6156

陳振孫　2678

陳之伸　3981

陳之遴　6091

陳芝光　6456

陳直　3165

陳埴　2873

陳至言　6223

陳治　3262

陳治本　1773

陳致虚　4641,4686

陳中州　4583

陳仲微　1721

陳仲子　3914

陳重光　519

陳著　5261

陳撰　6237

陳子昂　4751

陳子龍　539

陳子壯　4328

陳梓　6638

陳自明　3082

陳宗　1621

陳祖范　1022,4019,6251

陳祖銘　3061

陳祖念　126

陳組綬　538

陳祚明　6157

成

成伯璵　455

成端人　1391

成克鞏　4164

成蓮　6586

成少龍　6586

成氏　3070

成廷珪　5430

成無己　3148

成象珽　6586

成勇　3006

成宰　6586

成仲龍　6586

程

程本　3705

程本立　5539

程珌　5194,6844

程川　1019

程從龍　5779

程達　4136

程大昌　43,344,516,2277,2413,
3749,3750

程大純　3050

程大位　3353

程大約　6005

程大中　1121

程道生　3412,3604

程德良　3960

程德洽　1387

程端禮　2889,5351

程端蒙　2947

程端學　833,835,5399

程復心　1931,1932

程垓　6763

程誥　5861

程公説　818

程公許　5212

程觀生　260

程顥　2846,2848,6325

程嘉燧　2464

程迥　44

程俱　2515,5035,5745

程鉅夫　5356

程君房　3671

程楷　5840

程可中　6063

程良孺　4010,4338

程良玉　3466

程林　3172

程夢星　6234

程敏政　1997，2783，2950，2960，
　5578,6398,6399,6493

程明善　6860

程明哲　684

程琦　6638

程榮　4186

程汝繼　237

程汝文　3465

程若庸　2947

程士鯤　6078

程嗣章　3059

程廷祚　171,303,885

程庭　6236

程通　5536

程瞳　2004,2967

程文德　5913,5914

程文潞　6549

程希堯　3970

程雄　3562

程一枝　1515

程頤(程子,伊川)　27，989，2846，
　2848,6325

程玉潤　242

程元初　1408,1588

程元愈　2466

程好之　4192

程允基　3597

程湛　2940

程哲　4090

程正己　6050

程正揆　4078,6090

程至善　2798

程卓　1718

池

池本理　3414

褚

褚伯秀　4631

褚藏言　6307

褚澄　3152

褚克明　3602

褚峻　2723,2746

褚少孫　1443

儲

儲大文　5709

儲光羲　4771

儲欓　5832

儲欣　939,6217,6622

儲泳　3847

儲掌文　6238

崔

崔豹　3731

崔旦　2651

崔敦禮　3725,5122

崔鴻　2125,2126

崔紀　299,1161,3049

崔嘉彦（紫虚真人）　3243

崔令欽　4375

崔冕　4350

崔桐　5884

崔維雅　2406

崔銑　112，2354，2727，2901，2964，
　　5608，5750，5856，6504

崔涯　5919

崔子方　800，801，803

崔子璟　1959

崔遵度　6317

戴

戴表元　5323

戴昺　5224

戴德　649

戴侗　1280

戴復古　4112，5169，6806

戴冠　715，4044，5868

戴光啟　1975

戴豪　6496

戴鋐　1167

戴鼇　5886

戴金　2970

戴經　2972

戴鯨　6516

戴璟　2362，2789

戴君恩　524，3966

戴凱之　3649

戴葵　2426

戴笠　1615

戴良　5451，5777

戴起宗　4653

戴啟宗　3206

戴欽　5883

戴任　2160

戴日强　2381

戴天恩　298

戴天章　298

戴廷槐　222

戴溪（戴少望）　470，819，1081，3090

戴羲　2161

戴銑　1961

戴栩　5210

戴英　2463

戴顒　6497

戴有孚　4160

戴虞皋　292

戴原禮　3204，3208

戴埴　3763

丹

丹元子　3342

道

道翹　4744

鄧

鄧伯羔　223，3776

鄧椿　3522

鄧漢儀　6618

鄧淮　1999

鄧來鸞　916

鄧林　5791

鄧渼　6043

鄧夢文　194

鄧名世　4227

鄧牧　2279,2458,5295

鄧慶寀　3692

鄧球　3940

鄧汝功　6278

鄧深　5081

鄧肅　5047

鄧廷羅　3105

鄧文憲　1218

鄧文原　5329

鄧析　3110

鄧顯麒　1837

鄧庠　5829

鄧雅　5472

鄧以讚　6012

鄧玉函　3293,3618

鄧元錫　746,1032,1657,1658,5973

鄧原岳　6037

鄧雲霄　6043,6738

鄧志謨　4354

鄧忠臣　6319

鄧鍾　2418

鄧鍾岳　3049,6239

狄

狄沖　5904

刁

刁包　139,1148,3016,6088,6597

刁衎　6317

釣

釣瀛子　1763

丁

丁昌遂　4356

丁度　1308,1315,3075

丁奉　5870

丁復　5388

丁鶴年　5442

丁愷曾　1054

丁明登　4145

丁其譽　4168

丁嗣澄　6172

丁特起　1708

丁惟曜　2436

丁謂　6317

丁養浩　5838

丁耀亢　6162

丁易東　81,189,3372

丁詠淇　6263

丁元吉　1960

丁元薦　4533,6031

丁瓚　3235

東

東方朔　3387,3432,3467,4461

東軒居士　3180

東軒主人　4574

東野武　1941

董

董炳　3255

董炳文　2162

董承詔　3103

董傳策　1843,2085,5962

董淳　4487

董德鏞　4155

董鼎　367,969

董份　5942

董弅　6331

董豐垣　3792

董逢元　6853

董復表　2045

董復亨　6037

董穀　2358,4525

董穀士　2162

董含　6146

董漢策　3979

董汲　3167,3168

董紀　5511

董楷　76

董良遂　2371

董訥　1857,6177

董其昌　2630,3878,4104,6032

董史　3527

董守諭　130

董説　260,2568,3261,3350,6591

董斯張　2211,4264,6587

董嗣成　6028

董嗣杲　5288,5289

董燧　5920

董焴　2602

董聞京　6173

董緒　5998

董養河　6078,6576

董養性　191,5778

董彝　2587

董應揚　6084

董逌　3520,3521

董俞　6600

董越　2326,2502,5827

董澐　5895

董真卿　104

董仲舒　895,5714

董遵　6512

都

都穆　1746,2082,2710,2736,3536,
　　4036,4101,4560,6731

都四德　1226

都絜　40

都卬　4033

都俞　1374

竇

竇常　6307

竇鞏　6307

竇夢麟　3242

竇臮　3495

竇克勤　3039

竇遴奇　6121

竇蒙　3495

竇牟　6307

竇苹　3639

竇群　6307

竇文炳　3058

竇文照　3969

竇庠　6307

獨

獨孤及　4781

杜

杜安世　6839
杜本　5770,6370
杜大珪　1890
杜道堅　4634
杜範　5206
杜公瞻　4204
杜光庭　3241,4677,4862,4554
杜恒燦　6126
杜桓　6487
杜涇　4324
杜開　4277
杜名齊　1979
杜牧　4825
杜瓊　2011,5896
杜思　1583
杜庭珠　6624
杜綰　3630
杜荀鶴　4851
杜佑　2552
杜預　782
杜越　6100
杜詔　6233,6624
杜臻　1927,2419
杜知耕　3336

度

度正　1950,5187

端

端木緝　3267

段

段安節　3566
段昌武　473
段成己　6368
段成式　450
段黼　6060
段公路　2290
段克己　6368
段汝霖　2511
段元一　4695

頓

頓銳　5877

鄂

鄂爾泰　2228,2229,2525

法

法若真　6118

樊

樊綽　2127
樊良樞　6048
樊深　2366,2979
樊騰鳳　1431
樊王家　4320
樊維城　4189
樊玉沖　4140
樊宗師　4814

蘋

蘋川布衣　4161

范

范成大　1922,1923,2182,2299,3642,
　　3645,5152

范承謨　5683,6132

范承勳　2450

范處義（逸齋）　461

范純仁　4935

范德機　6724,6725

范爾梅　3055

范芳　557

范公偁　4424

范光陽　6208

范光宙　2785

范泓　4300

范家相　508,509

范檟　2791

范景文　2040,5665

范坰　2139

范浚　5094

范淶　2417,2989

范蠡　4613

范理　1652

范與良　6609

范明泰　1970,5742

范凝鼎　1167

范甯　779

范梈　5384,5772

范鄗鼎　2062,6177,6613

范青　6115,6850

范士楫　6091

范守己　1768,6021,6022

范攄　4377

范泰恒　6273

范王孫　538

范望　3356

范惟一　1831

范晞文　6689

范咸　306

范曄（蔚宗）　1459

范鎮　4401

范致明　2294

范仲淹　1800,4887,5733

范祖禹　966,2751,2840,4924

范纘　6213,6851

方

方苞　584,610,644,693,696,880,
　　943,5709,6442

方承訓　6058

方大琮　5219,5220

方大鎮　2995,4140

方登嶧　6623

方殿元　6174

方芬　264

方逢辰　5276

方鳳　1835,4124,4286,5296

方干　4850

方觀承　6266,6623

方廣　3255

方龜年　4281

方豪　2082,5870,6506

方宏〔弘〕靜　5959

方回　3759,5318,6289,6369

方覲　6232

方九敘　6532

方孔炤　244

方夔　5291

方鯤　293
方瀾　2108
方良永　5594
方民悅　1762
方榘如　4717,6228
方鵬　2007,2785,4123,5866
方千里　6771
方秋崖　6500
方仁榮　2196
方日升　1409
方茶如　296,437,547
方勺　1705,4414
方深道　6722
方時化　234,235,1138,4662
方實孫　75
方士穎　6168
方仕　1360
方式濟　2313,6623
方崧卿　4789
方聞一　55
方問孝　6014
方夏　4341
方獻夫　199,5860
方象瑛　1788,6175
方孝孺　2957,5535
方旰　6014
方學漸　2021,2986,4528
方揚　6012
方頤孫　6723
方以智　3779,3879,4666
方應選　6030
方有執　3218
方于魯　3673,5998
方岳　5246

方岳貢　6578
方嶽　6721
方正瑗　3991
方中德　4356
方中履　4018
方中通　3337

房

房祺　6373
房喬　1470

飛

飛來山人　4132

匪

匪齋　2804

費

費寀　2357
費道用　6567
費袞　3843
費宏　5836,6497
費宏灝　2812
費經虞　6744
費密　6108
費寀　5874
費樞　1885
費緯裯　2066
費錫璜　6628
費誾　2623
費元祿　4103
費著　2305

封

封演　3799

風

風后　3064

豐

豐道生　1363
豐坊　210,413,522,523,906,3538
豐干　4744
豐越人　6063

馮

馮班　3912,6124,6466
馮保　1033
馮昌臨　290,3051
馮從吾　1908,2994,5657,6552
馮調鼎　1382
馮恩　5911
馮奮庸　1975
馮福京　2201
馮皋謨　5962
馮繼先　788
馮覲　5948
馮柯　4144
馮可賓　4151
馮李驊　947
馮夢龍　914,4142
馮夢禎　2630,4565,6023
馮溥　6122
馮琦　4258
馮渠　3960

馮如京　6166
馮汝弼　4564,5922
馮山　4915
馮時化　3682
馮時可　856,908,3256,3876
馮時行　5087
馮士元　2798
馮士驊　2634
馮世雍　2537
馮舒　6404,6464
馮甦　1611,1786,6151
馮廷櫆　6199
馮廷章　4342
馮惟訥　6403
馮武　3555,6464
馮協一　6196
馮學易　2653
馮椅　61,187
馮翊子(嚴子休)　4478
馮應京　488,2160,2619
馮詠　6242
馮有翼　6575
馮裕　6399
馮厚　6499
馮雲驌　6186
馮允秀　6638
馮贄　4381
馮忠恕　1950
馮孜　3100
馮子京　6533
馮子振　6371
馮祚泰　2412

奉

奉敕編(康熙)　6438

奉敕編（乾隆）　1826，6443
奉敕譯（乾隆）　1700
奉敕撰（洪武）　1325
奉敕撰（康熙）　863，1333，6835
奉敕撰（明太祖）　4118，4119
奉敕撰（乾隆）　136，864，1188，1189，
　　1297，1299，1334，1336，1337，
　　1511，1566 - 1568，1605 - 1607，
　　1644，1909 - 1911，1913，2176，
　　2211，2212，2214 - 2216，2250，
　　2331，2526，2527，2569，2571，
　　2572，2574 - 2576，2594 - 2597，
　　2604，2612，2682，2919，3135，
　　3225，3299，3301，3415，3551，
　　3552，3616，3623，3627
奉敕撰（順治）　2916

伏

伏勝　396
伏無忌　1621

符

符驗　1758，2539
符曾　6456

輔

輔廣　472

傅

傅察　5012
傅汎際　3976
傅肱　3656
傅珪　2567

傅恒　1601
傅浚　2646
傅霖　3119
傅履禮　4139
傅梅　2431
傅米石　6235
傅雱　1711
傅汝舟　5996
傅若金　5406
傅世垚　1387
傅崧卿　651
傅王露　2454
傅維鱗　1669，6121
傅維橒　6121
傅文兆　224
傅習　6379
傅燮詷　4572
傅新德　2994
傅遜　855，908
傅以漸　134
傅寅　349
傅禹　3106
傅元〔玄〕　2834
傅澤洪　2256
傅振商　5721，6560，6561
傅作興　4334

富

富大用　4235
富玹　2411

復

復堂　4664

干

干寶　4468

甘

甘復　5447
甘公石申　3341
甘雨　1402,2460

高

高陛　2469
高棅　5804,6391
高岑　6212
高宸　700
高承　4223
高恥傳　4294
高楚芳　4763
高岱　1614
高得暘　4295,5797
高德基　2306
高登　5069
高第　6506
高斗樞　1777
高爾儼　6093
高鳳翰　6277
高阜　6598
高拱　852,1104,1134,1759,1760,
　1842,1843,3727,4528,5942 –
　5944
高觀國　6804
高鶴　2369
高珩　6095
高宏〔弘〕圖　6051

高瀫　5999
高晦叟　4415
高晉　2594
高閌　811
高濂　3890,6058
高隆　2469
高名衡　6075
高鳴鳳　4186
高攀龍　124,857,2937,2939,5656
高啟　5501,5502
高銓　3123
高爽　3593,6746
高士　3254
高士奇　875,945,1612,1928,2096,
　2285,3555,3697,4016,4205,
　6619
高世泰　3013
高適　4767
高叔嗣　5624
高斯得　5245
高似孫　2185,2676,3622,3657,
　3751,4111,5754,6458
高廷珍　2469
高為表　4139
高武　3261,3262
高孝本　6218
高熊徵　2944
高彥休　4481
高陽　2955
高一志　3976
高應冕　5929,6532
高誘　1679,3714
高愈　687,2944
高元標　4173

高曰化　2088
高兆　2062
高正臣　6294
高之騤　6171
高仲武　6301
高崋　2469
高翥　5185

郜

郜坦　954
郜煜　306

戈

戈汕　3670
戈守智　3592
戈永齡　3346

葛

葛長庚　4620
葛洞　2372
葛洪　2757,3150,4362,4644,4672
葛立方　6669,6789
葛鼐　6581
葛勝仲　5023,6775
葛守禮　5918
葛萬里　4273
葛曦　6030
葛昕　5667
葛寅亮　1139,2462
葛元承　5200
葛震　2809
葛徵奇　6072,6584
葛芝　3991

葛鼐　6581

庚

庚桑楚　4647

耿

耿定向　2019,2982,4454,5973
耿介　2061,3025
耿橘　235
耿南仲　31
耿人龍　1419
耿隨朝　4307
耿志煒　6054

公

公孫宏　3064
公孫龍　3709
公羊壽　777

宮

宮夢仁　4271
宮偉鏐(宮紫陽)　4542

龔

龔鼎臣　3806
龔黃　1414
龔輝　2361,2666
龔明之　2298
龔士㕍　4179
龔璛　5348
龔廷歷　1041
龔翔麟　6857
龔敩　5528

龔詡　5541

龔頤正　3753

龔用卿　5909

龔昱　3725

龔在升　4350

鞏

鞏建豐　6234

鞏珍　2501

貢

貢奎　5372

貢汝成　745

貢師泰　5426

貢渭濱　328

貢性之　5455

句

句延慶　2133

古

古杭月堂宗賢　6000

谷

谷神子（還古）　4475

谷泰　4106

谷應泰　1610,1786

顧

顧藹吉　1302

顧斌　3103

顧昺　307,438,550

顧昌祚　3429

顧長發　3354

顧陳垿　1222,1429

顧成天　4717,4718,6256

顧成憲　4060

顧充　1366,4317

顧從德　3600

顧從義　2710

顧存仁　2539,5927

顧大申　6134,6602

顧道洪　1972

顧德基　6082

顧鼎臣　5855

顧棟高　440,506,884,3028

顧爾邁　2005

顧爾行　1862

顧簡　6055

顧景星　1384,6100

顧九思　1846

顧可久　5881

顧況　4785

顧奎光　894,4094

顧亮　2973

顧諒　2956

顧璘　2002,2962,5598

顧懋樊　258,537,919

顧夢圭　5902

顧夢游　6104

顧孟容　3674,3675

顧民㟁　2522

顧磐　5878

顧起經　5726

顧起綸　5995,5996,6542

顧起元　2738,4260,4535,6042

顧潛　5847

顧清　2352,5596

顧紹芳　6025

顧士璉　2407

顧樞　3008

顧嗣立　4832,6233,6451

顧圖河　6230

顧梧芳　6816

顧錫疇　1587,6568

顧禧　5747

顧憲成　2992,2993,5655

顧炎武　865,1011,1338－1342,2058,
　　2229，2284，2343，2441，2479，
　　2714，2715，2717，3783，4011，
　　4346

顧養謙　1845

顧野王　1261

顧瑛　5457,6383

顧應祥　1578,2149,3328,3331,3931

顧有孝　6596

顧予咸　4832

顧與沐　1974

顧煜　3603

顧元鏡　2439

顧元慶　1964,2737,6740

顧允成　5656

顧曾唯　214

顧貞觀　6612

顧鎮　511

顧正誼　2797

顧仲清　3591

顧宗瑋　947

顧祖武　6588

顧岕　2502

關

關朗　183

管

管葛山人（彭孫貽）　1785

管楫　5873

管檜　2387,6238

管時敏　5511

管志道　1135,3957,4607

管仲　3107

歸

歸有光　215,2246,4129,5649,5982,
　　6532

鬼

鬼谷子　3395,3466,3711,4613

桂

桂萼　1836,2339,3137

桂華　5878

桂萬榮　3116

郭

郭本中　4690

郭界　2079

郭礎　3590

郭大有　2799

郭棐　2370

郭棻　6134

郭鈇　6511

郭光復　3099

郭化　1971

郭稽中　3185

郭薦　2201

郭諫臣　5646

郭京　14

郭景昌　2074

郭孔延　2771

郭奎　5510

郭良翰　682,2590

郭倫　1673,2812

郭茂倩　6329

郭凝之　2050

郭璞　1231,1235,3379,3396,4457,
　　4459

郭起元　2412

郭汝霖　1765,5970

郭若虛　3508

郭士寧　1719

郭守正　1318

郭思　3509

郭彖　4491

郭惟賢　6544

郭維藩　5878

郭偉　4162

郭文周　5950

郭憲　4466

郭祥鵬　5736

郭祥正　4967

郭象　4628

郭琇　1822

郭勛　2011,6865

郭仰廉　3484

郭以隆　2463

郭翼　3869,5434

郭印　5053

郭應聘　1762

郭雍　47,6235

郭鈺　5451

郭豫亨　5373

郭元鴻　3604

郭雲鵬　5735

郭兆奎　443,1051

郭趙璧　6271

郭振遐　6281

郭正域　681,1395,2630,6550

郭之奇　1666

郭知達　4759

郭植　4019,6272

郭忠恕　1267,1268

郭子章　221,1766,2028,2341,2428,
　　3660,3697,4318,4584,6010,
　　6011,6737

郭宗昌　2712

郭宗磐　241

過

過臨汾　958

過庭訓　2040

過源　2941

海

海瑞　2018,5642,6624

海西廣氏　6864

寒

寒山子　4744

韓

韓邦靖　2209,5866
韓邦奇　112,410,1180,1208,2968,
　　3422,3463,4525,5613
韓淲　3844,5234
韓昌箕　2048,6587
韓承祚　767
韓純玉　6111
韓道昭　1321
韓鄂　4277
韓非　3113
韓晃　2433
韓經　5805
韓駒　5052
韓浚　2380
韓康伯　9
韓孔贊　4342
韓爌　1776
韓琦　4886
韓千秋　6587
韓若雲　4675
韓世能　6005
韓菼　6182
韓萬鍾　3346,3425
韓維　4930
韓偓　4848
韓孝彥　1355
韓延　3319
韓彥直　3648
韓奕　3685,5777
韓嬰　512
韓雍　5561
韓玉　6781

韓愈　1064
韓元吉　1990,5164,6310
韓祗和　3169
韓拙　3519
韓作棟　2444

杭

杭淮　5603
杭世駿　1247,1468,2723,6753

郝

郝經　1640,5314
郝敬　230,231,419,526,682,703,
　　719,911,1036,1137,1515,3963,
　　6033
郝天挺　6367
郝惟訥　1854
郝玉麟　2221,2226

何

何彬然　3678
何棨　4648
何東序　5967
何棟如　1768,3488
何光遠　4386
何國材　3050
何繼高　2653
何景明　2353,3931,5607
何烱　6557
何楷　131,489
何良臣　3080,3099
何良俊　4047,4455,4530,5987
何戀永　4360

何夢桂　5282

何夢瑤　1223

何孟春　1813,2928,4035,5843,6730

何鏌　2089

何溥　3384

何喬新　676,4299,5569

何喬遠　2376,6550

何去非　3077

何若愚　3245

何三畏　4320

何思登　2786

何坦　3919

何鏜　2368,2415,2489

何瑭　3248,4181,5605

何濤　5958

何通　3600

何維柏　5935

何偉然　4194,4340

何蓮　3825

何汶　6688

何欽　6469

何希之　5761

何祥　2979

何休　777

何琇　3790

何遜　4737

何晏　1060,1062

何異孫　1000

何宇度　2309

何源　5976

何中　1575,2936,5371

何屬乾　2066

何天爵　2431

和

和凝　3115

和斯輝　3684

和素　3562

和嶧　3115

河

河上公　4616

鶡

鶡冠子　3708

賀

賀成大　404

賀登選　255

賀復徵　6424

賀欽　5580

賀裳　2807

賀時泰　3002

賀泰　6502

賀祥　2792

賀貽孫　540,3980,6105

賀應保　3963,3964

賀沚　219

賀中男　2051

賀仲軾　2090

賀鑄　4996

洪

洪芻　3628,5022

洪皓　1691,5049

洪化昭　250

洪邁　2103,3748,4110,4492,5147,
　　6334,6714,6715
洪韠　201
洪朋　5009
洪啟初　243
洪若皐　6140,6460
洪适　2695,2697,3621,5148
洪璟　6844
洪武中官撰　2339
洪希文　5369
洪興祖　4707
洪炎　5020
洪焱祖　5404
洪應明　4566
洪垣　2790
洪知常　4684
洪咨夔　824,5203,6797
洪遵　1514,2517,3668

侯

侯甸　4561
侯繼高　2507,3096
侯克中　5371
侯善淵　4661
侯一元　2980
侯寘　6784

胡

胡安國　809,2856
胡炳文　93,1095,4253,5353
胡布　6385
胡澄　3927
胡淳　317
胡次焱　5282

胡粹中　1564
胡寘　3304
胡方平　77
胡廣　110,375,485,634,846,1102,
　　2894,3872,5797
胡桂奇　1966
胡衮　3954
胡翰　5490
胡宏　1539,2866,5078
胡會恩　6186
胡接輝　6585
胡經　211
胡敬辰　6066
胡居仁　116,2897,2959,5593
胡浚　6239
胡爌　3781,4153
胡奎　5526
胡來聘　2381
胡良顯　296
胡掄　759
胡夢泰　2801
胡謐　2346
胡鳴玉　3791
胡其久　1935
胡慶豫　6279
胡銓　5077
胡三省　1529,1531
胡尚洪　4152
胡邵瑛　1413
胡時忠　2057
胡士行　362
胡氏　3438
胡世安　268,2740,3596,3658,3659,
　　6089

胡世寧　1812,2394

胡侍　4039,4040

胡舜申　2077

胡舜陟　1865

胡嗣廉　3253

胡松　2364,5916,6407

胡宿　4884

胡太初　2531

胡天游　5435

胡統虞　3014

胡維新　4184

胡渭　153,391,392,1110

胡文煥　3594,3665,4191,4336

胡文學　1855,2092,2657,6452

胡我琨　2603

胡夏客　6162

胡獻忠　3438,3484

胡效臣　4135

胡行簡　2578,5462

胡煦　160,3393

胡儼　4295,5547

胡彦　2648

胡彦昇　1195

胡一桂　85,2764

胡一中　405

胡亦堂　6601

胡寅　2774,2943,5079

胡應麟　3909,5652,6022,6739

胡永禔　2065

胡與高　4663

胡瑗　22,339,1170

胡在用　1166

胡瓚　419,2404

胡曾　4844

胡震　90

胡震亨　2379,4065,6556,6699,6743

胡鎮　6063

胡正言　3601

胡知柔　1874

胡祗遹　5333

胡直　2982,5645

胡仲弓　5267

胡助　5414

胡仔　1765,6676

胡續宗　2355,2968,2969,5867,6490

胡作柄　2067

湖

湖上逸人　4090

扈

扈蒙　4487,6311

花

花村看行侍者　1784

華

華悰韡　3922

華國才　6558

華浣芳　6237

華慶遠　2805

華善繼　6039

華善述　5988

華叔陽　6008

華希閔　4356

華學泉　933

華鑰　5904

華幼武　5775
華玉淳　439,980
華岳　5209
華兆登　246
華鎮　4980

滑

滑壽　3144

懷

懷應聘　6220
懷悦　6486

桓

桓寬　2826

環

環中迁叟（陳士元）　2307

幻

幻真先生　4679

皇

皇甫沖　4521
皇甫錄　4521
皇甫謐　1883,3146
皇甫汸　3937,5628,6735
皇甫冉　6304
皇甫湜　4802
皇甫涍　2017,5630
皇甫曾　6304
皇侃　1060

黃

黃百家　3030,3031,3339,6212
黃汴　2341
黃秉石　4150
黃伯思　2692,3669,3739
黃采　3017
黃煒　6519
黃朝英　3741
黃徹　6669
黃承昊　3260
黃承元〔玄〕　2403
黃澄　2943
黃樵　460
黃淳耀　2478,5674
黃大輿　6817
黃道周　127，381，634，636－638，
　　915,972,2910,3104,3373,6576
黃登　6629
黃帝　4613
黃鼎　3444
黃度　350
黃端伯　252,6073
黃鳳池　3587,3588
黃鳳翔　1779
黃福　5793
黃傅　5842
黃復祖　901
黃榦　5177
黃庚　5322
黃公度　5090,6795
黃公紹　5298
黃宮繡　3270
黃光昇　1583

黄光岳　6633

黄廣　757

黄鶴　3670,4761

黄宏〔弘〕綱　5884

黄洪憲　2151,6737

黄淮　1824,5550,5792

黄奐　4071

黄姬水　2022,6056

黄畿　3420

黄機　6805

黄繼善　2778

黄家杰　329

黄家遴　1980

黄建中　1851

黄諫　1359

黄玠　5368

黄金　5905

黄金璽　4294

黄潛　3770,5391

黄景　1621

黄濬　1933

黄克晦　6062

黄克纘　2402

黄孔昭　1859

黄琳　2639

黄燐　332,445

黄魯曾　2000,6509

黄履翁　4245

黄倫　355

黄名甌　4096

黄鵬揚　2806

黄溥　4002,6488

黄齊賢　4172

黄起龍　1851

黄千人　6265

黄謙　4583

黄乾行　716

黄芹　199

黄卿　6399

黄任　6224

黄容　2067

黄溶　6258

黄儒　3634

黄汝亨　1863,2039,2492

黄潤玉　1994,2346,4032

黄裳　4981

黄慎　3452

黄生　1246,3784,4164,5723

黄昇　6807,6819

黄省曾　2504,3939,4304,5920

黄晟　1943

黄石公　3072

黄時燿　4142

黄叔儆　2549

黄叔璥　2097,2312,2745,3045

黄叔琳　287,288,547,692,738,940,
　　　　 2773,4172,4547,6644

黄庶　4900

黄澍　4194

黄滔　4854

黄體仁　6048

黄天全　2436

黄廷鵠　2044

黄廷桂　2226

黄庭堅　4952,5740,6760

黄為鶚　3062

黄惟楫　5988

黄偉節　2053

黃暐　4582
黃文煥　536,4714,5715,6066
黃文澍　3062,4054
黃希　4761
黃希旦　5739
黃希憲　4127
黃憲　3915
黃休復　3505,4489
黃璿　2347
黃訓　1825,4043
黃彥平　5044
黃養蒙　2540
黃一鳳　3483
黃一正　4323
黃以升　4329
黃應徵　6070
黃永年　6270
黃禹金　4195
黃瑜　3577,4518
黃虞稷　2683
黃俁卿　1769
黃元會　4069
黃元龍　6062
黃元御　332,3236,3238－3240,3272,
　　3273,4664
黃元忠　2379
黃越　6230
黃雲　5862
黃瓚　5833
黃澤　91
黃哲　6393
黃禎　5906
黃震　1638,2881
黃鎮成　368,5401

黃正憲　221,909
黃之雋　5710,6241
黃中　1982
黃中松　507
黃裒　2327,5845
黃鍾　6187
黃仲炎　823
黃仲元　995,5283
黃仲昭　2348,5579
黃宗羲　141,640,1110,1914,2408,
　　2446，2805，3022，5769，6099,
　　6444,6615,6616,6700
黃宗炎　142
黃佐　671,1208,1751,2010,2360,
　　2522,2536,2973,3420,5621,6510

惠

惠棟　5,167,168,170,886,1015,
　　6141
惠士奇　160,585,883
惠周惕　503

火

火源潔　1358

霍

霍韜　1749,1830,5879

嵇

嵇含　2287
嵇康　4727
嵇永仁　5692
嵇曾筠　2220

稽宗孟　6181

季

季本　203,486,678,742,906,1206,
　　1933,2971
李麟光　2484
季嫻　6639

紀

紀克揚　270,1147
紀坤　6076
紀容舒　1344,5725,6292
紀廷相　2035
紀延譽　23463
紀昭　556,4176

計

計東　6148
計有功　6670
計宗道　4289

家

家鉉翁　827,5290
家頤　2949

賈

賈必選　240
賈昌朝　1241
賈島　4809,6713
賈公彥　558,591
賈銘　3685
賈三近　6540
賈思勰　3126

賈棠　6624
賈誼　2824
賈詠　6515

江

江八斗　6640
江德中　2486,4091
江東偉　4568
江東之　6025
江繁　1857,2641
江瓘　3214,5990
江見龍　286
江閿　2312
江默　2414
江柟　238
江少虞　3898
江為龍　1044
江休復　4400
江旭奇　4329
江淹　3660,4736
江以達　5910
江以東　6009
江應宿　3214
江應曉　4051
江盈科　2035
江永　588,619,646,648,665,708,
　　891,1020,1118,1197,1345,
　　1433,1984,2862,3312
江昱　445,1436,4094,6269
江遹　4627
江元禧　6586
江元祚　6586
江貞　3671
江之棟　3480

江之蘭　3272
江贄　1574

姜

姜寶　214,854,5968
姜炳璋　511,957
姜垛　6074
姜宸英　2419,3787,5701,6222
姜宏範　2402
姜洪　5811
姜夔　2698,3523,5201,6798,6842,
　　6843
姜清　1748
姜虬綠　2455
姜日章　1388
姜紹書　3589,3892
姜特立　5184
姜文燦　557
姜希轍　925
姜兆錫　286,287,440,546,698,732,
　　738，760，938，939，980，1348，
　　2929,2930
姜兆熊　4531
姜震陽　222
姜志禮　6034
姜中貞　4699

蔣

蔣超　2442,4081
蔣燾　5862
蔣宏〔弘〕任　2454
蔣鑛　2433
蔣驥　3560,4295,4711
蔣家駒　434,939

蔣捷　6811
蔣景祁　939
蔣麟昌　6268
蔣冕　5837,6729
蔣鳴玉　1039,6586
蔣平階　1783
蔣溥　2266
蔣如苹　2380,6561
蔣山卿　5880
蔣時雍　262
蔣堂　4879
蔣悌生　1001
蔣廷錫　394
蔣維鈞　3789
蔣錫震　6230
蔣信　2978,5923
蔣一彪　4642
蔣一葵　4153,6524,6743
蔣伊　3034
蔣儀　3251
蔣以化　4531
蔣以忠　3956
蔣軼凡　4195
蔣永修　977,2944,6122
蔣之翹　1662
蔣中和　6138
蔣子正　4448

焦

焦芳　2567
焦竑　230，1294，2033，2728，3961，
　　4062，4139，4534，4622，4632，
　　4661,6552
焦希程　1763

焦延壽　3388

焦映漢　6624

焦煜　1965

焦袁熹　878,1043,1118,1157,1589

焦周　4075

皆

皆春居士　4122

揭

揭傒斯　5386,5773

揭暄　3350

解

解縉　1902,4032,4295,5543

解蒙　102

金

金賁亨　2004,2053

金敞　6243

金誠　317

金德嘉　6199

金德玹　6492

金鉽　2227

金簡　2614

金建中　6060

金江　2016

金涓　5441

金君卿　4905

金侃　4572

金履祥　362,1090,1091,1560,5301,
　　6472

金尼閣　1410

金農　6275

金甌　927

金汝諧　2040

金綎　316,6261

金維嘉　3993

金維寧　2808,4547

金庠　6486

金瑤　216,680,5997

金友理　2411

金幼孜　1733,5551

金贇仁　2627

金張　6203

金之俊　6087

金志章　6250

金忠士　6038

靳

靳輔　1821,2254

靳貴　5841

靳學顏　5933

京

京房　3390

荊

荊浩　3502

荊之琦　2654

景

景齊　3486

景日昣　2450,3042

景星　1101

九

九仙君　3459

覺

覺羅石麟　2224

康

康海　2208,5604,5851
康麟　6493
康呂賜　1165,3056
康駢　4479
康萬民　4731
康偉然　2071
康與之　4510

柯

柯洽　3441
柯潛　5564
柯尚遷　578
柯維騏　1653
柯暹　5801
柯願　2448
柯仲炯　3348

孔

孔安國　337,963
孔承慶　5819
孔承倜　2986
孔傳　1867
孔鮒　2819
孔平仲　3814,4406,6323
孔齊　4514

孔融　4724
孔尚典　6163
孔尚任　2070,2162,4173,6212
孔尚質　2155
孔天允　5921
孔文仲　6323
孔武仲　6323
孔延之　6322
孔衍栻　3591
孔穎達　9,450,627
孔毓功　6165
孔毓圻　2592
孔毓瓊　6164
孔元祚　1930
孔貞瑄　1220,2494,6153

寇

寇慎　1142
寇天敘　5871
寇準　4868

況

況叔祺　4309,5960

酈

酈露　2330

來

來保　1600
來鴻雯　2411
來集之　256,257,4152,4153
來濬　2739
來汝賢　5922

來斯行　4143
來行學　3598
來儼然　6041
來知德　120,3943

賴

賴鳳升　6641
賴鯤升　6641
賴緯鄴　6641
賴良　6384
賴文俊　3385
賴以邠　6861

藍

藍鼎元　1613,2070,2097,3052,5710
藍千秋　6267
藍仁　5498
藍潤　6119
藍田　5903,6399
藍智　5499

蘭

蘭廷秀　1401

郎

郎遂　2465
郎廷槐　6702
郎廷極　2635,4167
郎瑛　4041
郎兆玉　682

勞

勞大與　2481,3986,4169

勞堪　6529
勞巘　6205,6632
勞史　3050
勞孝興　6752

老

老君　3406
老圃　3803

勒

勒德洪　1598

雷

雷鐸　6221
雷鋐　2925
雷樂　206
雷禮　1578,2014,2366,2538
雷思齊　83

冷

冷謙　4690
冷士嵋　6165

黎

黎定國　2487
黎耿然　6155
黎靖德　2864
黎久　3925
黎立武　1088
黎民表　5630,6521
黎士宏〔弘〕　6138
黎遂球　250
黎堯卿　4123

黎由高　329

黎勔　2141

黎貞　5787

李

李安仁　2461

李翱　1064,1884,3604,4804

李白　4756

李百藥　1481

李邦獻　2855

李本固　231,4535

李壁　4939

李標　2447

李賓　6566

李伯璵　6498

李材　3097,5978

李昌齡　3919

李昌祺　5553

李長科　4159

李陳玉　264

李成　3572

李呈祥　6096

李承芳　5841

李承箕　5836

李澄叟　3574

李澄中　2095,6191

李沖昭　2262

李翀　3862

李樗　460

李處權　5060

李春芳　5950

李春熙　6042

李純甫（之純）　3920

李淳風　3319,3322,3432

李綽　3801

李從周　1279

李存　5408

李大濬　699

李當泰　1373

李道傳　3093

李道純　4685

李道謙　4687

李燾　1353,1541,1574,2758

李德　6393

李德裕　3089,4369,4818

李登　1370,1402

李鼎祚　11

李東陽　1742，2080，2567，2783，5572,6492,6696

李侗　2943,5746

李鶚翀　4145

李蕃　6146

李昉　4220,4487,6311

李鳳雛　1672

李孚青　6197

李涪　3736

李符　6195

李紱　1984,3046,3047

李黼　747,4302

李復　4984

李復言　4551

李復陽　2985

李淦　6686

李綱　1711,1832,5016,5745

李高　6534

李杲　3196,3197,3244

李格非　2276

李根同　1381

李庚　6343

李公柱　3007

李埈　156，756，769，1155，1195，3040,3041,6216

李韠　5760,6346

李覯　4904

李觀　4807

李貫　4295

李光　32,5027

李光地　148，149，392，499，672，1113，1190，2845，2924，4662，4670,4716,5703,6614

李光墍　1782

李光坡　581,608,643,6167

李光暎　2720

李貴　2019

李蓘　4046,5970,6408,6409,6528

李國木　3450

李國祥　6580

李國橚　6054

李果　6262

李過　64

李瀚　4216,4278

李好文　2280

李灝　3423

李賀　4811

李衡　48,3725

李洪　5150

李㙥　4508

李華　4783

李化龍　1766,1847,6022

李焕章　6107

李璣　5930

李吉甫　2167

李集鳳　933

李紀　1654

李繼本　5444

李檟　2436

李簡　99,190

李江　3358

李誠　2613

李錦　4045

李京　1392

李經綸　747,1132,3422

李敬　6124

李靖　3073

李君(李鴻)　6593

李俊民　5309

李濬　4376

李開先　271,3582,5917

李愷　1757

李鐕　1648,6276

李堪　4693

李衎　3528,3576

李克家　3437

李匡乂　3733

李來泰　6135

李來章　2511,6183

李淶　6012

李樂　4531

李廉　837

李濂　2012,2282,3251,4102,5881

李良年　6192

李林甫　2512

李流芳　5664

李流謙　5050

李劉　5215

李隆基(唐玄宗)　964,2512

李輅（繡雲居士）　4149

李呂　5126

李昴英　5238,6843

李茂春　2032

李懋緒　6161

李夢陽　1863,3929,5596

李彌遜　5038,6774

李敏　6530

李明復　820

李默　2011,4526,5893

李穆　4487

李念慈　6154

李攀龍　4306，5635，5946，5947，
　　6406,6524,6734

李盤　3105

李彭　4993

李鵬飛　4685

李丕則　3987

李頻　4836

李朮龠　2375

李朴　1947

李祁　5453

李奇玉　251

李耆卿（李塗）　6685

李琪　823

李琪枝　4585

李杞　74

李欽夫　3468

李清馥　1921,2072

李清照　6780

李筌　3074,4613

李碻　2441,6098

李群玉　4837

李讓　2354

李日華　1973，2089，2090，2544，
　　3585,3878,4063,4323,6739

李日茂　6032

李容〔顒〕　1155,6102

李如篪　3835

李如洤　6152

李如圭　594,596,702

李茹旻　6234

李若水　5011

李三才　1863

李善　6287

李商隱　4829

李上交　3738

李紹文　4335,4537

李紳　4817

李生寅　6058

李繩遠　4351,6170,6603

李嵊慈　1968

李石　185,899,4502,5115

李時　1747

李時芳　2432

李時漸　6529

李時勉　5554

李時珍　3216-3218

李實　1737

李士實　2784

李士瞻　5413

李世民（唐太宗）　2837,3073

李仕學　4107

李栻　4130,4132

李舜臣　3091,5625

李嗣京　6581

李嗣真　3571

李嵩　6066

李遂　1839

李泰　2160

李湯卿　3253

李泰　3482

李堂　5838

李騰芳　6035

李天經　3293

李天麟　2543,6547

李廷寶　1967

李廷機　2032,4138

李廷忠　5181

李同芳　2088

李萬實　5948

李維　2643,6317

李維樾　1877

李維楨　2771,4055,6009

李韠　1972

李衛　2218

李燾　6119

李文察　1212

李文鳳　2150

李文來　3266

李文利　1204

李文秀　1958

李文淵　959,3272

李文炤　297,696,944,2938,2945

李文仲　1286

李文燭　4693

李文子　1594

李仙根　1786

李先芳　486,5956,5957

李賢　1735,2174,4033,5559

李獻民　4556

李孝光　5418

李孝美　3623

李孝元　3604

李心傳　65,1548,1953,2559,2761

李新　5010

李新芳　5906

李虛中　3395

李翊　4069

李學孔　1589

李迅　3187

李延壽　1488

李堯民　6018

李藥師　3262

李冶　3327,3329,3860,6306

李鄴嗣　6163

李沂　6031

李頤　1846

李因篤　6188,6617

李蔭　6528

李尤　4553

李寅　294

李應奇　2437

李瀅　4163

李邕　4754

李永昌　6078

李攸　2557

李尤　1621

李幼武　1888

李璵　4196

李昱　5512

李豫亨　3942

李元弼　6549

李元鼎　6087

李元綱　2948,3919

李遠　6278

李曰滌　4199
李雲鵠　1862,6528
李雲鴻　6528
李雲翔　4152
李雲鴈　6528
李樆　2654
李澤長　1668
李曾伯　5232
李璋　5895
李昭玘　4989
李兆先　5894
李肇　2514,4367
李肇亨　4334
李楨　1967
李楨宸　426
李振裕　6179,6614
李徵　5928
李正民　1712,5045
李之純　3457
李之芳　1854,6125
李之素　978
李之彦　3920
李之儀　4982,6766
李之藻　2589，3293，3295，3296，
　　3332,4187
李鷹　3512,3816,4963
李贄　213，1655，1656，3086，4127，
　　5966,6526
李宗孔　4274
李中　5882
李中梓　3257,3258
李衷燦　3985,3986
李鍾璧　6222
李鍾峩　6228

李鍾倫　582
李鍾僑　547
李重華　1049
李周翰　6287
李周望　2639
李灼　1943
李子金　3353
李宗　6528
李宗諤　6317
李宗渭　6236
李祖惠　1167
李嶟瑞　6161

利

利類思　2508
利鑾孫　900
利瑪竇　3289,3333,3970 - 3973

栗

栗應宏　5985

厲

厲鶚　1505,2314,2470,3558,5711，
　　6456,6706

櫟

櫟社老人　6753

酈

酈道元　2231

連

連斗山　172

連文鳳　5293

連鑲　4530

漣

漣川沈氏　3139

練

練子寧　5534

梁

梁本之　5793

梁儲　2567,5584

梁春暉　6104

梁份　6164

梁珪　6175

梁機　6234

梁克家　2180

梁蘭　5519

梁夢龍　2110,2650

梁佩蘭　6206

梁潛　4295,5546

梁橋　6736

梁清標　6097

梁清遠　4080,6118

梁善長　6635

梁詩正　2267

梁萬方　760

梁維樞　4543

梁文濂　6246

梁益　780

梁寅　108,483,2587,5470

梁用行　4295

廖

廖道南　1752,1903

廖剛　5106

廖紀　1131

廖世昭　2340

廖騰煃　6178

廖文英　2467

廖行之　5174

廖瑩中　992,4795

廖用賢　4336

廖瑀　3448

廖元度　6619

廖莊　5807

列

列御寇　4625

林

林寶　4212

林本裕　2387

林弼　5483

林瀍　4326

林表民　6344

林秉漢　6041

林昂　2988

林迪　4874

林春澤　5882

林侗　2718

林駧　4245

林慮　1799

林光朝　5108

林光世　188

林鴻　5505
林佶　3665,3677,6223
林季仲　5097
林罕　471
林景熙　5284
林景暘　6006
林俊　5585,5832
林魁　5853
林坤　4116
林栗　41
林嫌　5953
林烈　764
林麟焻　6180
林璐　6281
林茂槐　1371
林其茂　6271,6635
林謙光　2386
林喬松　6493
林尚葵　1381
林慎思　2838
林師蔵　6343
林塾　2004
林熙　5980
林廷㮛　2352
林同　5253
林文　5809
林文俊　5617
林希逸　570,4631,5263,6469
林希元　114,5888
林炫　4038
林堯光　6137
林堯華　6137
林堯俞　2522
林亦之　5116

林應亮　5927
林應龍　3602
林用中　6332
林有麟　3595,3676,4148
林有望　4001
林右　5795
林禹　2139
林欲楫　239
林越　2107,6715
林雲銘　4715,6149
林允昌　249,3005
林贊龍　307
林增志　1877
林章　6016
林兆恩　3968
林兆珂　526，679，719，4057，5717，
　　5721,6019,6459
林正大　6845
林之奇　341,5098
林蒨　6283
林至　60
林仲懿　4668,4718
林子長　6352
林祖述　3347

伶

伶元〔玄〕　4506

凌

凌迪知　2010，2011，4256，4310，
　　4528,6530
凌福之　3456
凌宏〔弘〕憲　6590
凌濛初　533,534,5738,6069,6565,

6566

凌銘麟　2548

凌去盈　316

凌紹乾　6640

凌樹屏　6272

凌緯　2780

凌義渠　4151,5671

凌稚隆　919,4337

凌雲翰　5485

靈

靈澈　6305

靈一　6305

令

令狐楚　6299

令狐德棻　1483

令狐亦岱　4178

劉

劉安(淮南王)　3714

劉安節　5003

劉安上　5002

劉安世　1803

劉攽　4280,4908,6654

劉秉　6317

劉秉忠　3448,5312

劉炳　5497

劉才卲　5036

劉昌　6397

劉昌詩　3754

劉長卿　4777

劉敞(公是先生)　793－795,987,2850,

4681,4906,5734

劉臣敬　1391

劉辰　1732

劉辰翁　1515,　4812,　5158,　5265,

5266,5761

劉城　921

劉澄甫　6399

劉崇遠　4384

劉處元〔玄〕　4661

劉純　3247

劉醇驥　1168,6106

劉次莊　2693

劉達可　4283

劉大彬　2421

劉大勤　6702

劉道醇　3504,3505

劉定之　196,1736,2781,4300,5812

劉侗　2477,4339

劉兌　6550

劉鶚　5376

劉爾懌　6193

劉芳　2383

劉逢源　6156

劉鳳　2018,4310,5958

劉鳳起　2812

劉黻　5247

劉斧　4556

劉琯　305

劉過　5195,6803

劉宏〔弘〕　5739

劉鴻　5831

劉鴻訓　4288

劉懷志　432

劉煥　6324

劉徽　3319

劉繪　5934

劉基　1728,3438,3439,3448,3450,
　　3469,3480,3923,4100,5475

劉績　655,1205,3109

劉季箎　4295

劉堅　4012

劉鑑　1325

劉將孫　5347

劉教　4037

劉節　2003,4294,5857,6503

劉瑾　479,1179,3250

劉錦文　6723

劉璟　5540

劉敬純　541

劉敬叔　4471

劉玨　4285,5812

劉君賢　3922

劉筠　3120,6317

劉濬　1933

劉克莊　5233,6682,6845

劉孔昭　3441

劉魁　5865

劉濂　205,1208,6511

劉璉　5525

劉良　6287

劉麟　5600

劉麟長　2043

劉履　6386

劉髦　196,5801

劉茂實　4292

劉戀　1852

劉夢鵬　956,4719

劉蒙　3643

劉孟琛　2535

劉敏中　1698,5374

劉鳴珂　328,3059

劉命清　6109

劉牧　16

劉凝　751,1383

劉溥　5807

劉祁　4446

劉跂　4985

劉啟明　3455

劉乾　5941

劉琴　1166

劉青藜　2745

劉青蓮　735

劉青夕　6624

劉青霞　6260

劉青芝　552,698

劉清之　2865

劉球　5556

劉然　6187

劉仁本　5428

劉日升　2543

劉日曦　248

劉三吾　373,5786

劉剡　1129

劉善　2804

劉尚朴　2378

劉邵　3715

劉紹　6385

劉紹攽　305,949,6637

劉詵　5327

劉師朱　6061

劉時舉　1552

劉實　4292

劉士驥　6047

劉士鏻　6583

劉氏　4292

劉世衢　3423

劉世偉　4050,6735

劉恕　1537,6324

劉思温　6534

劉斯原　1140

劉斯組　306,3418

劉嗣〔胤〕昌　4330

劉馹　5786

劉崧　5484,5784

劉蕭　4368

劉駒駼　1621

劉體仁　3893,6145

劉天和　1935,2393

劉天民　5880

劉天真　331

劉廷璣　4088,6219

劉統勳　2769

劉蛻　4835

劉完素　3192,3193

劉萬春　2381

劉惟志　3576

劉維謙　1431

劉温舒　3169

劉文進　2152

劉文卿　6034

劉吳龍　4672

劉熙　1238

劉羲仲　2754,6324

劉錫元〔玄〕　6050

劉璽　2647

劉向　1880,2827,2828,4636

劉孝標　4364

劉勰　6642

劉玕　5815

劉昫　1490

劉絢（偽）　898

劉學箕　5208

劉壎　3858,5328,5767

劉恂　2292

劉荀　2867

劉延世　4405

劉炎　2872

劉弇　4980

劉儼　5813

劉陽　2967

劉養微　5863

劉堯誨　5969

劉葉　4341

劉一清　1697

劉一相　6546

劉一止　5041

劉以貴　6209

劉義慶　4364

劉熠　5942

劉因　1093,5345

劉蔭樞　281,935

劉寅　3071

劉應李　4284

劉應時　5160

劉應棠　3140

劉永澄　6045

劉祐　6526

劉隅　2397

劉于　2578

劉于義　2224

劉餘祐　6087

劉宇　3248

劉禹錫　4799

劉玉汝　483

劉郁　1926

劉淵甫　6399

劉元龍　296

劉元卿　219,1134,2030,2987,4131,
　6010

劉元燮　6255

劉源長　3680

劉源淥　3044

劉岳申　5365

劉爔　5144

劉雲峯　6262

劉宰　1895,5188

劉璋　3578

劉昭　1745

劉珍　1621

劉真人　3243

劉振　1667

劉雲份　6598,6609

劉智　3989

劉鷹　1958

劉摯　4921

劉驪　6317

劉仲達　4332

劉仲甫　3568

劉仔肩　6391

劉子　3718

劉子伯　6532

劉子翬　5055

劉子元〔玄〕　2749

劉子壯　6126

劉宗弼　2587

劉宗魏　2642

劉宗周　236,1107,2908,2909,2997,
　5661

鎦

鎦洪　3245

鎦績　3869

柳

柳貫　5393

柳開　4865

柳琬〔琰〕　2349

柳瑛　2348

柳永　6755

柳宗元　4552,4796

龍

龍大淵　3666

龍輔　4116

龍袞　2129

龍華民　3293

龍晉　4122

龍仁夫　99

龍體剛　1673

龍為霖　1433

龍膺　6026

龍遇奇　2996

龍正　3094

龍子昂　212

婁

婁機　1277,1278

婁堅　5662

婁樞　5906

婁性　1743

樓

樓昉　6340

樓楷　3483

樓璹　3137

樓鑰　1948,5127,5750

盧

盧炳　6840

盧崇興　2094

盧存心　6269

盧格　4035

盧翰　212,2160,3464

盧溍　6498

盧柳南　6500

盧柟　5651

盧宁　5948

盧琦　5415

盧上銘　2634

盧世漼　4077

盧維禎　6006

盧襄　2076,2459

盧象昇　5669

盧軒　943

盧元昌　5724

盧雲英　1045

盧照鄰　4748

盧之頤　3224

盧植　1621

盧祖皋　6796

魯

魯點　2429,5737

魯鐸　5852

魯論　1143,2550

魯明善　3130

魯訔　1872

魯應龍　4558

魯曾煜　6240

魯貞　5450

陸

陸邦烈　1154

陸堳　4043,5910

陸采　4563

陸粲　849,850,907,5626

陸淳　784,786

陸次雲　2483,2509,4087,6167,6849

陸佃　1243,4971

陸繁弨　6211

陸俸　5876

陸鳳儀　2348

陸輔之　6858

陸廣微　2269

陸龜蒙　3136,4216,4576,4842,4843,
　　　6303

陸浩　947

陸化熙　532,2341

陸璣　453,455

陸楫　3905

陸嘉穎　2049

陸賈　2822

陸簡　5825

陸鍵　423

陸九淵　5140,5751

陸君弼　2373

陸濬源　2052

陸奎勳　301， 437， 548， 734， 948，
　6241,6616

陸奎章　4583

陸隴其　430,659,1111,1112,1150,
　1704,2922,2923,3031,5703

陸夢龍　240,1775

陸鳴鼇　3029

陸圻　3982,4572

陸起龍　241

陸求可　6139

陸容　4452

陸莱　6612

陸森　3458

陸深　1747,2081,2472,2624,2771,
　2964, 3578, 3665, 3908, 4038,
　4123,4523,5609,5860

陸時雍　6426

陸氏　4560

陸世儀　2920

陸樹聲　3579， 3677， 3940， 3941，
　4044,4183,4184

陸唐老　1575

陸廷燦　3636,3690,4093

陸位時　270

陸文圭　5325

陸西星　4666

陸相　1961

陸勳　4553

陸延枝　4218

陸貽典　6471

陸釴　2360,4526,5890

陸游　1924,2138,3687,3845,5155,
　5156,5158,6793

陸友　3625,3866

陸友仁　2306

陸羽　3631

陸淵之　5826

陸元朗　986

陸雲　4729

陸雲龍　6587

陸振奇　239

陸之箕　6505

陸之裘　6505

陸贄　4786

陸祚蕃　2094

逯

逯中立　124,1819

鹿

鹿善繼　1142,6054

鹿亭翁　3689

呂

呂邦燿　2544

呂本　5928

呂本中　2529,2854,3831,5076,6661

呂愿　2591,4010

呂濱老　6773

呂不韋　3712

呂不用　5780

呂昌期　2380

呂誠　5459

呂純如　4143

呂從慶　5730

呂大臨　3609,3661

呂調陽　2788

呂懷　211,1210,5923

呂坤　765，766，1404，2550，2908，
2988,4134,4187,6019

呂履恒　6220,6221

呂南公　4995,5739

呂枏　200，411，521，762，905，1104，
2902－2905,5866

呂謙恒　6231

呂時　6058

呂氏　3471

呂太煥　4681

呂陶　4915

呂望　3065

呂維祺　767,1407,2999,6054

呂溫　4800

呂文仲　4487

呂午　1806

呂希哲　3817

呂希周　5909

呂夏卿　2753

呂夏音　1220

呂向　6287

呂延濟　6287

呂延祚　6287

呂巖　4674

呂陽　6093

呂一經　4338

呂頤浩　5039

呂元善　1938

呂元素　4681

呂允昌　1773

呂曾見　4070

呂兆祥　1939,1940

呂震　3615

呂治平　1042

呂中　2759

呂種玉　4014

呂顒　2788

呂祖謙　57,186,187,349,468,808，
813－815，1547，2104，2105，
2776，2859，2868，2869，3831，
4109，4231，4282，5117，6336，
6337

呂大圭　827

羅

羅璧　3766

羅從彥　2943,5063

羅大經　3848

羅登標　304

羅登選　1225

羅鶚　2933

羅鳳　4522

羅公升　5765

羅鶴　4052

羅亨信　5799

羅洪先　3938,5627,5913

羅黃裳　6469

羅玨　3451

羅濬　2191

羅倫　5577

羅泌　1633

羅願　4303

羅玘　5588

羅欽順　2900,5595

羅人琮　6240
羅汝芳　976,2650,3945 - 3947,5971
羅汝鑑　2018
羅肅　5799
羅萬藻　4335,6068
羅為賡　3991
羅雅谷　3293
羅椅　5158
羅隱　3722,4857
羅虞臣　5919
羅願　1244,2183,5107
羅曰褧　2508

駱

駱賓王　4749
駱騶曾　6556
駱日升　6041
駱文盛　5931

麻

麻衣道者　3417

馬

馬長淑　6633
馬純　4490
馬從聘　767,1849
馬大壯　4057
馬端臨　2563
馬符錄　2453
馬縞　3731
馬歡　2501
馬瀚　4360
馬宏衞　6079

馬季機　2874
馬嘉松　4146
馬蓋臣　2151
馬駰　710
馬居易　1289
馬理　202,5879
馬麟　2648
馬令　2137
馬隆　3064
馬巒　1973
馬明衡　376
馬明卿　2432
馬攀龍　5971
馬權奇　254
馬日磾　1621
馬融　2931
馬汝驥　5886
馬汝彰　5928
馬時敏　718
馬蒔　3236
馬順孫　4119
馬驌　871,1612
馬廷鸞　5271
馬維翰　6239
馬維銘　2113
馬文升　1738,1809
馬文煒　2371
馬一龍　3138
馬熒　6394
馬永卿　3822,3824
馬永易　4224
馬愉　5808
馬元儀　3263
馬臻　5366

馬之駿　6051

馬治　6388

馬中錫　5829,5830

馬自援　1414

馬宗素　3246

馬總　3895

馬祖常　5378

毛

毛邦翰　990

毛霦　1784

毛伯温　1758,1835,5868,5869

毛澄　2567,5843

毛德琦　2451,2468

毛方平　1719

毛鳳韶　2360

毛公　447

毛亨　450

毛晃　343,1317

毛紀　1835,2081,2567,5838,6498

毛際可　6148

毛开　6794

毛晉　455,919,1974,3675,4193,
6309,6429,6587,6853

毛居正　991,1317

毛滂　5000,6766

毛奇齡　144-146,285,386,388,433,
499-501,544,545,660,673,691,
706,731,753-756,871,873,874,
936,974,1012,1113,1115,1152-
1154,1193,1194,1342,1343,
1352,1424,1788,1982,2063,
2095,2385,2386,2409,2419,
2599,2636,2637,3034,3676,

4715,5693,6747,6830

毛尚忠　1139

毛先舒　1417,1419,2153,3983,3984,
4083,6112-6114,6748,6859,
6866

毛憲　1837,2009,5874

毛一公　2035

毛應龍　573

毛羽宸　4095

毛元淳　3979

毛在增　4454

茅

茅國縉　1661

茅坤　2099,2110,2539,5940,6410

茅溱　1408

茅瑞徵　421,422

茅翁積　5987

茅星來　2861

茅元儀　1722,1780,2800,4075,
4538,6742

茅瓚　5936

茅兆儒　6201

茂

茂苑樹瓠子　4565

冒

冒起宗　1037,2801

冒襄　6596

梅

梅純　4034

梅淳　6541

梅鼎祚　4570,4587,6063,6416－6423,
　　6582

梅毂成　3351

梅清　6135,6136

梅士享　3118

梅文鼎　3306,3308,3310,3311,3351,
　　6226

梅堯臣　4919

梅之熉　920

梅鷟　201,376,412

梅自實　3453

門

門無子　3119

夢

夢覺子　4698

孟

孟稱舜　2801

孟紱　4315

孟浩然　4768

孟化鯉　6026

孟郊　4808

孟啟　6651

孟衍泰　1942

孟洋　5858

孟異　1621

孟元老　2295

孟宗寶　2279

米

米芾　3513－3516,3619,4966

米萬鍾　6555

祕

祕丕笈　1151

閔

閔珪　5822

閔景賢　4194

閔麟嗣　2442

閔南仲　6280

閔齊華　6460

閔齊伋　1382

閔如霖　5923

閔嗣同　1152

閔文振　4321

閔敘　2481

閔于忱　4156

閔元京　4151

閔元衢　1979,4068,4145,6587

閔遠慶　2653

閔則哲　4201

閔忠　4172

明

明仁孝皇后　4117

明仁孝文皇后　2892

明太祖敕修　2664

明永樂官修　4121

繆

繆思恭　6474

繆希雍　3219,3220

莫

莫宏勳　1430
莫君陳　4512
莫如忠　5937
莫是龍　3586,6059
莫休符　2291

墨

墨翟　3703

万

万俟卨　1714

牟

牟巘　5278
牟允中　4171

木

木增　4151

沐

沐昂　6397

慕

慕容彥逢　4997

穆

穆孔暉　1132
穆尼閣　3305
穆文熙　1704,2011,4129,4185,5980
穆希文　4061,4333

穆修　4875

內

內直諸臣（康熙）　2593

納

納喇性德　155,642,6185
納新　2316,5421

耐

耐得翁　2302

南

南宮靖一　2777
南懷仁　2333,2508
南軒　1580
南卓　3565

倪

倪璠　2485,4741
倪復　524,1182,4041
倪國璉　6254
倪繼宗　6631
倪輅　2152
倪樸　5124
倪普　6469
倪謙　1736,5560
倪士毅　1127,6695
倪守約　2264
倪思　1458,1515,1716,3917
倪濤　312,3558
倪天隱　22
倪元璐　129,2655,5670,6578,6586

倪岳　5573
倪瓚　5456,5777
倪宗正　5859

聶

聶豹　2971,5884
聶崇義　654
聶芳聲　6636
聶鈫　2455
聶先　6856

牛

牛斗星　726
牛僧孺　4550
牛天宿　2551
牛運震　310,950,2723
牛衷　4581

鈕

鈕琇　4573,6181

歐

歐几里得　3333
歐陽澈　5068
歐陽德　5900
歐陽德隆　1318
歐陽東鳳　2044
歐陽鐸　5869
歐陽忞　2172
歐陽起鳴　5775
歐陽士秀　1930
歐陽守道　5255
歐陽修　456,898,1492,1496,2688,3641,4021,4399,4932,5735,6500,6652,6758
歐陽鉉　6077
歐陽詢　4206
歐陽元〔玄〕　2643,5392
歐陽詹　4806

偶

偶桓　6389

潘

潘安禮　6270
潘昂霄　2391,6694
潘辰　2567
潘鼎珪　2510
潘恩　5901
潘鳳梧　2400
潘府　975
潘基慶　6568
潘畿　4295
潘季馴　1818,2245,2398,5965
潘繼善　1226,3051,4095
潘京南　2053
潘閬　4867
潘耒　1423,6189
潘良貴　5047
潘亮　6638
潘平格　3008
潘士達　2995
潘士遴　424
潘士權　1224,3424
潘士藻　122,4533
潘思榘　164,1164
潘遂先　1437

潘天成　5700

潘廷章　2456

潘緯　4797,6061

潘希曾　5606

潘咸　314,1435,3454

潘塤　2012,4315

潘延之　4510

潘音　5763

潘瑛　4294

潘永圜　1672

潘元懋　281

潘之淙　3540

潘之恒　2427,2490,4314,5989

潘鍾麟　6189

潘滋　6525

潘自牧　4236

潘宗洛　6210

龐

龐安時　3171

龐迪我　3973

龐塏　6190

龐尚鴻　2398

龐尚鵬　5970

龐元英　3807,4511

裴

裴良甫　4287

裴松之　1464

裴庭裕　1687

裴希度　3981

裴孝源　3492

裴駰　1446

朋

朋九萬　2078

彭

彭百川　1694

彭百鍊　5801

彭賓　6090

彭乘　4420

彭大翼　4263

彭定求　1982,3035,6128,6183

彭而述　6093

彭龜年　5138

彭華　5818

彭教　5822

彭開祜　6184

彭輅　5954

彭年　5994

彭寧求　2658

彭鵬　6153

彭其位　2640

彭任　6464

彭汝礪　4927

彭汝讓　4056

彭汝實　4182

彭韶　4121,5565,5820

彭紹謙　4177

彭師度　6110

彭時　4517,5815

彭叔夏　6314

彭孫遹　5689

彭孫貽　1785

彭天錫　3122

彭曉　4638

彭勗　408
彭儼　4334
彭以明　2114
彭在份　4697
彭簪　2425
彭致中　6851
彭仲剛　3847
彭遵泗　2072

皮

皮日休　4841,6303

平

平慶安　1698

蒲

蒲道源　5394
蒲積中　6331
蒲壽宬　5303

濮

濮淙　6638
濮光孝　6638
濮陽淶　1401

浦

浦龍淵　283,284
浦南金　4303,6515
浦起龍　2751,5725
浦鏜　1018

樸

樸靜子　3691

戚

戚大英　2436
戚繼光　3082,3083,3099,3100,5995
戚珅　6282
戚雄　6508
戚元佐　2020

祁

祁承㸁　2549
祁光宗　2461
祁順　5821

綦

綦崇禮　5056
綦焕　1949

齊

齊煕　2887
齊德之　3205
齊履謙　832
齊召南　2257
齊之鸞　5874
齊祖望　1042

錢

錢邦芑　1382
錢邦寅　2344
錢偲　310
錢朝鼎　6471
錢澄之　140,494,4197
錢春　1852,3483,3484
錢德洪　1756,2975

錢端禮 2106
錢棻 257
錢福 5842
錢古訓 2499
錢穀 6411
錢貴 2149
錢褧 4150
錢繼登 4148
錢筠 6538
錢愐 4403
錢彭曾 261
錢溥 2080,2725
錢琦 3933,4124,5869
錢起 4784
錢芹 5939
錢人麟 1429
錢孺穀 6585
錢山 2725
錢尚衡 2074
錢陞 2042
錢時 357,994,2760
錢士升 243,1662,1776,2042
錢世昭 4403
錢篩 6538
錢肅潤 429,2066
錢天錫 535
錢天祐 2779
錢薇 5925
錢惟濟 6317
錢惟善 5445
錢惟演 6317
錢文子 2607
錢希言 3661,4006,4567
錢曉 3951
錢彥遠 4403
錢養廉 4534
錢一本 123,229,2993,3426,4138
錢以塏 2452,2487
錢易 4393
錢義方 105
錢應充 4331
錢宰 5495
錢曾 2729,2731,3400
錢仲益 6394
錢子義 6394
錢子正 6394

潛

潛菴子 1775
潛説友 2197

强

强行父 6716
强至 1947,4893

喬

喬大凱 325,3993
喬可聘 3005
喬萊 146
喬懋敬 2020
喬明文 2348
喬中和 258,1146,1412,3427,3465

秦

秦坊 4174
秦觀 4962,6761
秦蕙田 666

秦金　1744

秦鏡　2808

秦九韶　3326

秦鳴雷　4126

秦松齡　543

秦鐄　5854

秦望　3058

秦文淵　3351

秦錫淳　3431

秦爔　6070

秦鏞　256,2382

秦越人　3144

秦渝　2029

秦雲爽　3028,4171

青

青烏先生　3445

清

清曠趙先生　6470

清塞　6305

璃

璃　2392

瓊

瓊山玉峯道人　2970

邱

邱〔丘〕濬　761,1577,2645,2896,
　2959,5567,6624

邱〔丘〕雍　1307

邱〔丘〕處機　4685

邱〔丘〕吉　6513

邱〔丘〕嘉穗　1157,4089,5716,6217

邱〔丘〕峻　2456,2659

邱〔丘〕璿　4576

邱〔丘〕延翰　3446

邱〔丘〕元復　726

邱〔丘〕雲霄　5631

邱〔丘〕兆麟　6554

邱〔丘〕鍾仁　935

邱〔丘〕光庭　3737

邱〔丘〕葵　675

邱〔丘〕時彬　2431

邱〔丘〕志廣　6155

裘

裘君宏〔弘〕　4089

裘萬頃　5183

仇

仇俊卿　2403

仇廷模　1427,1428

仇遠　5337,5339

仇兆鼇　4765

屈

屈復　4719

瞿

瞿景淳　5945

瞿九思　909,1217,2629

瞿汝稷　6057

瞿式耜　4149

瞿曇悉達　3377

瞿暹　6487
瞿佑　2159,6728,6847

區

區大任　1906

權

權德輿　4787
權衡　1727

冉

冉覲祖　289,434,546,732,940,978,1043,3042

饒

饒秉鑑　904
饒節　4973
饒一辛　308

任

任陳晉　171
任大任　1163
任德成　3062
任昉　4498,6647
任觀瀛　6197
任廣　4226
任環　5636
任啟運　165, 614, 616, 736, 980, 1165,3054
任慶雲　2358
任仁發　2391
任士林　5334
任栻　2534
任隨　6317
任淵　4954,4957,5740

阮

阮鶚　2981
阮琳　199
阮逸　1170,1526
阮元聲　2152,6581
阮閲　5065,6659

芮

芮長卹　1545
芮侯　6299

薩

薩都拉　5401

單

單鍔　2236
單復　5719
單隆周　4347
單思恭　6063
單宇　6729

桑

桑調元　1164,3054,6256
桑拱陽　1145
桑喬　2426
桑紹良　1413
桑世昌　2701,6338
桑學夔　2544
桑悦　3927,5825

僧

僧大然　2466
僧道潛　4965
僧惠崇　3651
僧惠洪　3819,4967
僧皎然　4776
僧戒顯　4610
僧如乾　6265
僧實行　2455
僧適之　3574
僧通門　6117
僧文瑩　4409
僧性制　2445
僧元復　4606
僧元敬　4606
僧元賢　2444
僧贊寧　3651,4098
僧湛性　6264
僧志磐　4605
僧智藏　2466
僧智觀　6576
僧仲仁　3573
僧宗泐　5530
僧祖秀　2337

沙

沙克什(贍思)　2243
沙圖穆蘇　3201
沙張白　6158

山

山井鼎　1008

閃

閃仲侗　6075

商

商輅　1807,2782,5814
商盤　6268
商企翁　2521
商汝頤　1963
商維濬　4071
商鞅　3111
商振倫　1963

上

上官鉝　6095
上官章　308

邵

邵闇生　4195
邵昂霄　3352,6269
邵寶　904,1003,1860,2425,2645,2765,5587
邵弁　526
邵瓚　6850
邵伯温　28,4431
邵博　4435
邵長蘅　6188,6626
邵儲　1219
邵燈　2060
邵圭潔　5958
邵浩　6328
邵亨貞　5419
邵璜　426

邵晉之　325

邵經邦　5892

邵居敬　3487

邵齊燾　6273

邵潛　1975

邵嗣堯　280,1151

邵泰衢　645,1455

邵廷采　6193

邵錫　1836

邵向榮　1045

邵一儒　6568

邵雍（邵子）　2932,3362,3455,3468,
　4925

邵元龍　2345

邵遠平　6175

邵正魁　2046

佘

佘世亨　5896

佘翔　5646

申

申爾宣　313

申涵光　6103

申佳允〔胤〕　5673

申時行　416,1763,5977

申頲　6169

沈

沈岸登　6225

沈珤　680

沈彬　5813

沈冰壺　6263

沈炳巽　2233

沈炳震　1023,6258

沈不負　6198

沈昌基　298

沈朝宣　2368

沈朝陽　1938

沈敕　6590

沈寵綏　6865

沈俶　4578

沈大洽　3979

沈德澠　1942

沈德符　2633,4104,4569,6835

沈德潛　2267

沈端節　6790

沈爾嘉　264

沈棐　816

沈汾　4651

沈該　34

沈遘　4912

沈光邦　1224

沈光曾　2412

沈國元　2116

沈珩　6127

沈宏〔弘〕正　3699

沈泓　258

沈虹　6229

沈淮　5953

沈機　6638

沈季友　6205,6453

沈繼孫　3626

沈佳　1919

沈嘉轍　6456

沈節甫　4184

沈津　2425,4124,4131,4527

沈峻曾　6138

沈愷　3938,5917

沈愷曾　2410

沈括　3164,3810,4974

沈朗　6638

沈鯉　3950,5647

沈鍊　5634

沈良才　5935

沈遼　4976

沈履端　6638

沈懋學　6022

沈夢麟　5461

沈夢熊　2049

沈名蓀　2102

沈明臣　2375,5991,6539

沈鼐　2387

沈起　1040,6113

沈起元　163

沈啟　2397

沈謙　6081

沈瑞鍾　250

沈沈　3683

沈昇　3452

沈仕　6532

沈守正　528,1141

沈受宏　6171

沈壽民　3000

沈淑　697,1049

沈樞　2101,4115

沈思孝　2474,6007

沈廷芳　6270

沈廷勱　285

沈廷松　4158

沈彤　442,586,620,889,3268,5712

沈萬鈳　527

沈偉　415

沈諝　1778

沈心　6262

沈行　5806

沈雄　6859

沈亞之　4816

沈庠　2371

沈堯中　4137

沈堯咨　6638

沈一貫　218,1845,6539

沈一中　6026

沈易　6482

沈義父　6829

沈翼機　6227

沈應文　2378

沈用濟　6628

沈與求　5046

沈與文　3588

沈玉亮　6618

沈元滄　734,6227

沈約　1395,1472

沈越　1578

沈雲翔　4715

沈貞　5779

沈志禮　1986

沈鍾泰　6638

沈周　4519,5570,5819,6491

沈子木　2399

沈自南　3785

沈作喆　3833

沈啟　2666

慎

慎到　3707

慎懋官　4105

慎蒙　2489

盛

盛端明　4698

盛楓　2070

盛如梓　3865

盛時泰　2426,2737

盛世佐　623

盛萬年　3101

盛熙明　3530

盛儀　2354

施

施德操　1124,4436

施端教　2115,6588

施何牧　1424

施鴻　2807

施璜　6080

施肩吾　4675

施峻　5932

施瑮　6245

施男　4545

施沛　2545

施清臣　3918

施仁　4304

施閏章　4571,5682,6747

施紹莘　6848

施樞　5247,6469

施宿　2186

施天遇　921

施顯卿　4564

施元之　4946

施重光　6589

師

師曠　3654

石

石邦政　2373

石珤　5590,5837

石存禮　6399

石光霽　845

石璜　6178

石介　4889

石九奏　6039

石茂良　1706

石龐　6173

石球　6280

石室道人　4697

石屋禪師　6085

石孝友　6842

石延年　2146

石英中　5903

石嚚　1078

拾

拾得　4744

史

史白　4086

史弼　4114

史伯璿　1100,2891

史朝富　2373

史達祖　6806

史道　6513

史調　6271

史珥　1985
史桂芳　5967
史浩　346,5103
史季溫　4954
史既濟　4086
史簡　6455
史鑑　5592
史謹　5521
史邁柱　2222
史孟麟　6029
史彌寧　5217
史起欽　2431
史起蟄　2649
史容　4954
史榮　555
史申義　6207
史繩祖　3763
史維堡　423
史堯弼　5170
史游　1251
史徵　13
史正志　3644
史鑄　3645

侍

侍其良器　1355
侍御李公　4132

釋

釋本果　4609
釋本以　4076
釋本晝　6099
釋大圭　5420
釋大壑　2460

釋大汕　2510
釋大善　6085
釋大訢　5368
釋道璨　5270
釋道瑤　6490
釋道世　4591
釋道泰　1378
釋道宣　4590
釋道恂　6575
釋德基　2445
釋德淨　5771
釋德清　4669
釋德祥　5794
釋定暠　2446
釋法顯　2319
釋方澤　9001
釋佛眉　6638
釋貫休　4859
釋廣賓　2438
釋洪恩　6065
釋惠洪　4597,6714
釋皎然　6711
釋淨溥　6632
釋靜福　4539
釋居簡　5249
釋覺岸　4602
釋克新　5785
釋蓮儒　3583,3584
釋妙聲　5484
釋敏膚　6264
釋明本　6371
釋念常　4603
釋普濟　4600
釋普文　6428

釋齊己　4858
釋契嵩　4894
釋如愚　6065
釋睿略　5794
釋僧祐　4589
釋山止　6632
釋善住　5332
釋少嵩　5758
釋壽寧　6475
釋斯學　6065
釋通復　6117
釋同揆　2509
釋文珦　5251
釋文瑩　6714
釋無盡　2434
釋無相　6562
釋曉瑩　4601
釋行均　1282
釋性涌　6428
釋彥悰　3570
釋英　5316
釋元〔玄〕奘　2320
釋元璟　6116
釋元奇　2467
釋圓復　2462
釋圓至　5340,6473
釋贊寧　4594
釋真可　4608
釋真空　1409
釋真一　3692
釋正勉　6428
釋智昇　4592
釋重顯　4895
釋自融　4610

釋宗淨　2460
釋祖浩　6490

舒

舒邦佐　5743
舒頔　5443
舒芬　202,677,2084,2937,6505
舒宏〔弘〕謂　259
舒敬亭　1985
舒俊鯤　3431
舒璘　5143
舒天民　1346
舒雅　6317
舒纓　4584
舒岳祥　5274

帥

帥家相　6272
帥念祖　6248
帥仍祖　6236
帥我　6233

稅

稅與權　72

司

司空圖　4846,6651
司馬崔寔　1621
司馬光　24, 666, 966, 1272, 1529,
　　　1533 - 1536, 2829, 2839, 3360,
　　　4109,4396,4902,6653
司馬遷　1443
司馬穰苴　3069

司馬晰　1968

司馬貞　1448

宋

宋白　4487,6311

宋邦綏　318

宋弼　6636,6749

宋伯仁　5250,6847

宋長白　6751

宋慈　3120

宋存標　2800

宋熹　2433

宋登春　5668

宋端儀　1998,4519

宋方鳳　5763

宋鳳翔　4068

宋公望　3889

宋廣業　2452

宋宏〔弘〕之　6516

宋際　1942

宋景雲　533

宋裒　5400

宋俊　2312

宋奎光　2462

宋雷　4529

宋濂　1508,1726,1902,4690,5474,
　　5475

宋犖　2465,2767,3674,3676,4085,
　　5699,6140,6599,6751

宋懋澄　3889

宋敏求　1797,2274,3804

宋訥　5478

宋諾　5935

宋祁　1492,2293,3805,4882

宋齊邱　3407,3723

宋慶長　1942

宋士宗　2811,4175

宋氏（如璋之子）　4490

宋仕　3593

宋琬　2384,6123

宋无　5387,5774

宋禧　5468

宋庠　1678,4881

宋翊　3889

宋緒　6395

宋繻　763

宋彥　2493

宋儀望　5954,5955

宋振麟　6156

宋徵璧　3105

宋徵輿　6122

宋至　6226

宋子安　3636

蘇

蘇本潔　944

蘇伯衡　3924,5490

蘇伯厚　4295

蘇鶚　3736,4476

蘇過　5742

蘇宏〔弘〕祖　4167

蘇洞　5231

蘇濬　227

蘇霖　3576,4115

蘇軾　26，340，2339，3812，3813，
　　4098，4099，4577，4942，5736，
　　6759

蘇舜欽　4895

蘇頌　3280,4897

蘇天爵　1901,1955,2891,5410,6378

蘇文忠　6500

蘇銑　2384

蘇洵　1123,2582,4936

蘇廙　3681

蘇易簡　3618,4279,6312

蘇祐　4043,5912

蘇源明　3358

蘇章　5830

蘇轍　458，797，1068，1069，1627，
　　4404,4620,4950

蘇志臯　5927

蘇籀　3834,5066

孫

孫鰲　6001

孫承恩　5617

孫承澤　427，542，924，1041，2057，
　　2405，2480，2578，2634，2741，
　　3011，3012，3553，3589，3591，
　　3879,4346,5769,6090

孫墀　1966

孫傳庭　2091,5666

孫從添　958

孫琮　6195

孫存吾　6379

孫道易　4516

孫覿　5057,5059

孫蕡　5508

孫逢吉　4230

孫甫　2752

孫復　790,4889

孫光憲　3453

孫光祀　6140

孫光憲　4389

孫過庭　3493

孫鉱　2550,6611

孫蕙　2056,6154

孫濩孫　735

孫繼皋　5653

孫嘉淦　944,1159,4668

孫見龍　1160

孫炯　3894,4107

孫居相　1862

孫穀　1025

孫覺　796

孫塏　1966

孫克宏〔弘〕　2738

孫鑛　1034,2372,3538,6544

孫奎　6071

孫樓　5950

孫懋　1815

孫夢觀　5236

孫夢逵　319

孫默　6826

孫能傳　2632,4148

孫攀　684

孫朋來　3260

孫丕顯　4341

孫丕揚　2981,2982

孫梗　6552

孫七政　5988

孫奇逢　137,428,1109,1916,3015

孫樵　4838

孫慤　1664

孫勷　6202

孫仁　2458

孫汝聽　1948

孫紹遠　6334

孫慎行　1138,2039

孫升　4405

孫陞　1966,5929

孫奭　1058,1066

孫爽　6130

孫思邈　3155,3157

孫泰來　3260

孫廷銓　2092,2310,2804,6093

孫維明　249

孫武　3067

孫璽　5870

孫翔　6637

孫需　5828

孫緒　5602

孫一奎　3215

孫一元　5612

孫宜　4037

孫奕　997,3840

孫應符　1650

孫應鼇　215,1211,5969

孫應奎　5915

孫應龍　273

孫應時　5172

孫瑀　5802

孫元衡　6213

孫原理　6390

孫允賢　3246

孫允中　1753

孫之騄　446,1051,1572,1790,2488,
　　3698,4093,5726,5727,6254

孫枝蔚　6101

孫志宏　3262

孫治　2464

孫致彌　6207

孫鍾瑞　3984

孫仲益　6500

孫子昶　2935

孫自强　2952

孫自務　750

孫宗彝　285,2410

孫作　5494

太

太公　4613

太平老人　4031

太嶽山人　1756

談

談倫　1961

談遷　2383,4077,6748

談修　2436,4537

譚

譚寶煥　5895,5896

譚吉璁　2419,2660

譚金孫　6476

譚綸　1817

譚文光　4178

譚希思　1585,2507

譚旭　3049

譚瑄　3125

譚用之　5731

譚元春　6067,6068,6562,6563

譚貞默　1144,4075

湯

湯斌　2060,3024,5681

湯賓尹　4141

湯道衡　722

湯光烈　6489

湯漢　5759,6345

湯垕　3529

湯穫　6489

湯來賀　6093

湯啟祚　960

湯若望　3293

湯三才　718

湯紹祖　6558

湯璹　3078

湯斯祚　6259

湯俟　3422

湯顯祖　1371,3678,6046

湯秀琦　276,931

湯奕瑞　438

湯右曾　5706

湯悅　4487

湯兆京　6036

湯之錡　6166

唐

唐邦佐　6501

唐伯元　1968

唐淳　4660

唐大陶　3982

唐大章　1666

唐棣　2942

唐皋　6513

唐庚　2756,5006

唐桂芳　5482

唐鶴徵　219,2027,2988

唐積　3619

唐靖　6244

唐錬　2399

唐龍　200,2006,5871

唐夢賚　6127

唐人　4554

唐汝諤　536,6579

唐汝楫　5964

唐汝詢　6069,6524,6579

唐紹祖　6232

唐慎微　3173

唐士恥　5242

唐樞　210, 679, 907, 2013, 2363,
　　3934 - 3937,4182

唐順之　1756, 1860, 2109, 2789,
　　2977, 3079, 4255, 4306, 5629,
　　5915,6401

唐文鳳　5554

唐文獻　6030

唐一麟　323

唐宇昭　6125

唐元　5408

唐元度　1266

唐元竑　4764

唐甄　3988

唐之淳　5532,6747

唐之鳳　6282

唐志契　3539

唐仲友　4229

陶

陶安　5477

陶弼　4910

陶成　3423,6231

陶承慶　2546

陶爾稼　6218

陶孚尹　6158

陶榖　4501

陶涵中　4322

陶宏〔弘〕景　3608,4646,4673

陶季　6214

陶晉棟　2478

陶凱　1955,4118

陶南望　3591

陶圻　3059

陶潛　4470,4730

陶珽　4142

陶琬〔琰〕　6082

陶望齡　4665

陶煒　4177

陶諧　5846,5847

陶元良　4320

陶元柱　5742

陶岳　1689

陶越　4548

陶益　2452

陶滋　1363

陶宗儀　520,1992,2706,3534,3904,
　　4451,5509,5785

滕

滕安上　5350

滕公瑛　2587

滕琪　2874,2947

滕元發　1921

提

提橋　542

天

天畸人　922

天山道人　267

天台鹿門子　3989

田

田從典　6209

田琯　2377

田嘉榖　296,944

田況　4395

田霖　6204

田茂遇　6600

田汝成　1595,1754,2264,5910,6518

田同之　4019

田維祐　2786

田文鏡　1858

田雯　5702

田錫　1830,4866

田頊　5893

田一儁　6009

田藝蘅　1369,3681,4056,5998,6541

田玉　2430

田肇麗　6245

鐵

鐵腳道人　4691

亭

亭奭（石公）　6746

同

同恕　5380

佟

佟賦偉　4085
佟世男　1387
佟世南　6856
佟世思　6243

童

童伯羽　2946
童承敘　1750
童漢臣　6532
童琥　5842
童冀　5495
童能靈　311,1224,3054,3055,6161
童佩　5988
童品　847
童維巖　721
童軒　3487,5565
童養正　6584
童宗說　4797

涂

涂伯昌　6073
涂幾　5862
涂天相　3045
涂一榛　2795
涂淵　2399
涂宗濬　228

屠

屠本畯　2308,3679,3968,4713,6571

屠粹忠　4349
屠衡　1585
屠隆　3958,4103,4104,4319,6046,
　6546
屠喬孫　2125
屠叔方　1767
屠文漪　3340
屠勳　5827
屠應埈　5975

塗

塗近正　2948

圖

圖理琛　2334

托

托克托　1499,1503,1506

萬

萬邦孚　3252
萬邦寧　3679
萬表　3095,3252,4130,5890
萬達甫　6057
萬道光　6014
萬光泰　6274
萬經　2720
萬民英　3403,3405
萬尚父　3969
萬尚烈　1141
萬時華　538
萬士和　5944,6523
萬世德　1847

萬樹　6171,6833
萬斯大　606,656,690,728,928
萬斯同　1421, 1645, 1918, 2251,
　2408,2548,2600,2717,3589
萬嗣達　424
萬鏜　5859
萬衣　5944
萬正色　1857

汪

汪柏　5941
汪大淵　2325
汪道貫　5956
汪道昆　4303,5955,5956
汪佃　5885
汪定國　4162
汪紱　660
汪舸　6276
汪廣洋　5477
汪漢謀　3485
汪浩然　1209
汪灝　6203
汪淮　6015,6530
汪基　756
汪機　3212,3213,3236,3254
汪楫　2154
汪价　2482
汪晉徵　6198
汪縉　4664
汪敬　198
汪筠　6205
汪俊　3930
汪克寬　602,843,5460
汪來　2367

汪立名　1388,4823,6626
汪砢玉　2656,3549
汪茂槐　6590
汪懋麟　6176
汪夢斗　5275
汪淇　3268,6610
汪汝謙　6070
汪若海　4023
汪三益　3440
汪森　6450
汪少廉　5986
汪士漢　4201,4359
汪士鋐　2743
汪士賢　6569
汪舜民　2351
汪璲　304
汪坦　5999
汪鐊　5951
汪廷訥　6060,6572
汪琬　5687,6145,6610
汪為熹　4574
汪文柏　4359
汪文盛　5875
汪顯節　3583
汪憲　321,3693
汪莘　5218,6851
汪學信　4360
汪循　5845
汪以時　4360
汪逸　6060
汪應辰　5087,5746
汪應蛟　2112,2989
汪應軫　5885
汪膺　6068

汪由敦　5712

汪元標　3480

汪元量　5279,5761

汪瑗　4713

汪越　1454

汪雲程　4570

汪藻　5025,5026

汪澤民　6377

汪禔　5997

汪晫　2870,2872,5205

汪子祜　5999

汪宗姬　4333

汪宗伊　2539

汪宗元　2538

王

王俅　2347,5817

王安禮　4922

王安石　561,4938,6321

王安中　5018,6770

王鏊　2207,3874,5583,6495

王柏　403,517,2951,5264,6469

王邦俊　6018

王邦直　1215

王邦柱　238

王褒　4295

王佖　2945

王弼　7,9,4619

王襞　6000

王賓　5796,6483

王冰　3142,3434

王伯穋　5988

王伯大　4792

王勃　4746

王逋　4571

王步青　1163,6250

王材　2540,6524

王粲　1987

王昌會　6743

王朝佐　2002

王徹　6495

王偁　2098,2147

王偁　1632,4295,5544

王承烈　549

王承裕　1960

王充　3796

王充耘　370,398,1098

王崇炳　2058,6610

王崇簡　4079,6096

王崇慶　200,1031,2969,4550

王寵　5897

王俶　313

王處一　4684

王從善　5905

王存　2170,2338

王達　3925,4120,4295,5793

王大用　411

王岱　6092

王當　1884

王讜　4421

王讜之　4510

王道　4654,6260

王道焜　860

王道隆　2021

王道行　1962

王燾　3158

王得臣　3808

王得一　1787

王鼎　1723

王定保　4382

王棟　2975

王鈍　5784

王諤　6494

王鶚　1697

王方慶　1869

王逢　5448

王鳳九　6281

王鳳靈　5887

王夫之　138,383,428,495,866,925

王符　2830

王紱　5545

王輔　4557

王輔銘　6609

王黼　3613

王復禮　769,1672,2453,3035

王概　2454,3123

王格　5911

王艮　278,2975,6157

王功　1165

王恭　5506,5507

王珙　5788

王鞏　4407

王構　6693

王觀　3642

王觀國　3747

王光魯　1663,2547

王光蘊　2382

王廣謀　2953

王珪　4898

王貴學　3689

王袞　3164

王國賓　4134

王國瑚　1167

王國瑞　3205

王國楨　2377

王翰　5437,5524

王好古　3198－3200

王皞　1052

王衡　2492,6044

王宏〔弘〕誨　5982

王宏〔弘〕撰　143,2920,4086

王洪　4295,5547

王翃　6098

王鴻　1962

王鴻儒　2000,4035

王化醇　6538

王化隆　3980

王化貞　3259

王化振　2999

王寰洽　6066

王奐曾　6185

王渙　2108

王褘　1564,3285,3923,3924,5479

王繪　1714

王畿　5926,6042

王績　4112,4743

王紀　1850

王寂　5305

王家屏　1846,6007

王家敕　4168

王嘉　4467

王戩　6160

王建　4815

王建常　1221,2945

王建衡　2808,3045,4091

王漸逵　5886

王鑑　416

王教　5905

王結　5375

王介之　859

王寖大　917

王景　4295

王敬臣　4059

王九齡　6200

王九思　5845,6863

王覺　715

王君玉　4417

王俊臣　6471

王峻　6252

王濬初　2434

王開祖　2840

王可大　4310

王克貞　4487

王肯堂　418,1138,3216,4063

王昵　3175

王逵　3870

王禮　5458

王立道　5634

王荔　4314

王梁　6265

王樑　3593

王烈　5863

王令　4940,6279

王路　3695

王履　3207

王邁　5223,5757

王柟　3755

王懋德　2348

王懋竑　1879,3788,6238

王玫　6229

王夢白　549

王彌大　1706

王冕　5519

王明嶅　4294,6546

王明弼　290,2938

王明德　3124

王明清　4427

王蘉　1995,2969,2970,5769

王命岳　6139

王磐　3138

王雱　4630

王沛恂　6204

王闢之　4398

王莘　6228

王蘋　5064

王朴　3408

王普　3343

王溥　2555,2556

王圻　2399,2626,2652,4144,4312,
　　5984

王琦　4759,5729

王錡　4520

王企埥　6620

王啟　2352

王棨　4840

王千秋　6787

王樵　213,377,418,853,5640

王欽若　4109,4222,4680

王清臣　6471

王瓊　1834,2393,3094,4519

王俅　3612

王仁輔　2205

王仁裕　4385

王如錫　5739

王汝驤　6243

王阮　5131

王若沖　1710

王若虛　5307

王三極　2954

王三聘　4339

王尚文　5929

王紹徽　2036

王申子　92

王甡　3017

王紳　5533

王慎中　5625,5910

王繩曾　4359

王蓍　4586

王十朋　2297,4945,5120

王時槐　4126,5952

王時憲　6232

王時翔　6254

王湜　3368

王士點　2166,2521

王士祜　6181

王士俊　2222,4174

王士陵　297,3048

王士祿　2117,3665,6135,6749,6849

王士騏　1770,1969,2034

王士熙　5773

王士性　2490,2491

王士禎〔禛〕　2061,2093,2443,2494,
　　　2636,3881 - 3884,4547,5685,
　　　6141, 6143, 6144, 6446, 6447,
　　　6604 - 6606,6701,6749

王世懋　2084, 2370, 2473, 2489,
　　　3694, 3949, 4002, 4047, 4564,
　　　5977,6699

王世睿　6237

王世相　3250

王世貞　1699, 1904, 2791, 3579,
　　　3581, 4308, 4454, 4530, 5638,
　　　5639,5952,6525,6733

王式丹　6225

王軾　1740

王守仁　2646,2962,5603,5847 -
　　　5849

王叔承　5989

王叔和　3148

王叔英　5537

王恕　198,1030,1808,1833,5816,
　　　6491

王澍　435,1158,1159,2721,2722,
　　　3048

王思任　3602,6555,6586

王思義　2112,3689,4314,4332

王嗣槐　2935

王松年　4676

王素　1945

王肅　2817

王璲　5548

王鋑　2030,3022

王坦　1199

王棠　4019

王特選　1942

王天春　6120

王天與　371

王廷燦　4353

王廷陳　5620

王廷相　2963,3930,5852

王庭　3023,6129

王庭珪　5054

王庭譔 6026

王霆震 6354

王侹 2649

王通 1526,2835

王同軌 4569

王琬〔琰〕 326

王萬澍 1790

王韋 5860

王維 3572,4766

王維德 2451

王維儉 2772

王維楨 5934

王偉 5811

王暐 4418

王文祿 2978,3933,3934,4183,6734

王文清 697,4358,6252

王希明 3342,3410

王晢 791

王熙 6121

王錫闡 3302

王錫爵 1844,5978

王喜 2243

王獻 2396

王相 5890,6625

王象晉 3694,4144,4535,6854

王象之 2705

王孝通 3325

王孝咏 4092,6265

王偕 5781

王心 6521

王心敬 166,439,554,737,770,952,
　　1165,2071,6267

王行 5508,6696

王修玉 6621

王頊齡 6188

王旭 5361

王宣 245

王學謨 2370

王學曾 2370

王勳 2162

王薰 4050

王珣 2350

王訓 2384,4348

王巽 3481

王言 1353

王炎 5136

王炎午 5297

王巖叟 1946

王洋 5041

王養端 5972

王堯臣 2670

王業 6082

王一化 2375

王一槐 4006

王一清 3916

王沂 5388

王彝 5492

王以旂 1837,5876

王奕 5331

王益之 1553

王逸 4704

王義山 5317

王寅 5899,6532

王尹 3008

王英明 3297

王瑛 5926

王應昌 2030,3003

王應辰 2427

王應電　576,1363

王應麟　4，475，476，1127，1533，
　　2562，2679，2762，3282，3765，
　　4245,4247,4248,5272

王應龍　4513

王永吉　2533

王永積　2439,6077

王林　1693

王用章（王俊民）　6712

王又華　6859

王又樸　164

王祐　6312

王餘佑　6102

王宇　4005

王禹偁　1688,4871

王與　3121

王與允〔胤〕　6073

王與之　569

王愈擴　6615

王愈融　6615

王毓賢　3554

王元鼎　1975

王元復　4095

王元杰　836

王原　6621

王源　941

王曰高　6150

王越　5817

王鉞　2094，2482，2732，2733，2946，
　　4082,6152

王爌　2949

王惲　2778,3864,5354

王在晉　2461,2654,2996

王澤宏〔弘〕　6139

王曾　4394

王曾祥　6246

王昭禹　563

王兆雲　2045,4568

王喆生　3990,6201

王貞善　3970

王楨　3131,5771

王震　914

王正德　6679

王諍　2950

王之道　5043

王之鈇　4177

王之珩　6637

王之績　6752

王之望　5092

王之垣　2087

王芝蘭　330

王芝藻　274,687,932,4356

王执中　3082

王直　5552

王植　1162，1430，1590，2071，2846，
　　2938,3367,4175,6242,6243

王志長　579

王志堅　2795,6414,6561

王志慶　4263

王銍　4282,4427,5073,6662

王質　462,1873,5113,5745

王稺登　3582,3602,4529

王中陽　3246

王鍾毅　544

王周　5898

王洙　1652,3807

王篆　2416

王狀元　4288

王灼 3640,6827
王暭 4170,4199,4200,4546
王鎡 5294
王子接 3230
王子俊 5120
王梓 3061
王宗川 5985
王宗傳 62
王宗稷 1948
王宗沐 2648,5947
王佐 6393
王祚禎 1437
王曔 3085

危

危素 1957,2645,5481,5785
危亦林 3201
危稹 5759

韋

韋漢卿 3358
韋縠 6308
韋焕 1214
韋濬 4376
韋驤 4914
韋續 3501
韋絢 4370
韋應物 4779
韋昭 1676
韋莊 4861

衛

衛博 5125
衛宏 2580,2620
衛涇 5182,5754
衛湜 630
衛泳 4161
衛元嵩 3358
衛楨固 1854
衛執穀 1393
衛宗武 5277

魏

魏博 4177
魏偁 4122
魏初 5346
魏純粹 2655,6049
魏大成 3980
魏方泰 4354
魏浣初 533
魏焕 2415
魏驥 5800
魏濬 125，1351，2475，3348，4536，6048
魏荔彤 151,6566
魏良弼 5905
魏了翁 68，359，598，817，3758，3759,3996,3997,4027,5197
魏廖徵 6178
魏朴 2371
魏齊賢 6339
魏慶之 6680
魏裳 5959
魏時亮 2984
魏收 1477
魏樞 309,950
魏泰 4410,6656

魏天應　6352

魏文煓　5946

魏顯國　2024,2025

魏峴　2237

魏憲　6611

魏象樞　6119

魏校　702，904，1130，1360，1578，
　　2536,5608

魏學洢　5672

魏野　4879

魏裔介　977,1149,2058,2059,2806，
　　3019 - 3021，3124，3986，4079，
　　4165,4166,5682,6120,6600

魏應嘉　2036

魏徵　1485

魏之琇　3231

魏仲舉　1951,4793,4798

温

温純　5648

温達　1598

温大雅　1527

温璜　2910

温新　6521

温秀　6521

温豫　4285

文

文安禮　1951

文安之　248

文秉　1782

文德翼　2115,4340,4666,6076

文洪　5825,6408

文嘉　3666,6408

文林　4033,5828

文彭　6408

文天祥　5258,5259

文同　4911

文翔鳳　3426,6052

文行遠　2486

文彥博　4924

文肇祉　6408

文震亨　3892

文震孟　2047

文徵明　5622,6408

文子　4633

聞

聞人德行　717

聞人詮　2363,2414

聞性道（豐坊）　536,1979,4570

聞性善　1979

翁

翁葆光　4653

翁逢春　2545

翁漢麐　932

翁卷　5191

翁溥　5918

翁澍　2405

翁正春　6064

烏

烏斯道　5514

烏有先生　4579

无

无名氏　3981

无名氏　3994
无名氏　3995

吳

吳安國　4058
吳寶芝　4272
吳伯與　2041
吳伯宗　5523
吳闡思　2495
吳焯　6456
吳陳琬［琰］　947,4574,6618
吳陳琰　2468
吳澄　86,88,364,599,631,714,733,
　741,831,970,4621,5336,5769
吳崇節　2792,5981
吳處厚　4402
吳楚材　4309
吳從光　6554
吳從先　4586
吳存禮　1983
吳達可　1848,6552
吳大經　6047
吳大有　2009
吳大有　3919
吳當　5438
吳道南　2403,2995,4322
吳德信　294
吳調元　4169
吳鼎　323,3057,5887
吳定璋　6634
吳枋　4028
吳芾　5086
吳臬　5448
吳琯　6540,6847

吳桂芳　5948
吳桂森　125,2999
吳國縉　1421
吳國倫　2150,5962
吳海　5438
吳沆　39,2942,6673
吳浩　1013,1046
吳宏道　6473
吳宏基　2798
吳會　5778
吳箕　3837
吳極　243
吳季長　6623
吳繼仕　1034,1405
吳嘉紀　6158
吳稼登　6056
吳开　6657
吳見思　5723
吳節　5810
吳兢　1685,6710
吳景奎　5423
吳景鸞　3446,3447
吳景旭　6701
吳儆　5106
吳暻　2659
吳坰　3830
吳坰　6160
吳炯　3961
吳爵　2020
吳均　1357,4473
吳筠　4775
吳可　5061,6665
吳克誠　3447
吳寬　5581

吳萊　5390

吳蓮　445

吳亮　2041,4115

吳麟徵　3004

吳隆元　290,291,979

吳龍翰　5287

吳脈卽　329

吳懋謙　6104

吳夢暘　6079

吳勉學　3260,6571

吳肅　318,892

吳訥　3116,3123,6485

吳培鼎　4344

吳鵬　5903

吳平　2121

吳溥　4295

吳朴　1581

吳淇　6855

吳起　3068

吳起元　1432

吳啟昆　300

吳綺　2312,5684,6603,6855

吳騫　2453

吳潛　5222

吳喬　5728,6750

吳秋士　2494

吳仁度　6034

吳仁傑　57,1462,4709

吳任臣　2141,4458

吳融　4849

吳如愚　2882

吳汝惺　313

吳瑞登　1586,1771

吳若　2414

吳山　2397

吳韶　2398

吳甡　2042

吳沈　2622

吳盛藻　6281

吳師道　1684,1899,5398

吳時來　2416

吳士奇　2113,6036

吳氏　6722

吳世尚　4668

吳世忠　410

吳仕　5880

吳守一　959

吳淑　4218,4486,4487

吳舒鳧　278

吳菘　3693

吳肅公　543,711,1979,3022,4544

吳綏　1671

吳台碩　3043

吳悌　1965

吳璵　6152

吳廷華　611

吳廷舉　5839

吳廷楨　6225

吳維嶽　5939

吳偉業　1608,5680,6596

吳渭　6356

吳文度　5827

吳文華　1843,5974

吳文奎　6061

吳文英　6800

吳雯　5696,6192

吳錫疇　5268

吳孝章　2048

吳宣　5818

吳學孔　3991

吳儆　5589

吳彥匡　3696

吳彥夔　3180

吳一鵬　5843

吳儀洛　3270

吳應賓　3960

吳應箕　4158

吳應申　960

吳映　304

吳泳　5206

吳用先　2044

吳有性　3222

吳雨　535

吳與弼　5574

吳玉　1852

吳玉搢　1249

吳聿　6671

吳械　1313

吳元滿　1374－1376

吳爰　5861

吳曰慎　333

吳燫文　6262

吳雲　2467,3048

吳允嘉　2065,2667

吳則禮　4990

吳曾　3743

吳瞻泰　5716

吳湛　6461

吳昭明　4303

吳兆璧　6055

吳兆騫　6147

吳兆宜　6465

吳縝　1493,1498

吳震方　1384,2484,6198,6618

吳鎮　5425

吳正　3457

吳正炳　4340

吳正倫　3254

吳正子　4812

吳之鯨　2283

吳之俊　4326

吳之騄　978

吳之振　6171,6449

吳中行　6013

吳鍾巒　254

吳仲　2394

吳子良　6684

吳子孝　6848

吳子玉　5987

吳自牧　2303

吳宗儒　6015

吳宗邠　4340

吳宗周　6502

吳祖修　6223

吾

吾邱〔丘〕衍　1285,3563,3868,5332

無

無名氏　266

無名氏　267

無名氏　267

無名氏　266

無名氏　334

無名氏　334

無名氏　335

無名氏	335		無名氏	1650
無名氏	685		無名氏	1652
無名氏	686		無名氏	1659
無名氏	707		無名氏	1674
無名氏	789		無名氏	1678
無名氏	792		無名氏	1695
無名氏	903		無名氏	1696
無名氏	903		無名氏	1703
無名氏	903		無名氏	1705
無名氏	960		無名氏	1709
無名氏	1029		無名氏	1709
無名氏	1127		無名氏	1712
無名氏	1168		無名氏	1712
無名氏	1228		無名氏	1713
無名氏	1289		無名氏	1714
無名氏	1305		無名氏	1715
無名氏	1323		無名氏	1716
無名氏	1348		無名氏	1718
無名氏	1357		無名氏	1721
無名氏	1380		無名氏	1722
無名氏	1380		無名氏	1725
無名氏	1394		無名氏	1729
無名氏	1403		無名氏	1729
無名氏	1466		無名氏	1729
無名氏	1520		無名氏	1730
無名氏	1554		無名氏	1732
無名氏	1555		無名氏	1732
無名氏	1558		無名氏	1734
無名氏	1559		無名氏	1741
無名氏	1577		無名氏	1742
無名氏	1583		無名氏	1743
無名氏	1583		無名氏	1745
無名氏	1615		無名氏	1746
無名氏	1618		無名氏	1748

無名氏	1752		無名氏	2006
無名氏	1760		無名氏	2015
無名氏	1763		無名氏	2022
無名氏	1772		無名氏	2037
無名氏	1776		無名氏	2037
無名氏	1830		無名氏	2037
無名氏	1830		無名氏	2037
無名氏	1853		無名氏	2037
無名氏	1878		無名氏	2053
無名氏	1895		無名氏	2053
無名氏	1897		無名氏	2056
無名氏	1927		無名氏	2077
無名氏	1930		無名氏	2085
無名氏	1936		無名氏	2099
無名氏	1936		無名氏	2108
無名氏	1942		無名氏	2124
無名氏	1944		無名氏	2128
無名氏	1946		無名氏	2132
無名氏	1949		無名氏	2135
無名氏	1949		無名氏	2143
無名氏	1950		無名氏	2145
無名氏	1951		無名氏	2146
無名氏	1952		無名氏	2151
無名氏	1952		無名氏	2165
無名氏	1954		無名氏	2205
無名氏	1957		無名氏	2331
無名氏	1957		無名氏	2342
無名氏	1965		無名氏	2380
無名氏	1978		無名氏	2382
無名氏	1980		無名氏	2392
無名氏	1980		無名氏	2395
無名氏	1989		無名氏	2397
無名氏	1992		無名氏	2399
無名氏	1993		無名氏	2405

無名氏	2418		無名氏	2946
無名氏	2418		無名氏	2999
無名氏	2420		無名氏	3010
無名氏	2422		無名氏	3062
無名氏	2446		無名氏	3086
無名氏	2471		無名氏	3086
無名氏	2476		無名氏	3122
無名氏	2484		無名氏	3122
無名氏	2493		無名氏	3143
無名氏	2499		無名氏	3160
無名氏	2505		無名氏	3162
無名氏	2523		無名氏	3175
無名氏	2524		無名氏	3183
無名氏	2540		無名氏	3189
無名氏	2547		無名氏	3243
無名氏	2585		無名氏	3262
無名氏	2616		無名氏	3442
無名氏	2616		無名氏	3442
無名氏	2620		無名氏	3442
無名氏	2620		無名氏	3443
無名氏	2621		無名氏	3443
無名氏	2637		無名氏	3443
無名氏	2651		無名氏	3443
無名氏	2657		無名氏	3445
無名氏	2658		無名氏	3486
無名氏	2663		無名氏	3517
無名氏	2663		無名氏	3519
無名氏	2665		無名氏	3576
無名氏	2706		無名氏	3588
無名氏	2725		無名氏	3602
無名氏	2729		無名氏	3605
無名氏	2746		無名氏	3620
無名氏	2763		無名氏	3621
無名氏	2888		無名氏	3666

無名氏 3669

無名氏 3675

無名氏 3681

無名氏 3683

無名氏 3686

無名氏 3686

無名氏 3929

無名氏 4003

無名氏 4010

無名氏 4011

無名氏 4022

無名氏 4029

無名氏 4029

無名氏 4031

無名氏 4041

無名氏 4076

無名氏 4076

無名氏 4077

無名氏 4077

無名氏 4107

無名氏 4140

無名氏 4161

無名氏 4163

無名氏 4178

無名氏 4186

無名氏 4196

無名氏 4196

無名氏 4232

無名氏 4233

無名氏 4238

無名氏 4251

無名氏 4254

無名氏 4281

無名氏 4290

無名氏 4290

無名氏 4290

無名氏 4291

無名氏 4291

無名氏 4291

無名氏 4291

無名氏 4291

無名氏 4291

無名氏 4300

無名氏 4315

無名氏 4317

無名氏 4342

無名氏 4343

無名氏 4343

無名氏 4343

無名氏 4343

無名氏 4345

無名氏 4374

無名氏 4379

無名氏 4423

無名氏 4444

無名氏 4504

無名氏 4505

無名氏 4508

無名氏 4513

無名氏 4514

無名氏 4514

無名氏 4516

無名氏 4529

無名氏 4537

無名氏 4539

無名氏 4539

無名氏 4557

無名氏 4559

無名氏	4562	無名氏	6593
無名氏	4579	無名氏	6594
無名氏	4580	無名氏	6728
無名氏	4580	無名氏	6820
無名氏	4650	無名氏	3191
無名氏	4660	無名氏	3273
無名氏	4666	無名氏	3274
無名氏	4678	無名氏	3275
無名氏	4678	無名氏	3275
無名氏	4679	無名氏	3315
無名氏	4682	無名氏	3316
無名氏	4689	無名氏	3343
無名氏	4691	無名氏	3379
無名氏	4693	無名氏	3392
無名氏	4697	無名氏	3403
無名氏	5749	無名氏	3424
無名氏	6326	無名氏	3428
無名氏	6359	無名氏	3431
無名氏	6360	無名氏	3435
無名氏	6361	無名氏	3436
無名氏	6361	無名氏	3439
無名氏	6363	無名氏	3440
無名氏	6469	無名氏	3447
無名氏	6470	無名氏	3453
無名氏	6470	無名氏	3460
無名氏	6471	無名氏	3460
無名氏	6474	無名氏	3461
無名氏	6474	無名氏	3461
無名氏	6476	無名氏	3462
無名氏	6517	無名氏	3462
無名氏	6520	無名氏	3462
無名氏	6592	無名氏	3463
無名氏	6592	無名氏	3467
無名氏	6592	無名氏	3469

無名氏　3469

無名氏　3471

無名氏　3471

無名氏　3472

無名氏　3472

無名氏　3473

無名氏　3474

無名氏　3478

無名氏　3479

無名氏　3479

無名氏　3480

無名氏　3480

無名氏　3480

無名氏　3482

無名氏　3484

無名氏（當為孫奕）　997

無名氏（題曰宋人）　900

無名氏（元人）　1094

伍

伍涵芬　4172,6751

伍讓　2374

伍餘福　2349,2394,4525

伍袁萃　4533

武

武亢　3436

武祺　2644

武之望　3267

兀

兀欽仄　3445

西

西方子　3163

西湖居易主人　3697

西湖老人　2472

西浙囂囂生　3104

息

息齋居士　4697

席

席鰲　6268

席啟圖　4170

席書　2623

習

習經　5803

下

下邳神人　3070

夏

夏賓　1978

夏崇文　1964

夏大霖　4719

夏德懋　3179

夏敦仁　2811

夏宏　1373

夏洪基　1941

夏侯陽　3320

夏侯孜　1870

夏鏷　5838

夏基 2456
夏力恕 1162
夏良勝 2906,5614
夏尚樸 5616,5874
夏時正 2347
夏樹芳 2033,3678,4321,4607
夏竦 1270,1395,4878
夏文彥 3532
夏熙臣 6244
夏休 700
夏言 1816,1838,2625,5887
夏駰 1786
夏寅 2782
夏元彬 920
夏元鼎 4615,4674
夏原吉 5551
夏允彝 425
夏振翼 3089
夏之符 2483
夏僎 347
夏宗瀾 302,554

鮮

鮮于樞 3857

湘

湘山樵夫 1989

向

向德星 322
向子諲 6777

項

項安世 52,2879
項霦 971
項大德 6265
項篤壽 1845,1906,2112
項皋謨 4192
項琳 2125
項夢原 1518
項穆 3539,6070
項聖謨 3585
項惟貞 2485
項玉筍 2058
項元汴 4103
項元淇 5991
項真 4164

蕭

蕭伯升 6595
蕭常 1639
蕭崇業 1769
蕭楚 799
蕭大亨 2505
蕭根 2536
蕭國寶 5768
蕭漢中 100
蕭良有 6029
蕭鳴鳳 6494
蕭企昭 3027,6105
蕭如松 1862
蕭士珂 6598
蕭士贇 4757
蕭嵩 2581
蕭統 4277
蕭統(梁昭明太子) 4735,6285
蕭洵 2337
蕭彥 2542

蕭儀　5803

蕭繹（梁元帝）　3570,3717,4204

蕭穎士　4782

蕭元登　4287

蕭雲從　272,4710

蕭韻　2442,2469

蕭正發　1165

蕭鎰　5809

蕭子顯　1474

蕭自開　6569

蕭斛　5377

囂

囂囂子　1228,6723

曉

曉山老人　3477

謝

謝翺　5281

謝陛　1660

謝賓王　6118

謝采伯　3842

謝純　2653

謝道承　6242

謝鐸　1859,1996,1997,2348,5823

謝枋得　713,4029,5260,6355

謝復　5823

謝復芫　273

謝赫　3489

謝伋　6673

謝杰　1769,2378

謝晉　5558

謝薖　4992

謝良佐　2856

謝履忠　2639

謝旻　2219

謝乃寶　6207

謝起龍　553

謝遷　5582,6514

謝少南　2365,5922

謝叔〔升〕孫　520

謝肅　5487

謝朓　4734

謝廷諒　2402,6040

謝王寵　3060

謝維新　4244

謝文洊　1147,6107

謝逸　4991,6767

謝應芳　1956,2890,5446

謝兆申　6064

謝詔　2374

謝肇淛　2113,2210,2247,2461,2474,
　　4063,6038

謝榛　5650,6733

謝重輝　6160

謝朱勝　1725

謝宗可　5432

辛

辛棄疾　1715,3092,4026,5749,6791

辛全　3001

辛文房　1900

信

信陽太宰純（日本）　963

邢

邢昺　964,1062,1231
邢侗　6020
邢凱　3767
邢雲路　3288,3347

幸

幸元龍　5756

性

性磊　4610

熊

熊伯龍　6126
熊賜履　2067,3026,3027,6149,6150
熊鼎　4119
熊蕃　3635
熊方　1461
熊剛大　2883
熊過　117,851,5917
熊禾　5285
熊節　2883
熊峻運　4347
熊克　1540
熊達　6535
熊良輔　95
熊明遇　3102
熊朋來　999,1176
熊三拔　3134,3290,3291
熊尚文　2794
熊士伯　1425
熊太古　4515

熊文登　1386
熊兆　976
熊直　5806
熊忠　1322
熊宗立　3235,3421,4100

胥

胥文相　6503

徐

徐昂發　4017,6224
徐塽　6488
徐邦佐　1145,2429
徐葆光　2511
徐賁　5504
徐必達　2937,2938
徐表然　2428
徐彬　3148
徐賓　2056
徐伯齡　3873
徐伯益　4288
徐伯徵　2546
徐燦　3429,5936
徐昌祚　4568
徐常吉　4320
徐楚　2380,6534
徐達左　2955,6482
徐大椿　3231-3234,3238,3271,4623
徐待聘　2433
徐道符　3456
徐度　3829
徐鐸　318,442,554
徐汾　4347
徐幹　2833

徐官　3599

徐貫　5820

徐光啟　529,3133,3138,3293,3294,
　3333,3976

徐桂　2537

徐瀚　1960

徐宏〔弘〕祖　2318

徐紘　1905

徐禥　3597

徐懷祖　2485

徐基　6229

徐璣　5190

徐積　2852,4931

徐即登　681

徐集孫　6469

徐繼發　270

徐嘉　6638

徐嘉泰　2435

徐嘉炎　6189

徐堅　4211

徐鑒　4324

徐階　1965,5899,5900

徐喈鳳　6151

徐晉卿　4280

徐縉芳　1971

徐經孫　5235

徐兢　2321,2497

徐敬德　6002

徐炯　4831

徐炬　3681,4342

徐駿　710,6726

徐開錫　6627

徐鍇　1256,1260

徐克范　1454

徐良傳　5937

徐陵　4742,6290

徐鹿卿　5227

徐懋升　4057

徐夢莘　1593

徐泌　2451

徐勉之　1927

徐明善　5357

徐鳴時　2440

徐袍　4332

徐浦　908

徐溥　2567,5568

徐謙　3210

徐乾學　625,1569,3034,6179,6431,
　6613

徐沁　1979

徐慶　4575

徐釚　6831

徐日炅　2438

徐日升　1228

徐三重　2793,　2990,　2991,　3877,
　4058,4136

徐珊　5996

徐善　281

徐善述　408

徐師曾　214,716,6527

徐石麒　2547

徐時泰　4794

徐時行(申時行)　4311

徐士俊　6610

徐世淳　244

徐世沐　279,431,544,690,704,727,
　934,1149,6157

徐世溥　737,1420,6115

徐樹穀　4831

徐碩　2199

徐崧　2448

徐泰　6732

徐體乾　207

徐天麟　2561

徐廷槐　4669

徐庭垣　876

徐烜　5666,6567

徐渭　3582,4053,4131,5992,5994

徐文靖　395,1522,2344,3421,3790

徐文駒　6233,6625

徐問　2901,5853

徐晞　6638

徐璽　6254

徐咸　2007

徐顯　1991

徐顯卿　6008

徐獻忠　2362,3680,5907,6516,6517

徐象梅　2045,4536

徐孝　1373

徐鉉　4485,4487,4864,6311

徐學聚　2032,2618

徐學謨　853,1761,2369,5964,5965

徐學詩　5945

徐彥　777

徐養相　717

徐養元　1145

徐一夔　2587,4180,5491

徐以升　6249

徐以泰　6275

徐寅　4852

徐應秋　3906,4327

徐用誠　3209

徐用檢　2985

徐用錫　6231

徐用宣　3247

徐有貞　5560

徐元杰　5244

徐元太　4257

徐岳　3318,4576

徐越　1856

徐在漢　283

徐增　6610

徐昭華　6194

徐昭慶　683,723

徐照　5189

徐貞明　2401

徐楨〔禎〕卿　4523,5610

徐振芳　6110

徐之鏌　3451

徐志遴　437

徐志莘　6216

徐中　2987

徐中行　5960,5961

徐倬　6182,6452

徐子平　3398

徐自明　2519

徐宗夔　1863

徐總幹　59

徐熥　2043,3777,6567

許

許伯衡　2474

許伯政　320,556,953,3312

許昌國　6280

許次紓　3679

許鼎　6631

許洞 3076

許棐 3918,5250,5757

許孚遠 5979

許誥 1578

許穀 5936

許光祚 6053

許翰 4999

許浩 2784,4520

許衡 84,2952,5343

許徽 2092

許渾 4833

許及之 5132

許劍道人 4662

許進 1747

許蓋臣 6631

許景衡 5019

許炯 5985

許均 6631

許良臣 6631

許鳴遠 6588

許謙 366,478,1095,5350

許虬 6131

許容 2225

許汝霖 6200

許三禮 768,4200

許尚 5184

許尚質 6213

許慎 1252

許叔微 3176

許恕 5439

許順義 1036

許嗣隆 6201

許嵩 1624

許體元 313

許天贈 525

許焞 3051

許熙載 4114

許獻 2469

許相卿 1516,1750,5619

許獬 4325,6044

許胥臣 426,3349

許學士 3093

許顗 6660

許應龍 5208

許應元 5928

許友 6631

許有孚 6375

許有穀 2046

許有壬 5396,5397,6375

許遇 6631

許月卿 2530

許兆金 724

許珍 1210

許楨 6375

許之吉 4341

許豸 6631

許中麗 6481

許重炎 6280

許纘曾 2096,6128

宣

宣光祖 4697

薛

薛大訓 4697

薛鳳翔 3688

薛鳳祚 1148,2252,3305,3306

薛蕙 3932,5618,5879

薛己 3211
薛季宣 400,5151
薛甲 211
薛居正 1495
薛據 2885
薛俊 2502
薛鎧 3249
薛侃 204,2972
薛夢李 4147
薛三省 6047
薛尚功 1274
薛尚質 2405
薛師石 5193
薛收 1526
薛所蘊 6089
薛濤 6306
薛熙 3106,6627
薛瑄 2895,2957,2958,5555,5804
薛雪 314
薛應旂 1133,1581,1582,2980,5932
薛映 6317
薛用弱 4475
薛嵎 5269
薛虞畿 1642
薛章憲 5896

雪

雪疇子 6744

荀

荀況 2818
荀廷詔 1781
荀悦 1523,2832

蕈

蕈溪子 3690

丫

丫角道人 3605

延

延伯生 220

閻

閻若璩 384,550,1116,1943,3786,4012
閻士選 5738
閻廷謨 2406
閻秀卿 2005
閻循觀 444,958,3058,6276

顔

顔端 1960
顔茂猷 4157,4339
顔木 2359
顔師古 1240,4507
顔廷榘 5721,6072
顔元 3017－3019
顔元孫 1264,1353
顔真卿 4773
顔之推 3719,4473
顔光敏 6128
顔懷繹 6246
顔肇維 6246

嚴

嚴粲 474

嚴澂　3561

嚴果　5986

嚴毅　926

嚴訥　907,5942

嚴啟隆　926

嚴嵩　5855

嚴遂成　6252

嚴我斯　6174

嚴堯黻　3954

嚴毅　4293

嚴用和　3188

嚴有穀　4167

嚴有翼　6718

嚴虞惇　505

嚴羽　5229,6679

嚴遵　4617

晏

晏璧　4295

晏幾道　6764

晏兼善　902

晏殊　4279,4877,6754

晏斯盛　162,436

晏嬰　1868,1945

陽

陽枋　5254

陽瑪諾　3292

陽休之　4275

揚

揚无咎　6785

揚雄　1235,2829,3356,4721

楊

楊彪　1621

楊表正　3594

楊伯嵒　1320,4249

楊博　1840,4295

楊長世　6608

楊朝英　6864

楊成　6730

楊淙　4328

楊大鶴　5727

楊道會　2987

楊德周　3692，4326，4536，5722，
　　6053,6567

楊鼎熙　724

楊東明　1849,2088

楊端　3687

楊二山(楊巍)　6512

楊方達　311,312,438,439,951

楊方晃　1943,6639

楊復　597

楊公遠　5321

楊覯　4295

楊冠卿　5166

楊觀光　3978

楊翩　5456

楊鶴　1971

楊宏　2653

楊宏〔弘〕道　5341

楊桓　1283,1356,1396

楊奐　5342

楊基　5503

楊繼禮　2542

楊繼盛　5637

楊繼益　2435,4074

楊濟時　3256

楊嘉森　3593

楊甲　990

楊簡　51,350,467,2880,5141

楊捷　1787

楊傑　4921

楊炯　4747,6638

楊瞿崍　239,6561

楊爵　115,5628

楊筠松　3381,3383,3446

楊侃　2101

楊克弼　2098

楊魁植　1053

楊廉　5839

楊聯芳　4327

楊陸榮　299,435,1517,1616

楊掄　3595,3596

楊名　6520

楊名時　157,504,1117,1157,3042

楊明　2463

楊溥　4101

楊齊賢　4757

楊起元　3958,4136,6025

楊謙德　3469

楊慶　1416,1417,2062,3984

楊忍本　4587

楊榮　1734,5549

楊汝翼　1714

楊岫　3140

楊慎　714, 763, 1290, 1292, 1328,
　　1330, 1331, 1361, 1362, 1395,
　　2084, 2150, 2152, 2496, 2736,
　　3537, 3657, 3771, 3772, 4301,

　　4561, 4583, 5615, 6506 – 6508,
　　6698,6852

楊繩武　6625

楊時　2849,2943,5015

楊時喬　216,2608,5984

楊時偉　1399,1588,1878,2802

楊士聰　4541

楊士宏　6380

楊士奇　1735,1824,1828,1832,2680,
　　5548,5796

楊士勛　779

楊士瀛　3190

楊式傳　4575

楊守阯　5831,6496

楊樞　2473

楊束　6551

楊思本　6080

楊思聖　6120

楊四知　2087

楊嗣昌　1971

楊素蘊　1855,6133

楊天民　1850

楊廷和　1810,2567

楊廷筠　233

楊萬里　54, 2948, 4027, 4284, 4712,
　　5154,5748,5749,6678

楊巍　5641

楊惟德　3477

楊惟休　1776

楊維楨　902,2779,5464 – 5467

楊煒　6638

楊文彩　425

楊文源　4357

楊梧　721

楊錫紱　2071

楊錫觀　1389,1390

楊相　4295

楊向春　3420

楊㰔　6638

楊信民　4298

楊修仁　2380

楊瑄　1739

楊衒之　2268

楊學可　2147

楊循吉　1744,1999,2000,2080,2352,
　　2423,2472,4122,5834,5835

楊延齡　3817

楊炎正　6792

楊一葵　6038

楊一奇　2794

楊一清　1809,5828,6514

楊儀　4528,4563,6518,6519

楊以任　2115

楊以叡　6608

楊以儼　6608

楊億　2534,4222,4873,6317

楊寅秋　5654

楊應奎　6399

楊應詔　2013

楊雍建　1856

楊擁　4361

楊于庭　856,6028

楊瑀　4449

楊昱　4128

楊允孚　5453

楊載　5383,6724

楊載鳴　5940

楊兆坊　4160

楊兆鳳　6608

楊兆璘　6640

楊兆魯　6132

楊兆年　6608

楊兆嶦　6215

楊貞一　1414

楊至質　5255

楊智遠　4682

楊子器　2355

楊宗吾　4150

卬

卬須子　2803

養

養和子　4691

姚

姚炳　502

姚福　4065

姚光祚　4321

姚廣孝　4295,5795

姚合　4827,6302

姚宏　1679

姚宏〔弘〕謨　2425

姚宏緒　6622

姚際恒　4084

姚孔鐺　6244

姚寬　3746

姚夔　5813,6136

姚旅　4072

姚履旋　1976

姚勉　5256

姚鏌　5844

姚培謙　6257

姚球　331

姚汝能　2098

姚汝循　5974

姚士粦　6，2151，2492，6541

姚世鈺　6260

姚舜聰　6570

姚舜牧　226，418，489，718，910，976，
1135，6016

姚舜溫　4607

姚思廉　1475，1476

姚燧　5355

姚堂　1994

姚桐壽　4450

姚文灝　2244，2395

姚文蔚　231，1863，4140

姚希孟　2492

姚宣　4570

姚鉉　6316

姚學閔　1847

姚兗　5990，6570

姚翼　6059

姚應仁　721，1139

姚虞　2209

姚悅　6570

姚允明　2116

姚張斌　3977

姚淛　6542

姚之裔　6542

姚之駰　1646，3907

姚咨　2029

姚摯　6467

姚最　3491

耶

耶律楚材　5311

耶律純　3402

耶律有尚　1955

耶律鑄　5349

葉

葉秉敬　1295，1406，2631，3965，4067，
6045

葉朝榮　525，6004

葉春及　5643

葉大慶　3757

葉砥　4295

葉方藹　5688

葉方恒　2407

葉棻　6339

葉封　2718

葉桂　3271

葉矯然　273

葉夒　2008，2009

葉良佩　209，5904

葉隆禮　1634

葉夢得　805，807，3825，3827，5033，
5745，6663，6774

葉夢熊　3098

葉某（葉真）　3768

葉山　122

葉紹泰　4194

葉紹翁　4441

葉盛　1833，2726，4452，5814

葉時　565

葉時用　2546

葉適　3726，5161

葉泰　3454

葉廷珪　4226

葉廷祥　2463

葉廷秀　6576,6740

葉萬　2745

葉向高　4138

葉燮　2484,6180,6751

葉性　1961

葉翼　6480

葉映榴　6153

葉顒　5449

葉永盛　6035

葉酉　555,892

葉銟　3043,4699

葉子奇　3358,3871

伊

伊世珍　4117

易

易祓　63,568

易鏡先生　3469

易學實　6092

殷

殷璠　6297

殷奎　5516

殷綺　6524

殷士儋　5953

殷雲霄　5857

殷仲春　6070

陰

陰時夫　4249

尹

尹昌隆　4295,5791

尹耕　1757,3095

尹敏　1621,4348

尹臺　5632

尹廷高　5363

尹焞　1124,5063

尹文　3706

尹襄　5873

尹直　1996,2958,4517

尹洙　1573,4888

隱

隱夫玉簡　4679

印

印光任　2389

應

應撝謙　282,758,935,1191,3029,4350

應俊　3848

應麟　299,548,948

應劭　3797

應是　978,6178

應廷育　2013

永

永亨　3997

尤

尤侗　2733,4352

尤袤　2675,5111,6720

尤玘　1991

尤時熙　2974

尤世求　6214

游

游酢　4987

游季勳　2399

游九言　5221

游朴　2371

游潛　4582,5851,6731

游日章　4305

游紹安　6249

游藝　3304,3350

游震得　5941

于

于成龍　1857,5691

于琳　284

于敏中　1604

于謙　5557

于欽　2203

于慎思　6004

于慎行　2792,3956,5653,6004

于石　5299

于恕　3916

于奕正　2477,2740

于準　3036

余

余丙　2074

余寀　2095

余敷中　912

余光耿　6169,6848

余國禎　4078

余懷　4588

余繼登　1769,5654

余縉　1855

余靖　4885

余覺華　4686

余懋衡　6036

余懋學　4056

余懋孳　6049

余美英　1789

余闕　5411

余文龍　2114

余熙　3352

余蕭客　1024,6462

余養蒙　2028

余一元　6123

余寅　1770,4259,6027,6539

余胤緒　2538

余永麟　4527

余祐　2961

余元熹　6586

余曰德　5961

余允文　1073

余載　1178

余知古　1686

余祚徵　6078

俞

俞安期　4329,5990,6572

俞邦時　2987

俞弁　4159

俞炳然　2380

俞策　2440

俞成　4028

俞大猷　1755

俞德鄰　3853,5287

俞皋　831

俞焕章　1664

俞夔　4182

俞鲲　416

俞汝言　867,868

俞森　2606

俞松　2703

俞庭椿　564

俞琬〔琰〕　79,81,3854,4031,4641,
　　4655,4660,4683,5766

俞文豹　3850,4029,4113,4512

俞文龍　2117

俞憲　6522

俞益謨　1789

俞允文　5986,6530,6531

俞鎮　4032

愚

愚谷老人　4682

虞

虞儔　5129

虞淳熙　4565,6549

虞淳貞　6549

虞德升　1423

虞集　1725,5381,5382,5718,5771,
　　5772

虞楷　317

虞堪　5527

虞荔　3609

虞世南　4208

虞搏　3252

虞兆湆　4013

宇

宇文懋昭　1637

庾

庾季才　3376

庾肩吾　3490

庾信　4738

郁

郁逢慶　3543

郁袞　2005

郁濬　3676

郁文初　276

喻

喻昌　3227,3228

喻國人　262－264

喻傑　3275

喻均　2030

喻良能　5121

喻仁　3275

喻有功　3464

御

御定（康熙）　639

御定（乾隆）　6439,6440

鬻

鬻熊　3701

尉

尉遲偓　4384
尉繚　3069

元

元官撰（世祖）　3130
元好問　3998,4558,5310,5767,6366,
　　6471
元淮　5770
元結　4772,5717,6295
元明善　2421
元順帝時官撰　2662
元積　4820

原

原良　4083

員

員興宗　1714,3831,5146

袁

袁表　6394
袁彬　1740
袁采　2858
袁昌祚　2370
袁達德　3699
袁定遠　2547
袁棟　4094
袁甫　1083,5204
袁宏　1525
袁宏道　3682,4063,6037,6554
袁華　5515,6384

袁黄　2404,3961,6551
袁郊　4483
袁裒（懶生袁子）　1755
袁桷　2202,5364
袁均哲　4298
袁俊翁　1097
袁凱　5521,5788
袁康　2121
袁仁　378,522,854
袁仁林　4672
袁韶　1891
袁士元　5775
袁氏　4422
袁淑真　4660
袁樞　1591
袁説友　5130,6341
袁天綱　3455,3467
袁煒　5936
袁文　3752
袁燮　352,471,5142
袁易　5376
袁應兆　1219,2634
袁袠　2907,5908
袁宗道　3952
袁忠徹　3469
袁衷　3951
袁仲晦　1951
袁子讓　1405
袁尊尼　5982
袁褧　6528

岳

岳飛　5071
岳浚　922

岳濬　2223

岳珂　1873，3401，3525，3846，4438，
　　5243，5754

岳嵐　269

岳倫　5912

岳熙載　3344

岳元聲　2994

岳正　3926，4076，5563

粵

粵西舜山子　3102

樂

樂純　4072

樂雷發　5248

樂史　1987，2169

允

允祿（和碩莊親王）　1795

惲

惲日初　2998

查

查繼超　6862

查克宏〔弘〕　6639

查慎行　159，4948，5707

查嗣瑮　4173

查祥　6241

查旭　6220

查志隆　2651，6530

贊

贊寧　4098

臧

臧懋循　6027，6547，6548

臧梓　2077

造

造父　3274

曾

曾忭　1840

曾朝節　227

曾承業　2930

曾大奇　3967

曾覿　6787

曾丰　5138，5752

曾公亮　3075

曾鞏　1626，4916

曾貫　103

曾鶴齡　5804

曾宏父　2699

曾極　5159

曾幾　5072

曾魯　2587

曾敏行　4439

曾佩　6523

曾棨　4295，5799

曾恬　2856

曾維倫　6029

曾偉芳　3963

曾文迪　3382

曾梧　5891

曾銑　1838

曾先之　1651

曾協　5096

曾益　3104,4832

曾璵　5868

曾愭　3898,4426,6818

曾肇　4928

翟

翟鳳翥　6118

翟均廉　173,2258,2735

翟巒　6514

翟耆年　2694

翟汝文　5031

翟思忠　1876

詹

詹初　5227

詹道傳　1098

詹光大　4287

詹淮　3003,3004

詹景鳳　3581,4073

詹泮　5890

詹事講　6024

詹雲程　541

詹在泮　3960

湛

湛若水　742,848,1206,2906,2965,
　　2966,5856

張

張安茂　2635

張安絃　6246

張邦基　3832

張邦幾　4286

張邦奇　2785

張邦翼　6557

張賁通　3483

張必剛　756,3430

張陞　2656

張弼　5826

張璧　5872

張表臣　6663

張伯淳　5325

張伯端　4653

張伯行　2068,2069,2253,2940,2943,
　　3036 - 3038,6202,6621

張伯穎　4295

張步瀛　288

張采　684

張參　1265

張弨　2742,2743

張朝瑞　2026,2628

張潮　3665,4199,4200

張翀　3948

張崇德　2444

張丑　3544,3546 - 3548

張純　2399,3937

張淳　593

張次仲　132,490

張從正　3195

張璁　2624,6514

張存紳　4009

張存中　1096

張達　6385

張大純　2448

張大復　2022,4053,4054

張大亨　804,805

張大齡　2797

張岱　2447

張丹　6111

張統　1729,5792

張道　2367

張道宗　2497

張德純　291

張登　3229

張迪　2623

張棣　1717

張鼎思　4004,4135

張侗　6278

張棟　6023

張讀　4480

張篤慶　2810,6203

張端木　2659

張端義　3849

張敦頤　2296,4797

張爾岐　273，605，927，4082，4623，
　　6104

張方平　4934

張鳳翔　704,1218,5849

張鳳翼　3487,3583,5980,6458

張鈇　4042

張孚敬　1829,1839,5892

張處　629

張復　3977

張綱　5038

張杲　3181

張革之　1719

張根　30

張庚　1577,3592,6275

張固　4375

張觀光　5330

張光孝　2401

張光祖　3902

張袞　5892

張國維　2249

張國祥　2087,2421

張果　3397

張含　5865,6508

張瀚　1841,1861,5931

張溴　2186,2337,3745

張恒　2064,3959

張宏〔弘〕代　2381

張宏〔弘〕道　2634

張宏〔弘〕範　5313,6638

張宏〔弘〕牧　6638

張洪　2500,2887,4119

張後覺　3966

張弧　2839

張華　3654,4098,4494

張懷瑾　3494

張機　3148

張吉　5586

張籍　4801

張洎　487,4391

張嘉玲　685

張佳允　5960

張槶　1844

張介賓　3220,3221

張戒　6666

張晉　6133

張潘　5723

張靖　3567

張經　5888

張鏡心　247

張競光　6172

張絅　1053

張九成　1071,5085

張九齡　2932,4753

張九韶　2107,2893,4297

張九一　5969

張居正　415,2788,4045,5951

張矩　2649

張椠　6846

張君房　4651

張浚　32

張愷　2351

張侃　5240

張可久　6863

張擴　5030

張萊　2424

張蘭皋　321

張耒　515,4961

張理　96,3372

張禮　2316

張鍊　3941,5949

張良　4613

張烈　147,3032,6180

張琳　6225

張鏐　3053

張龍翼　3103

張鹵　1861,5976

張璐　3264,3265

張履祥　4197,4198

張掄　3662

張湄　6257

張孟兼　5493,5789

張籹　1212

張敏　2280

張鳴鳳　2086,2265,2649,5966

張沐　275,430,544,726,932,3025,
　3987

張内蘊　2248

張納陛　231

張蒲　1773,2631,6554

張能鱗　543,2443,3023,6124

張嵲　5040

張寧　4517,5566,5818

張凝道　2634

張鵬翮　1981,3032,4170

張鵬翼　2811,6260

張玭　1934

張溥　537,917,2800,6426

張圻　4171

張岐然　921

張其是　6638

張琦　5851

張齊賢　4392

張杞　912

張洽　821

張謙德（張丑）　3691

張謙宜　6228

張芹　2003

張欽　2357

張邱建　3324

張銓　1586

張仁浹　322

張仁熙　3673,6106

張榕端　2095,6184

張榮　6236

張汝霖　236,2389

張汝元　6062

張睿卿　2437

張三錫　3257

張商英　3072

張尚瑗　877

張紳　3577

張詵　6287

張慎言　6051

張昇　5826

張聖誥　2387

張師顏　1724

張師愚　6377

張師曾　1951

張師正　4555

張時徹　2016,3252,5901,6515,6516

張時泰　6259

張時為　3016

張實居　6161

張士佩　1365

張世犖　4669

張世南　3841

張世賢　3238,3241

張世則　2031

張栻　50,1080,1081,2939,5175,6332

張適　5787

張守　5024

張守節　1450

張舜民　4407,4970

張說　4752

張燧　4072

張所敬　4304

張所望　4066

張泰　5823

張泰交　3106

張泰階　3586

張坦　4667

張唐英　2136

張棠　6222

張體乾　2097

張天復　2340

張天柱　3990

張廷臣　524

張廷玉　1512,2525,3595,6224

張庭　1965

張耑　3987

張完臣　274

張萬壽　2388

張萬選　2440

張維　5733

張維新　2432

張瑋　2584

張位　1368,2541,4131,4670,4693,6008

張文炳　294,3991

張文蕆　1160,4018

張文燿　1703

張文嘉　771

張文瑞　2411,6280

張文炎　6570

張文柱　6032

張問達　283

張問之　2665

張吳曼　6215

張希良　937,6202

張錫爵　6247

張習孔　4081,6130

張夏　1981,2064,2065

張先　6757

張先嶽　2073

張憲　5440

張獻翼　121,1402,5981

張祥鳶　5977

張孝祥　5099,6786

張爕　2327

張信民　3001

張星　3007

張星徽　979

張行成　3358,3363,3364,3418

張行簡　3409

張行言　2640

張翊　2961,5835,5836

張旭　5829

張敘　310,553

張宣猷　1223

張萱　1350,3775

張瑄　1737

張學懋　2411

張璿　2073

張選　5918

張鉉　2204

張學禮　2094

張炎　6810,6857

張綖　5720,5878,6860

張彥士　2807

張彥遠　3496,3498

張暘　2469

張養浩　2532,2549,5315

張堯同　5269

張一卿　6589

張揖　1239

張怡　749

張以誠　527

張以寧　844,5480

張翼　4146

張英　152,393,5693

張應遴　6590

張應文　3891,4190

張映斗　6257

張墉　2117

張顒　3396

張永明　5633

張勇　1820

張詠　4869,6317

張用天　6273

張有　1276

張又新　3637

張愉曾　2154

張宇初　5531

張羽　5503,5601,5790

張雨　4688,5431

張敔　1202

張玉孃　5780

張玉書　5698,6153

張昱　5469

張預　3094

張毓睿　2116

張豫章　6433

張曰楨　1146

張元　6267

張元忭　2372,2428,2542,4318,6010

張元幹　5074,5746,6780

張元凱　5642

張元善　1373

張元素　3194

張元禎　5821

張原　1815

張遠　5723,6194,6195

張岳　5619

張悅　5821

張雲漢　1935

張雲龍　4106

張雲鷥　4338

張運泰　6586

張載（張子，橫渠）　25,2844

張瓚　1738

張瓚等　1758

張貞　2385

張貞觀　1849

張貞生　2495,3987,6148

張振淵　259

張之采　2438

張之翰　5367

張之象　2790,4315,6536,6537,6738

張知甫　4430

張志淳　3691,3875

張志和　4649

張治　5891

張致和　4579

張中達　6390

張重華　5997

張壽　5417,6813

張倬　3230

張鷟　4210,4366

張鎡　3900,5162

張子淵（仲深）　5421

張紫芝　1226

張自超　879

張自烈　1146,1379

張自勳　1543,2803,3009

張祖年　4090,6216

張祖武　319

張泉　2027

長

長孫無忌　2610

章

章敞　5800

章沖　1592

章調鼎　535

章定　4237

章恩　5913

章甫　5165

章撫功　4548

章黼　1400

章袞　5901

章煥　1841,5939

章潢　237,4261

章嘉禎　6027

章金牧　6163

章靜宜　6162

章懋　2899,5578

章樵　6310

章如愚　4242

章世純　1108,3003

章适　5953

章一陽　1140

章楷　4093

章穎　1990

章正宸　6075

章陬　409

章佐聖　261

趙

趙必瑑　5273

趙弼　2782,4559

趙抃　4902

趙秉文　5306

趙秉忠　6274

趙采　90

趙燦英　546

趙長卿　6802

趙崇絢　4239

趙崇祚　6815

趙迪　5816

趙鼎　5029

趙鼎臣　5004

趙爾昌　4147

趙蕃　5135

趙鳳翀　2052

趙公豫　5104

趙構(宋高宗)　3502

趙峋　2712

趙漢　5876

趙鶴　6501,6502

趙恒　907

趙宏〔弘〕恩　2218

趙鴻賜　3957

趙璜　2081

趙撝謙　1289,1359,1399,4120,5496

趙吉士　2060,4168,6131,6132

趙佶(宋徽宗)　3573

趙繼序　172

趙諫　6501

趙介　6393

趙潘　4512

趙景良　6376

趙居信　1650

趙均　2711

趙寬　5832

趙鄰幾　4487

趙璘　4372

趙令畤　4413

趙孟堅　5239

趙孟頫　5335,5768

趙民獻　4156

趙明誠　2691

趙南星　1106,2793

趙寧　2449

趙汸　109,839－843,5463

趙滂　1972

趙鵬飛　826

趙普　1704,1705

趙岐　1058

趙起　1947

趙清曠　6500

趙如源　860

趙汝礪　3635

趙汝濂　1764

趙汝楳　73,189

趙汝适　2323

趙汝鐩　5202

趙汝談　5753

趙汝騰　5237

趙汝愚　1823

趙蕤　183,3721

趙善括　5149

趙善璙　3901

趙善慶　6172

趙善湘　358

趙善譽　53

趙申喬　6180

趙升　3764

趙師使　6776

趙師秀　5192,6347

趙時春　2363,5908,5909

趙時庚　3646

趙士麟 6174
趙氏 3283
趙世對 269
趙世迥 332
趙世顯 4060
趙叔向 3996
趙樞生 4316,4694
趙順孫 1089
趙臺鼎 3950
趙天麟 5770
趙廷瑞 6510
趙統 5720,5932
趙完璧 5641
趙萬年 1718
趙維寰 2114
趙維新 3966
趙文 5326
趙文華 2363
趙希鵠 3886
趙湘 4872
趙偕 5762
趙信 6456
趙彦肅 51
趙彦衛 3838
趙彦端 6788
趙彦復 6559
趙一清 2234
趙伊 5922
趙宧光 1376,1378,3349,3539,6064,6572
趙以夫 66
趙釴 4000,5949
趙嬰 3277
趙迎 3470
趙雍 5769
趙友同 5798
趙俞 6207
趙漁同 1145
趙與褣 1720
趙與旹 3761
趙與虤 6681
趙昱 6456
趙煜〔曄〕 2119
趙緣督 3283
趙元祉 1781
趙讚 2371
趙貞吉 5930
趙禎(宋仁宗) 3473
趙振芳 283
趙之韓 2434
趙執端 6196
趙執信 5704,6705
趙志皋 1845
趙志臯 6004,6540
趙仲全 2991
趙子砥 1713
趙子櫟 1871

真

真德秀 740,1083,2875－2878,5198,6341
真山民 5292

甄

甄鸞 3278,3318,3319,3322

正

正誼齋 2803

郑

郑康成　175,179

鄭

鄭柏　1993
鄭本忠　5789
鄭伯謙　567
鄭伯熊(鄭景望)　342,4022
鄭持正　4579
鄭滁孫　190
鄭處誨　4371
鄭道明　3992
鄭端　2550,3025,3087,6151
鄭端允　4150
鄭爾垣　6629,6630
鄭方坤　1017,6248,6707,6708
鄭敷教　253
鄭剛中　37,2077,5082
鄭廣唐　268,2799
鄭谷　4845
鄭光羲　3021
鄭圭　240
鄭國器　331
鄭虎臣　6353
鄭環　5821
鄭紀　5571,5822
鄭際熙　6275
鄭构　3530
鄭居中　2583
鄭楷　5806
鄭克　3116
鄭良弼　912
鄭梁　6208

鄭麟趾　2147
鄭履淳　1966,6531
鄭洛書　5888
鄭滿　5842
鄭鄤　1037
鄭明選　4005
鄭普　5979
鄭棨　4484
鄭潛　5513
鄭樵　740,995,1234,1629,5102
鄭清之　5213
鄭錄　913
鄭日奎　6151
鄭汝璧　1659,2541,2627
鄭汝諧　70,1079
鄭汝翼　2661
鄭若庸　4316,5991
鄭若曾　2259,2260,2400,2416,2503,
　　2504,2652,3081
鄭善夫　3931,5611
鄭氏　2931
鄭思肖　5763
鄭太和　6479
鄭太原　6551
鄭棠　5805
鄭濤　1992
鄭琬〔琰〕　1973
鄭王臣　6635
鄭文昂　6591
鄭文寶　2131,4388
鄭文炳　6634
鄭文康　5564
鄭希誠　3397
鄭俠　4975

鄭賢　2795

鄭小同　984

鄭曉　412，1133，1654，1753，1775，
　　3947，5906

鄭曉之（淡泉翁）　1775

鄭獬　4913

鄭心材　6001，6531

鄭興裔　5095

鄭宣　6499

鄭瑄　4157

鄭瑤　2196

鄭以誠　4315

鄭應旄　2021

鄭泳　761

鄭友元　249

鄭與僑　4542

鄭玉　838，5436

鄭玉道　3847

鄭元〔玄〕　447，450，558，591，627，
　　781，983，2931

鄭元慶　2256，2286

鄭元祐　4450，5432

鄭瑗　3875，4035

鄭岳　2001，5597

鄭允端　5775

鄭真　5529

鄭之僑　2471

鄭仲夔　4539，4567

鄭重　6150

鄭重光　3272

鄭燭　2016

鄭宗圭　6094

支

支大綸　1585，6020

支立　4581

支允堅　4057

中

中黃真人　3459

衷

衷仲孺　2422

鍾

鍾芳　905，5870

鍾復　5810

鍾過　3418

鍾梁　6638

鍾輅　4477

鍾人傑　3007

鍾嶸　6646

鍾韶　3000

鍾惺　530，531，1037，2797，4188，
　　4339，6562，6564，6565

鍾羽正　6027

鍾淵映　2599

鍾嶽秀　3671

鍾祖述　6585

仲

仲并　5083

仲恒　6861

仲宏〔弘〕道　2811

仲昰保　6261

仲蘊錦　1942

周

周邦彥　6768

周必大　2519,3687,5112,6677,6841

周弼　5262,6351

周鑣　2050

周伯耕　3969

周伯琦　1287,5412

周寀　6487

周燦　6130

周長發　6253

周城　2470

周池　2812,4096,4361

周淙　2179

周達觀　2325

周大韶　2248

周大樞　324

周大章　5966

周道仁　6081

周德清　6836

周砥　6388

周甸　6638

周東　5834

周敦頤(周子)　4929

周孚　5133

周復俊　2014,5925,6405,6520

周廣　5858

周廣同　2352

周宏　3252

周宏〔弘〕祖　3949

周宏道　4289

周宏禴　3957

周洪謨　1029,3999

周煇　4432

周楫　726

周家棟　1369

周嘉胄　3629

周金然　6201

周京　6258

周靖　1300

周堪賡　1853

周孔教　1848,2402,2653

周禮　6130

周麟之　5105,5745

周龍雯　6638

周魯　4361

周履靖　4189,6057,6541

周倫　5850

周綸　4355,6172

周茂源　6129

周夢暘　2667,4003

周密　2304,3855,3887,4030,4114,
　　4442,6688,6821

周銘　6856

周模　1223

周南　5179

周南瑞　6374

周祈　3777

周琦　2899

周起元　1819

周鐈　6160

周去非　2301

周權　5364

周如砥　6033

周汝登　2031,2990,6023

周沈珂　1977

周聖楷　2053

周詩雅　2114,4155

周士彬　6222

周世金　326

周世選　5979

周世樟　4355

周是修　4120,5538

周奭　3419

周守忠　4112,4283,4578

周述　5800

周順昌　5664

周思兼　3942,5952

周斯盛　6155

周泰　6487

周廷用　5877

周霆震　5446

周珽　6574

周文采　3247

周文華　3694

周文璞　5199

周文玘　4577

周聞孫　5773

周希夔　6482

周希孟　6482

周錫珪　2738

周璽　1813

周顯宗　5915

周象明　1043,4015

周行己　5001

周敘　5803

周宣武　6272

周宣猷　6256

周宣智　2097

周旋　5811

周巽　5461

周一敬　253

周怡　1816

周彝　6223

周尹喜　4624

周瑛　3578,5581

周嬰　3780

周應賓　1035,2430,2543

周應合　2194

周應治　4137,6547

周映康　6638

周永年　2463,4609

周用　5854

周於諒　2578

周漁　275

周宇　1365,4070

周羽翀　2133

周在浚　2741

周在延　1126

周召　2921

周詔　2459

周之翰　1977

周之鱗　6607

周之士　3587

周致中　2498

周子文　6738

周紫芝　5100,6675,6779

周宗建　1106

周宗濂　3052,4358

周宗智　2348

周佐　206

朱

朱豹　5887

朱弁　3821,6666

朱察卿　5994

朱長春　3118

朱長芳　2545

朱長文　2178,3511,3561,4979

朱常淓　2051

朱朝瞱　2161

朱朝瑛　256,425,491,684,704,725,
　　859,3009

朱潮遠　4170

朱成點　6257

朱承爵　4000,6733

朱珵堨　6003

朱誠泳　5593

朱崇道　6258

朱崇勳　6258

朱存理　3535,5575

朱當㳶　2625,5782

朱得之　3954,4665

朱德潤　5774

朱棣（明成祖文皇帝）　2953,4606

朱東光　4185

朱董祥　712,1047,6183

朱多熲　6061

朱奉　3343

朱芾煌　6077

朱輔　2324,4159

朱黼　2776

朱綱　6247,6627

朱賡　6006

朱肱　3638

朱公遷　481,1099

朱光家　1372

朱珪　2707

朱國盛　2404

朱國楨　1586,4059

朱鶴齡　389,390,497,869,4830,
　　5691,6854

朱衡　2014

朱宏〔弘〕祚　1855

朱紘　4295

朱鴻　2997

朱厚熜　2621,2622

朱厚熜（明世宗）　1725,1828,6514

朱懷樸　6268

朱積　6486

朱吉　5789

朱嘉徵　6598

朱簡　1408

朱建子　711

朱健　3977

朱諫　2424

朱鑑　71,474

朱江　291

朱絳　6627

朱錦　1773

朱謹　1158,2450

朱景元〔玄〕　3499,4288

朱經　6216

朱敬鑑　6016

朱凱　5864

朱克裕　4065

朱昆田　2102,4351,4357

朱栗夷　4360

朱濂　2163

朱良矩　6401

朱璘　5714,6206

朱令昭　6268

朱鷺　1771

朱孟嘗　4663

朱孟震　4054,4055,6004,6737

朱彌鉗　5864

朱明鎬　2766

朱謀垔　3534,3542
朱謀㙔　225,487,1245,1659
朱睦㮮　226, 909, 1004, 1700, 1768, 2030,2368,2628,2681,2728,4565
朱穆　1621
朱朴　5623
朱祁鈺(明景皇帝)　4118
朱奇齡　946,6194
朱奇穎　273
朱搴　3043
朱勤美　2629
朱清仁　4696
朱荃宰　6742
朱權　2781
朱權(明寧王,涵虛子,臞仙)　1731, 3481,4297,4690,6865
朱如日　319
朱善　484,5787
朱紹　6486
朱申　571,901,975
朱升　193,406,5784,6477
朱勝非　3896
朱師孔　6059
朱世潤　1983
朱軾　157,733,759,941,979,1920
朱淑真　5758,6809
朱術埛　3675
朱松　5051
朱橚　3132,3208,5783
朱泰禎　723
朱天麟　253
朱廷旦　4156
朱廷煥　2476
朱廷熂　6129
朱廷立　2647,5904
朱同　5485
朱統鍇　3688
朱紈　1751,5894
朱維陛　1968
朱維藩　4585
朱緯　6265
朱文　4300
朱文山　2429
朱文治　6588
朱文藻　1258
朱吾弼　1832,1862
朱希晦　5459
朱希周　2567
朱晞顏　5407,5411
朱熹(朱子)　45, 463, 663, 668, 968, 1074, 1076 - 1078, 1124, 1126, 1886 - 1888, 2583, 2846, 2848, 2856, 2858, 2859, 2862 - 2864, 4639,4708,4791,5109,6332
朱霞　6607
朱顯槐　5898
朱顯祖　2059,3023
朱緗　6247,6627
朱襄　292
朱象衡　3586
朱象賢　3564
朱燮元　1850,1851
朱熊　2647
朱虛　4348
朱宣墡　6738
朱彝尊　2685, 5690, 6188, 6448, 6616,6825
朱翊鈏　6015

朱翌　3742,5053

朱隱老　3419

朱應登　5849

朱應鼎　4696

朱應奎　4125

朱應時　2399

朱用行　314

朱右　5486

朱頤坦　3258

朱玉　5751

朱彧　4425

朱昱　2347,2350,2351

朱元昇　79

朱元英　943

朱元璋(明太祖高皇帝)　4689,5473

朱曰藩　5945

朱約淳　2343

朱約佶　4694

朱載堉　1183,1215,1216,3287

朱載埻　4692

朱瓚　319

朱澤　6521

朱澤澐　3021,6157

朱瞻基　5782

朱瞻基(明宣宗)　2549,4117,4118

朱樟　6216

朱渼　5623

朱震　35

朱震亨　3202-3204

朱正色　2793

朱之蕃　6040,6554

朱之俊　249,916

朱之錫　1858

朱直　2809

朱鍾文　1973

朱仲福　3347

朱倬　482

朱自新　2626

朱宗洛　325

朱宗文　1397

朱祖文　2090

朱祖義　372

朱梯　6483

諸

諸葛亮　3087,3088,4613

諸葛元聲　1774

諸錦　550,613,739,6253

諸匡鼎　6116

諸茂卿　4159

諸嗣郢　2468

竹

竹莊居士(何汶)　6687

祝

祝萃　5833

祝泌　3365

祝明　4294

祝穆　2173,4234,4293

祝淇　5824

祝洤　3056,3057

祝時泰　6531

祝世祿　3962,5919

祝文彥　3984

祝彥　4319

祝堯　6375

祝淵 4235,6083

祝允明 2001,3927－3929,4520,4560,
5594

莊

莊昶 5579

莊鼎鉉 1292

莊亨陽 3340,6239

莊季裕 4433

莊履豐 1292,6025

莊綸渭 6272

莊起元 6053

莊元臣 4318

莊臻鳳 3597

卓

卓爾康 242,856

卓明卿 4331,6015

卓有見 4341

子

子夏 447

宗

宗臣 5644,5967

宗懍 2289

宗元鼎 6171

宗澤 5014

宗周 715

鄒

鄒德涵 6013

鄒德溥 228,911

鄒迪光 6017,6545

鄒觀光 6028

鄒浩 4986

鄒衡 2355

鄒淮 3344

鄒緝 6484

鄒輯 4295

鄒期楨 423

鄒泉 2051,2787,4303

鄒賽貞 5862

鄒善長 4308

鄒伸之 1720

鄒士元 3967

鄒守益 5871

鄒思明 6460

鄒統魯 4544

鄒維璉 6049

鄒鉉 3166

鄒一桂 3559

鄒元標 2991,5660

鄒元芝 265

鄒智 5590

鄒忠允〔胤〕 532

祖

祖無擇 4918

左

左克明 6381

左丘明 775

左宰 1984

左贊 5820

左宗郢 2431

圖書在版編目(CIP)數據

四庫全書總目彙訂/魏小虎編撰. —修訂本. —
上海：上海古籍出版社，2023.6
ISBN 978-7-5732-0658-9

Ⅰ.①四… Ⅱ.①魏… Ⅲ.①《四庫全書總目》—彙
編 Ⅳ.①Z833

中國國家版本館 CIP 數據核字(2023)第 082180 號

四庫全書總目彙訂(修訂本)
(全十一冊)

魏小虎　編撰

上海古籍出版社出版發行

(上海市閔行區號景路 159 弄 1-5 號 A 座 5F　郵政編碼 201101)

(1) 網址：www.guji.com.cn

(2) E-mail：guji1@guji.com.cn

(3) 易文網網址：www.ewen.co

上海世紀嘉晉數字信息技術有限公司印刷

開本 890×1240　1/32　印張 231.875　插頁 55　字數 5,000,000

2023 年 6 月第 1 版　2023 年 6 月第 1 次印刷

ISBN 978-7-5732-0658-9

K·3350　定價：1980.00 元

如有質量問題，請與承印公司聯繫